SDNCS
荷兰新加尔主义丛书
Studies in Dutch Neo-Calvinism Series
陈佐人 曾劭恺 徐西面 ◎主编

三位一体和有机体

Trinity and Organism

Towards a New Reading of Herman Bavinck's Organic Motif

赫尔曼·巴文克的有机主旨新释

作 者 恩雅各（James Eglinton）
英 译 徐西面

© James Perman Eglinton, 2012

作者／恩雅各（James Eglinton）
英译／徐西面
中文校对／甘雨，若凡

中文书名／三位一体和有机体：赫尔曼·巴文克的有机主旨新释
英文书名／Trinity and Organism: Towards a New Reading of Herman Bavinck's Organic Motif
所属丛书／荷兰新加尔文主义丛书
丛书主编／陈佐人，曾劭恺，徐西面

All rights reserved. No Part of this book may be reproduced or transmitted in any form or by any means, electronic or mechanical, including photocopying, recording, or by any information storage or retrieval system, without permission in writing from the publisher. For information, address Latreia Press, Hudson House, 8 Albany Street, Edinburgh, Scotland, EH1 3QB; or address Bloomsbury Publishing Plc, 50 Bedford Square, London, WC1B 3DP.

本书部分经文引自《和合本》和《和合本修订版》，版权属香港圣经公会所有，蒙允准使用。其余经文直接译自英文原文。

策划／李咏祈，徐西面
装帧设计／冬青
出版／贤理·璀雅出版社
地址／英国苏格兰爱丁堡
网址／https://latreiapress.org
电邮／contact@latreiapress.org
中文初版／2020 年 01 月

ISBN：978-1-913282-03-5

此书献给我的父母

雅各·佩尔曼·艾格林顿(James Perman Eglinton)
伊莎贝尔·艾格林顿(Ishbel Eglinton)

目录

荷兰新加尔文主义丛书序 1
致　谢 5
中译本序 7
摘　要 9
缩略表 11

第一章 寻找赫尔曼·巴文克 13
一. 谁是赫尔曼·巴文克？ 18
二. 18 世纪后期和 19 世纪早期的荷兰神学 19
三. 新加尔文主义：赫尔曼·巴文克与亚伯拉罕·凯波尔 33
四. "新认信主义的短暂胜利" 39
五. 《改革宗教理学》的背景 39

第二章 几位巴文克？ 41
一. 前言 43
二. 朝向对巴文克新的"整体"解读 43
三. "双重"巴文克 45
四. 一般影响个别 49
五. "双重巴文克"模型和有机主旨 50
六. "一位巴文克"：近期巴文克研究的趋向 51
七. 两次演说和"双重巴文克" 54
八. 《永恒之父》，普遍恩典和双重巴文克 57
九. 生平解读 61
十. 巴文克的身份危机 63
十一. 结论 66

第三章 巴文克的有机主旨 69

  一. 前言 71
  二. 冯赫夫的论述 74
  三. 有机主义的全面思想史 75
  四. 剖析冯赫夫的论述 76
  五. 冯赫夫与凡艾克的对话 77
  六. 剖析马特森的论述 80
  七. 巴文克有机主旨的即时语境 82
  八. 荷兰神学中的机械论：斯霍尔滕和饶文霍夫 82
  九. 巴文克对"有机"的定义 86
  十. 巴文克论因果 92
  十一. 更广泛的新加尔文主义中的有机主旨 93
  十二. 结论 99

第四章 有机主旨和神的教义 **101**

  一. 前言 103
  二. 巴文克，三位一体遗迹和有机主旨 104
  三. 三元组与多样性中的合一性 107
  四. 结构的神学和神的教义 112
  五. 所有神学都是神的教义 117
  六. 奥秘的教理学：热血或冷血 118
  七. 单轨的教理学：与神同思 122
  八. 神和有机体 124
  九. 第一部分：神格中的合一性与多样性 125
  十. 第二部分：创造者与被造物之间以基督中心的、本体的关系 138
  十一. 结论：巴文克是一位"世界观"神学家 151

第五章 有机主旨和普遍启示 **155**

  一. 前言 157
  二. 处境中的巴文克的启示之教义 158
  三. 何为启示？ 163
  四. 巴文克对自然启示的否定 165
  五. 狭义与广义的普遍启示 166
  六. 作为创造（自然）和护理（历史）的普遍启示 167
  七. 加尔文、斯霍尔滕和巴文克论神和护理 168

八. 有机主旨的消失与重现 174
　　九. 普遍启示的有机特性 176
第六章 有机主旨和圣经 181
　　一. 前言 183
　　二. "双重巴文克"假设和圣经 184
　　三. 作为有机的圣经 186
　　四. 初始差异 187
　　五. 莱顿的圣经研究：斯霍尔滕和古宁 188
　　六. 巴文克就圣经对莱顿和格罗宁根的回应 191
　　七. 圣经的有机默示 196
　　八. 神圣和人性的平衡因素 198
　　九. 机械的默示论 200
　　十. 圣经的仆人形式 201
　　十一. 默示的有机本性 206
　　十二. 默示的持续性本性 208
　　十三. 结论 209
第七章 有机主旨和教会论 211
　　一. 前言 213
　　二. 巴文克结构神学中的三位一体性教会论 213
　　三. 荷兰教会论的争辩 214
　　四. 改革宗的教会有形性和无形性 217
　　五. 新加尔文主义的教会论 218
　　六. 有形教会是有机体 220
　　七. 有形教会是体制机构 222
　　八. 有形的教会是有机体和体制机构 224
　　九. 凯波尔对教会为有机体阐述 225
　　十. 教会作为社会中的有机体 225
　　十一. 教会的多元形式 229
结　论 233
参考书目 240
索　引 233

荷兰新加尔文主义丛书序

荷兰新加尔文主义是在现代荷兰王国的历史中发展出来的重要基督教神学传统,在普世基督教神学中独树一帜。若要认识欧洲低地国历史与现代西方神学的发展,荷兰新加尔文主义是极之重要的文化源流与神学思想传统。

16世纪的欧洲出现了风起云涌的宗教改革运动,当时在鹿特丹的伊拉斯谟提倡温和改革的路线,与德国马丁路德的改教运动分庭抗礼。17世纪被称为宗教战争的时代,当时的低地地区与西班牙爆发80年的战争,史称低地荷兰大反抗(1568-1648)。低地国联合起来成立了荷兰共和国,长期的经济繁荣促成了重商主义的兴起。1648年的明斯特和约结束了对西班牙的战争,成为低地迈向国家化的重要里程碑。这时期产生了著名的多特会议(1618-1619)。内忧外患的时局成为这场神学论争的背景,好像在英国内战时召开的西敏大会(1643-1649)。历史家统称荷兰共和国为荷兰的黄金时代,一百五十万人口的低地国竟然创立了东印度与西印度公司,成功地建立了庞大殖民版图的帝国。这时期是笛卡尔、斯宾诺莎、伦勃朗的黄金时代。

1789年的法国大革命将荷兰再次卷进战火,1795年拿破仑挥兵席卷低地,结束了二百多年的荷兰盛世。1813年尼德兰(即低地)联合王国成立,包括荷兰、比利时与卢森堡,但这个短暂寿命的王国随着比利时与卢森堡的独立而瓦解。1839年《伦敦条约》承认比利时独立,现代的荷兰王国正式成立。本系列的思想家之一亚伯拉罕·凯波尔出生于1837年,即《伦敦条约》之前两年。

本系列的两位神学思想家都出生于现代的荷兰,逝世于二战爆发之前:亚伯拉罕·凯波尔(1837-1920),赫尔曼·巴文克(1854-1921),他们两位的人生旅途与思想轨迹都满布着荷兰历史的足印。另一位较年轻的是霍志恒（1862-1949），因从小就移民美国，他成为荷兰新加尔文主义在美国的主要代表人物之一。

为什么我们需要认识与了解荷兰新加尔文主义？首先荷兰新加尔文主义者均是著作等身的思想家，他们的著作被后世公认为神学的经典。单从神学思想史来看，阅读这些荷兰神学家的原典文本，可以丰富中国学界神学视野。今天许多英美神学的重要问题都可以追源至荷兰的改革宗神学，如果英美改革宗神学像1620年的五月花号客船，那整个荷兰加尔文主义的大传统就像是那艘先从鹿特丹出发的史佩德威尔号。

第二，荷兰新加尔文主义与荷兰历史之间错综复杂的关系提供了许多重要的参考，使我们可以反思宗教与文化及社会的关系。荷兰没有产生自己的路德或加尔文，他们在漫长国家化的历史中接受了加尔文主义的神学思想，并且进行了全面荷兰化的改造，这在世界历史中是独特的。因着历史与地理的差异，荷兰与其他主要的新教国家不同。他们的目的似乎不是单纯地将阿姆斯特丹变成日内瓦，而是自觉地要建立一个低地的王国或共和国。这个国家化过程的对手不是君主制，所以他们不需要像英国清教徒一般地去处死查尔斯一世。这些荷兰神学家的著作为我们提供了饶富启发性的历史蓝本，使我们可以进一步透视宗教与现世处境的关系。

神学与世局有千丝万缕的关系，自古已然。从奥古斯丁的《上帝之城》到路德与加尔文的著作，无不具有独特的历史与政治背景，同时他们的文本也成为神学的经典。同样地，笛卡尔、康德与黑格尔的哲学名著也具有特定的历史处境，但他们的作品却是自成一个意义的世界，作为纯粹思想探寻的文本。荷兰新加尔文主义者的著作是神学思想史上的杰作，但同时是与他们的荷兰世界密不可分的。这种可区分但不可分离的关系正是我们阅读文化经典的原因：从思想来反思处境，从处境来透视思想。

第三，荷兰新加尔文主义为我们提供了对基督教教会本质的反省。这是耐人寻味的问题。作为大陆中小岛的荷兰每时每刻都在与大洋搏斗，这种存在的危机根本不容许荷兰有内战，荷兰国家化过程的敌人全是周围虎视眈眈的帝国：西班牙、拿破仑与纳粹德国。但这种同仇敌忾的国族危机并没有产生教会的合一；相反地，荷兰教会的分裂是著名的。许多教会历史课本常调侃荷兰特色的基督教：一个荷兰人是神学家，两个荷兰人组成教会，三个荷兰人便会教会分裂。从 17 世纪的多特会议到亚伯拉罕·凯波尔在 1880 年代的教会出走运动，荷兰教会一直在极度激化的纷争中。正如霍志恒在普林斯顿神学院的同僚沃菲尔德定义改教运动说："从内部而言，改教运动是奥古斯丁的恩典论至终胜过了他自己的教会论。"从表面来看，荷兰新加尔文主义者似乎也秉承了此种宁为玉碎、不为瓦全的分离主义。但新加尔文主义的健将凯波尔却定义加尔文主义为整体的世界观与生活体系，并且提倡普遍恩典的概念来整合一套具兼容性的神学与治国理念。研究荷兰新加尔文主义可以帮助我们去思想基督教的教会理论中的两大张力：大公精神与分离主义，就是大一统世界观的传统教会与倾向完美主义观的小教派。如何两者兼并而非各走极端，这是阅读新加尔文主义对我们的启迪。

第四，荷兰文化与中国文化都曾经拥有黄金时代的光辉历史，并且二国至今仍然是世界舞台上欣欣向荣的文化国家。荷兰人缅怀他们的黄金时代，就是法国的笛卡尔、犹太教的斯宾诺莎、加尔文主义艺术家伦勃朗、天主教画家弗美尔、阿民念主义的法学家格劳秀斯，还有一群毅然投奔怒海的史佩德威尔号的漂游客，这群人组成了一幅五彩缤纷的马赛克。中国的黄金时代亦是如一幅连绵不断数千年的光辉灿烂的精致帛画，是如此美不胜收，教人目不暇接。阅读荷兰新加尔文主义的著作可以为广大的中国学者与读者提供一个具有文化亲近性的西方蓝本，借此来激发我们在中国文化的处境中去寻求创新与隽永的信仰与传承。

本系列的出版可以为广大读者提供高水平而流畅的翻译，使大家可以更深入地了解荷兰文化与神学思想的精妙。这是一套承先启后，继往开来的出版企划，希望广大的读者从中获益。

陈佐人
美国西雅图大学神学与宗教研究副教授
2019 年 10 月 29 日

致 谢

本书是在爱丁堡大学神学院三年博士研究的成果。它并非孤立而成的著作；它的完成归功于众多人士的贡献和激励。就此而言，我的博士论文指导老师大卫·弗格森（David Fergusson）教授当居首位。在这三年中，他学术上的卓越和亲切和蔼的性格令我受益匪浅。我同样感谢第二导师保罗·尼莫（Paul Nimmo）博士在我研究改革宗传统时定期和持续的鼓励。

我也感激从青少年时期就影响我至今的两位牧者。首先是我中学时期宗教教育的老师罗伯特·史密斯（Robert Smith）牧师。若没有他个人性地挑战我的神学思维，就无此书。诚然，我很难想象如果没有他在关键时刻的帮助，我现在会成为一位神学家。我也同样感谢大卫·梅雷迪斯（David Meredith）牧师；从他那里我继承了对当代加尔文主义的喜爱。

我在唐纳德·麦克劳德（Donald Macleod）的系统神学课堂上首次看到赫尔曼·巴文克的著作。我认为能师从这位大师级神学家是极大的荣幸，也希望此书能鼓励他自身的神学研究。

在过去几年中，以下人士也亲切地与我交谈神学。托马斯·佛斯特（Thomas Forster）博士和威廉姆·史怀哲（William Schweitzer）博士，卡尔·楚曼（Carl Trueman），大卫·斯特兰（David Strain）牧师和麦克尔·博罗蒂格姆（Michael Bräutigam）牧师，他们是我忠实的朋友和神学上的知己。他们以各自方式为此书做出了贡献。

2007年，我开始博士研究时并未清楚意识到自己正参与快速发展的巴文克运动中。近期完成的《改革宗教理学》英译本已说明，当下神学界对巴文克著作有极大的兴趣。这继而给了我众多机会，在研究期间去参加那些激励人心的学术会议，并接触到众多杰出的学者。在这方面，我在坎彭神学院的乔治·哈瑞克（George Harinck）教授对我持续地鼓励和帮助；

美国加尔文神学院的约翰·博尔特（John Bolt）教授亦然。此外，若无瑞莫·德·弗里斯（Rimmer de Vries）博士的盛情帮助，此书内容会显得更加贫乏。2009年4月，我以普亨鄂学者（Puchinger Scholar）的身份在普林斯顿神学院的凯波尔研究中心进行为期三周的研究。该中心的热情接待和持续帮助极大地丰富了我的著作。另外，在我去荷兰的第一次研究之旅中，维姆·巴尔克（Wim Balke）博士格外热情，将我介绍给众多学者；这些学者后来成为我重要的研究伙伴和朋友。

我亦需感谢圣科伦巴自由教会（St. Columba Free Church）的长执会和德瑞克·拉蒙特（Derek Lamont）牧师。在做博士研究的三年里，我作为牧师助理与他们共同事奉。他们乐意俯就一位实习传道人和教师，这将我毕生所持的信念深植在我里面：神学研究必须要服侍教会。

关于生活方面的支持，我乐意以约翰霍普奖学金（John Hope Scholarship）和爱丁堡大学神学奖学金（Divinity Scholarship）领受者的身份完成此书。我十分感谢这两个机构。

我永远感激我的妻子恩艾利（Eilidh Sìne NicDhòmhaill Eglinton）对我的爱和支持。若没有你，我将会迷失自我。感谢你所做的一切！我知道你为我所付出的一切，为此书所付出的辛劳。为此，我永远感激！我永远属于你。

最后，我要感激那些在我神学教育中做出最伟大和一生之久付出的人，就是我的父母雅各·佩尔曼·艾格林顿（James Perman Eglinton）和伊莎贝尔·艾格林顿（Ishbel Eglinton）。此书献给您二位，因为您们给我上了神学中所有最重要的课程。

我承认此书中所有的错误和不足之处都源于我自己。

恩雅各
坎彭
2011年9月

中译本序

虽然此书英文版于 2012 年出版，但它原先在 2010 年以博士论文的形式面世，且只针对一小群读者。这篇博士论文不仅让我阅读了巴文克本人的著作，而且也让我沉浸于后期解释他思想的著作中。当着手博士研究时，我惊讶于这些解读巴文克之人时常将巴文克视作一位被内在冲突撕裂的神学家。我得知自 20 世纪中叶以来，学者们普遍感到困惑的是，他们一方面视巴文克恪守加尔文主义正统，另一方面认为巴文克对现代文化发展持开放态度。在他们看来，正统与现代之间的关系如同油与水；巴文克想要同时参与二者更像一个深层且不可调和的智性冲突的病症。

鉴于此，我发现许多学者并非论述一**位**巴文克，乃是**两位**巴文克：一位是正统的，另一位是现代的。在此处境中，标准的巴文克肖像是一位分裂之人；他的著作始终在这两个彼此冲突的忠诚委身间来回摇摆。这个肖像对一个人解读巴文克著作的影响如下：在这些解读巴文克之人中，他著作中反映他保守加尔文主义根基的段落被看作由"正统巴文克"所写的内容，但是论述现代文化部分被视为由"现代巴文克"执笔。这些读者假定，巴文克著作中这些明显不同的段落彼此无关。随之而来的结果就是产生了两个巴文克读者群：神学上保守的加尔文主义者，他们对巴文克的文化研究没有什么兴趣；与文化协调的读者，他们甚少关注巴文克对教义的著述。

《三位一体和有机体》的出现是因着我要努力探究将巴文克描述为内在分裂的肖像是否准确。正如此中文版读者可自行判断，我的结论否定了这种肖像。相较于先前的"双重巴文克"的夸张描述，巴文克是一位更加深邃的思想家。尤其是他的神的教义，设立了多样性中的合一性的原型模式，这证明了他将宇宙看作复型式的典范。巴文克相信，世界好似它的三一创造主，不同部分以有机方式彼此连接成为一个复杂的联合。因此，教理学和伦理学、教义和生活、神学和文化、三位一体和有机体之间的联系也是如此。我认为，创造主与被造物中的多样性中的合一性的模型令巴文克可以将被造领域中复杂、不同的部分，以某种关键的平衡方式结合成一体；连正统加尔文主义和现代神学这类事物亦然。

在陈述我的单一（智性上联合）巴文克的观点时，本书以一句大胆的主张结束："'双重巴文克'模型的崩塌不亚于巴文克研究的范型转移"。本书的结论是，拒绝"双重巴文克"诠释对将来的巴文克解读产生了重大影响。鉴于此，我认为巴文克的读者想当然地将巴文克思想或著作的部分内容用作支持自己"阵营"的做法已然是不可接受的。相反地，他们在探究巴文克的现代不否定正统和正统不排斥参与现代的例子时，必须同时处理这一张力的两个层面。

当然，如此号召不无风险。当此书在 2012 年出版时，它要求巴文克研究领域要有全面的变革。我不知自己的论述是否说服其他学者。然而，在此书面世七年后，巴文克研究领域已有正向的发展。许多优秀的博士论文回应了我的号召。这些论文探讨了巴文克对现代神学（Cory Brock，2018）、认识论（Nathaniel Gray Sutanto，2018）和基督论（Bruce Pass，2019）的处理是否比旧学派所提倡的更显出一致性。这些论文的论述显然是肯定的。在这些论文之外，还有一些当下还在研究阶段的论文，包括此中文版译者徐西面的博士论文——探讨巴文克的神学为一门科学的观点。虽然学界仍旧围绕这位重新合一的赫尔曼·巴文克准确的神学身份而继续争论，但是已然确立的事实是：只有一位巴文克；我们现在才刚开始领会他理智方面的复杂性。

本书意在开启对巴文克伟大神学思想的重新统一更广泛的讨论。因着巴文克的中文译作开始不断增多，我感谢译者和出版社对本书中文版面世所做的努力。

恩雅各
爱丁堡
2019 年 11 月

摘 要

本书全新解读了荷兰新加尔文主义神学家赫尔曼·巴文克（1854-1921）著作中的有机主旨。在关注先前主导的"双重巴文克"假设在近期崩塌之时，本书探究了此失效的诠释法对杨·冯赫夫（Jan Veenhof）著作中巴文克有机主旨的规范性解读的影响。当从这一视角深入探索冯赫夫对这种不成立的"双重巴文克"模型的全面依赖，以及他对有机的看法的过程中，全面重新解读巴文克的必须性变得显而易见。这种新释将会被用于解释巴文克神学中特定的内容。我们借着追溯他思想中概念合一的基础，必须重新联合"双重巴文克"。

此合一的基础位于巴文克的神的教义之中。在透过三元组和非三元组的着重点来处理多样性中的合一性的神圣范型时，我们认为巴文克尝试将自然与历史的整体理解为三位一体神圣自我启示的更广范畴。巴文克重新使用并修正了奥古斯丁的三位一体遗迹的概念，这使得他将三位一体理解为启示于所有生命中。因此，他征用了19世纪普遍的有机语言；在这过程中，他赋予该词三位一体的意义。我们所提出的有效假设是：之于巴文克，内在三位一体的神学产生外在有机体的宇宙论。

我们在巴文克的神的教义、普遍启示神学、圣经观和教会论的章节中探究了此假设。在这几章中，我们发现巴文克调用了有机主旨来解释在何种意义上神格的原型合一性作为随之而来被造物中复型合一性的基础。正因如此，有机可以被理解为巴文克在解释三一形态时挑选的主旨；此形态在一切被造的实在中极为丰富。

在此研究过程中，显而易见的是，当巴文克使用有机主旨时，他延续了教父神学和宗教改革神学的传承。然而，他并非只是复原此传统。确切而言，他对有机主旨的使用在 19 世纪晚期的文化知识处境中是一个极富创造力的发展。

缩略表

RD 1	Reformed Dogmatics Volume 1: Prolegomena
RD 2	Reformed Dogmatics Volume 2: God and Creation
RD 3	Reformed Dogmatics Volume 3: Sin and Salvation in Christ
RD 4	Reformed Dogmatics Volume 4: Holy Spirit, Church and New Creation
CW	*Christelijke Wereldbeschouwing*
PR	Philosophy of Revelation

第 1 章
寻找赫尔曼·巴文克

在他自己所在的地区、教会、学术界和语言处境中，赫尔曼·巴文克对神学的独特贡献广受认可。诚然，即便在荷兰语世界之外，20世纪早期的英文神学著作也有提及巴文克是一位享有盛誉的神学家。从1909至1911年，在格拉斯哥大学（Glasgow University）海斯提讲座（Hastie Lectures）[1]中，雅各·胡顿·马凯（James Hutton Mackay）概述了19世纪的荷兰神学。他论道："在结束最后一场讲座前，我原打算聚焦于巴文克教授的著作。他是凯波尔（Abraham Kuyper）博士忠实、博学的神学追随者。我忽略这位仍在世、极有才华的荷兰教理学作者的理由是：巴文克博士还是相对年轻，所以他属于当代，而不是上个世纪。"[2]

由于20世纪早期对荷兰神学感兴趣或有能力阅读荷兰文的英语神学家屈指可数，所以对巴文克的谈论十分言简意赅。[3] 有趣的是，在他有生之年，巴文克主要因其理论教育学（theoretical pedagogy）在英语世界被人所知。（需要注意的是，对荷兰改革宗教育学感兴趣的以英语为母语的人也很少。）然而，一个世纪之后，巴文克在英语系统神学领域中形息名彰。在2007年，加尔文神学院举办了重大研讨会，以此庆祝他的《改革宗教理学》（*Gereformeerde Dogmatiek*）英译稿的完成。随后，另一场普林斯顿神学院的巴文克研讨会标志着对他的斯通讲座（Stone Lectures）的百年纪念。在2010年9月，爱丁堡巴文克研讨会显明了英国（更广而言是欧洲）境内对他著作的兴趣的递增。[4] 如是，巴文克自身已成为众多突破他原有荷兰文语境限制的根源。将对巴文克的兴趣归咎于怀旧的、反现代主义者的回应，这实属不公。同样，若整个20世纪的非荷兰语世界缺

---

[1] 海斯提（Hastie）教授于19世纪晚期在格拉斯哥大学教书。他十分熟悉德国和荷兰神学。
[2] James Hutton Mackay, *Religious Thought in Holland during the Nineteenth Century*, (London: Hodder and Stoughton, 1911), preface, xi.
[3] 马凯对荷兰神学的认识源于他之前在荷兰的十年生活，其中有六年在米德尔堡（Middelburg）和法拉盛（Flushing）牧会。他承认在去荷兰之前，对荷兰神学的范畴缺乏细致的鉴别理解。"十年前，当我从印度回来定居在荷兰时，我承认我对现在正在论述的课题认识很少。在世界上具有影响力的古宁（Kuenen）和提勒（Tiele），我很有兴趣阅读他们被翻译的作品。当我在荷兰开始接触斯霍尔滕（Scholten）时，并不感到陌生。但是，凯波尔博士对我而言只是个人名，我甚至从未听过哀恸者运动（the Doleantie）。" Mackay, *Religious Thought in Holland*, 13.
[4] 爱丁堡巴文克研讨会的文章已经发表于 *Scottish Bulletin of Evangelical Theology*, 29.1 (Spring, 2011).

乏对巴文克的关注表明他只是一位本土神学家，在他那个时代被认为不宜输出，这种说法也是不充分的。相反，早期阻碍他人关注他作品的因素是语言。一些英语世界的人凭借自己的语言能力得以突破这种阻碍，认识到巴文克的重要性。在一定程度上，他们将巴文克的神学引入英语世界。霍志恒（Geerhardus Vos）、路易斯·伯克富（Louis Berkhof）和哥尼流·范泰尔（Cornelius Van Til）在这群人中尤为突出。

一个人不会在真空中成长和工作，因此对任何一位杰出的知识分子的研究不只是要阅读他的作品。任何一个人的生命都需要定位于特定的处境中。就巴文克而言，他的人生处境十分精彩，包括在分离派牧师家庭中度过童年时期，后大胆地决定去莱顿的现代主义[5]学校攻读神学，又在法兰内克（Franeker）短暂牧会，在坎彭（Kampen）和阿姆斯特丹有杰出的学术研究，在神学和政治方面著作等身。在荷兰语世界中，有两位巴文克传记作者，洛夫·布雷默（R. H. Bremmer）[6]和瓦伦泰·何普（Valentijn Hepp）[7]，他们的著作都未被译为英文。正因如此，上世纪普遍缺乏有关巴文克生平的英文资料。

然而，这方面在近些年有所改变。因此，在本书开篇无需详细描述巴文克的生平。约翰·博尔特（John Bolt）在每卷《改革宗教理学》的编者引言中对巴文克都做了十分有益的概述。[8] 布里斯特里（Eric Bristley）在《巴文克著作指南》（*Guide to the Writings of Herman Bavinck*）里也写了

---

[5] 在荷兰神学处境中，"现代主义者"一词于 1858 年首次出现在 D. T. Huet 的 *Wenken opzigtelijk de Moderne theologie* ('s-Gravenhage: J. M. van 't Haaff, 1858)。此书将这个称呼用于始于约翰·斯霍尔滕（Johannes Scholten）的《改革宗教会教义》（*De leer der Hervormde Kerk*, Leiden: P. Engels, 1848-50）和科内利斯·奥普佐梅尔（Cornelis Opzoomer）的《科学之道》（*De weg der wetenschap*, Amsterdam: J. H. Gebhard, 1849）引发的运动。因此，本书对该词的使用带有这一特定含义，用来描述新加尔文主义兴起之前的 19 世纪荷兰神学运动。

[6] R. H. Bremmer, *Herman Bavinck en zijn Tijdgenoten* (Kampen: Kok, 1966).

[7] Valentijn Hepp, *Dr. Herman Bavinck* (Amsterdam: W. Ten Have 1921).

[8] John Bolt, 'Editor's Introduction' in *RD* 1.11-19; 2.11-18; 3.10-17; 4.16-23.

一篇巴文克小传。⁹ 格里森（Ron Gleason）最近出版了一本巴文克传记。¹⁰ 这表明英语世界如今已很好地了解了巴文克的生活处境。因此，本书只扼要回答"谁是赫尔曼·巴文克？"这一问题。更确切地说，本书透过这一问题来构建对巴文克使用"有机"（organic）的研究。

巴文克在世期间已完成的各类著作已为此做好了准备。然而，其中以英语出版的著作数量极少，又因绝版将近一个世纪，所以很难获取。正因如此，在开始这本研究巴文克的书时，重塑他的背景似乎至当不易。¹¹

从历史中的神学这一角度而言，巴文克的定位十分有趣。他出生于从复兴运动（Réveil）及其对农村加尔文主义（rural Calvinism）影响，过渡至范豪斯德（van Heusde）的格罗宁根学派（Groninger School）和他的外甥约翰·斯霍尔滕（Johannes Scholten）的莱顿学派（Leiden School）这一时期的尾声。随后，巴文克成为莱顿大学的学生，（与亚伯拉罕·凯波尔）领导了另一神学运动：新加尔文主义的复兴。在令人兴奋又快速发展的19世纪加尔文研究中，巴文克在凯波尔之后成为最杰出的新加尔文主义教理学家。

但凡要了解巴文克，我们都要以分析19和20世纪的形势开始。在跨入20世纪之际，荷兰新加尔文主义顺势而生。在分析巴文克思想中十分特定的一面，即有机主旨在巴文克著作中的使用时，理当从讨论历史概况开始。在本书的多个要点上，对巴文克思想发展的描述会涉及前两个世纪

---

⁹ Eric Bristley, *Guide to the Writings of Herman Bavinck*, (Grand Rapids: Reformation Heritage Books, 2008), 9-27.
¹⁰ Ron Gleason, *Herman Bavinck: Pastor, Churchman, Statesman, Theologian* (Philippsburg: Presbyterian and Reformed Publications, 2010); cf. James Eglinton, 'Review of Ron Gleason, *Herman Bavinck: Pastor, Churchman, Statesman, Theologian*,' in *Scottish Bulletin of Evangelical Theology* 29.1 (Spring 2011).
¹¹ 除了马凯的作品，唯一记述19世纪荷兰神学概貌的英语著作是 Eldred Vanderlaan, *Protestant Modernism in Holland* (H. Milford: Oxford University Press, 1924). 相关的非英语著作，请参看 Chantepie de la Saussaye, *La crise religieuse en Hollande – Souvenirs et impressions* (Leyde: De Breuk & Smits, 1860); Albert Réville, 'Les Controverses et les écoles religieuses en Holland' in *Revue des deux Mondes* (Paris, 1859); Christiaan Sepp, *Proeve eener Pragmatische Geschiedenis der Theologie in Nederland (1787-1858)* (Amsterdam: J.P. Sepp en Zoon, 1860); Allard Pierson, *Oudere Tijdgenooten* (Amsterdam, 1904); Jacobus Herderscheê, *De Modern-godsdienstige richting in Nederland* (Amsterdam: Van Holkema & Warendorf, 1904); Chantepie de la Saussaye, *Geestlijke Stroomingen* (Haarlem: Erven Bohn, 1907).

荷兰神学中主要的思想学派和运动。正因如此，以历史考察为开始乃势在必行；否则，分析巴文克对有机主旨的使用将会变得十分艰难。虽然本书的主要内容是巴文克的神学，但也会时常参考他思想世界中的一些主要人物。所以，我们必须先了解豪斯德学派（Heusdiaans），格罗宁根学派（Groningers）和莱顿学派（Leiden）神学家的基本理念。本书不会试图将历史资料限制在本章。确切而言，随后的章节也会在各自相应的历史处境中建构话题来讨论（教会论、圣经等）。然而，那些相对细微的历史梗概不仅依赖于更广泛的历史概述，也对此进行了补充。

一. 谁是赫尔曼·巴文克？

特别需要注意的是，第二章将会重新解读巴文克的生平，但是在此为读者简短地重述他的生平也是必要的。巴文克于 1854 年 12 月 13 日出生于霍赫芬（Hoogeveen）。他的父亲是杨·巴文克（Jan Bavinck），一位德国改革宗牧师。赫尔曼在七个孩子中排第二。他的家庭属于十分保守、分离主义的基督教归正教会（Christelijke Gereformeerde Kerken）。[12] 赫尔曼早年的品学兼优，随后就读于坎彭神学院（Theological School at Kampen）；他父亲是该神学院的牧师。翌年，年轻的巴文克做了一个大胆的决定：转学到激进的现代主义的莱顿大学神学系。这一决定是出于要接受在坎彭无法收获的"更科学的"神学训练。[13]

在 1874 至 1880 年间，巴文克在莱顿受教于约翰·斯霍尔滕（Johannes Scholten）、亚伯拉罕·古宁（Abraham Kuenen）和罗德维克·饶文霍夫（Lodewijk Rauwenhoff）等人门下。他钦佩老师们的科学方法，尽管他时常发现自己完全不认同老师的前设和教义结论。在那时，他同样受到了亚伯拉罕·凯波尔的影响。凯波尔当时是荷兰加尔文主义新运动的明日之星。巴文克在莱顿的基督教改革宗教会的牧师多纳（J. H. Donner），将他引入了凯波尔的抗革命党（Anti-Revolutionary Party）。在莱顿，巴文克的博

---

[12] John Bolt, 'Editor's Introduction,' in Herman Bavinck, *The Last Things* (Grand Rapids: Baker Books, 1996), 10.

[13] Bremmer, *Herman Bavinck en zijn Tijdgenoten*, 20.

士论文研究慈运理（Ulrich Zwingli）的伦理学[14]；随后，他寻求在基督教改革宗教会按立。尽管饱受质疑，他还是被教会录用，并在1881年成为法兰内克（Franeker）教会的牧师。

一年之后，巴文克被召到坎彭（Kampen）教神学，从1883年一直教到了1901年。在那里，他撰写了《改革宗教理学》（*Gereformeerde Dogmatiek*）。1888年，他与约翰娜·安德丽娜·席佩斯（Johanna Adrianna Schippers）喜结连理。巴文克在坎彭期间，与凯波尔成为1892年归正教会合一的重要人物。在教会联合之后，他出任了阿姆斯特丹自由大学的神学教授一职。

他人生中这一阶段的特点是，大范围并深入地活跃于政治（借着凯波尔主义的抗革命党）、哲学、教育学和教育的领域。1920年，在教会会议上讲道之后，巴文克突发心脏病。自此之后，他的健康每况愈下，最终于1921年7月29日与世长辞。

二. 18世纪后期和19世纪早期的荷兰神学

1. 格罗宁根学派之前的主流神学

在进入19世纪之际，荷兰明显有多种新教神学流派。主导农村生活的是分离派的加尔文主义，它的宗派身份由《海德堡要理问答》所界定。巴文克在荷兰基督教归正教会中成长；这教会属于保守的农村加尔文敬虔主义的传统。

然而，荷兰城市中的情况截然不同。在格罗宁根学派（the Groninger school）兴起之前，主流的荷兰新教主义通常视基督教为一个真理体系，以超自然的方式被启示于圣经之中。然而，主流神学与农村教会认信的加尔文主义相反，常常与支持严谨的圣经主义（biblicism）的教会教理相对立，包括三位一体、神人两性基督论、加尔文主义的赎罪观和预定论在内的教义，均受到抵制。

此时，荷兰的思想生活与更广阔的整个欧洲的趋势之间的关系非常怪异。虽然荷兰意识到在德国发生的哲学革命，但是主流神学家似乎对此索

---

[14] Herman Bavinck, *De Ethiek van Ulrich Zwingli* (Kampen: G. Ph. Zalsman, 1880).

然无味。[15] 这可能是由于他们坚持超自然启示和圣经启示的观点。卢鑫（K. H. Roessingh）以此解释康德、费希特（Fichte）、谢林（Schelling）和黑格尔（Hegel）最初为何对荷兰的影响如此之小的原因。[16] 当施莱尔马赫（Schleiermacher）的著作于 1830 年在荷兰翻译出版时，最重要的荷兰神学期刊《神学家的贡献》（Godgeleerde Bijdragen）对该书做了如下评述："我们认为翻译此类著作并在缺乏纠正的释文下出版的行为，不符合新教教师的职分。"[17] 斯特劳斯（Strauss）的《耶稣传》（Leben Jesu）并未大受欢迎，这也是主流神学持守圣经的超自然主义所致。[18] "启蒙运动之后，欧洲许多地方的神学在面对新的挑战时试图自我定位。相比之下，在历经二百余年的争论之后，荷兰神学依然沉眠于超自然主义之中。"[19]

因此，在格罗宁根神学出现之前，主流神学传统中的信心是对一套与基督相关的教义体系的认同。这势必需要一种特定的内心性情。

2. 格罗宁根学派：范豪斯德，帕里奥，范奥尔特和霍夫斯泰德·德赫罗特

直到格罗宁根学派的兴起为止，虽然荷兰新教主义在时间上多少有些滞后，但是它的思想生活最终还是受到了外在思想模式改变的影响。这一影响的核心位置在乌特勒支（Utrecht）和格罗宁根这两所大学城之间移动。

于 1804 年被任命为乌特勒支大学哲学与历史教授的菲利普·维勒姆·范豪斯德（Phillip Willem van Heusde），是荷兰首批施莱尔马赫、莱辛（Lessing）、赫尔德（Herder）和德国中介神学（Vermittlungstheologie）的拥护者。（中介神学是 19 世纪德国新教主义中一个重要的思想学派，它试图将传统的改革宗认信与现代科学、哲学和历史学研究相结合。）他将历史描述为全人类的教育进程，最终通向道德上的理想人性。[20] 在描述

---

[15] 另见 Simon De Vries, 'The Hexateuchal Criticism of Abraham Kuenen,' in *Journal of Biblical Literature*, Vol. 82, No. 1, (March 1963), 32.

[16] K.H. Roessingh, *De moderne theologie in Nederland; hare voorbereiding en eerste period* (Dissertation, Groningen, 1914), 22-4.

[17] 载于 Roessingh, *De moderne theologie in Nederland*, 24.

[18] 载于 Roessingh, *De moderne theologie in Nederland*, 24-5.

[19] Hendrikus Berkhof, *Two Hundred Years of Theology* (Grand Rapids: Eerdmans, 1989), 97.

[20] 载于 Roessingh, *De moderne theologie in Nederland*, 35.

巴文克的背景时，范豪斯德是一位十分重要的人物。这主要是因为他影响了格罗宁根学派的创立者，后又影响了他的外甥——与格罗宁根学派对立的莱顿学派的创始者斯霍尔滕。

范豪斯德是很有天赋的教育者。他吸引了大量的学生，他们在当时被称为豪斯德学派（Heusdiaans）。在1829至1830年间，范豪斯德的三位学生得以晋升，在格罗宁根的北镇任教授席位。这三位学生分别是寓言家路易斯·格拉赫·帕里奥（Louis Gerlach Pareau），约翰·弗雷德里克·范奥尔特（Johan Frederik van Oordt）和威廉·慕霖（Willem Muurling）。第四位豪斯德学派成员是佩德鲁斯·霍夫斯泰德·德赫罗特（Petrus Hofstede de Groot），他被任命为格罗宁根神学院的院长。德赫罗特受教于格罗宁根，而不是乌特勒支。因此，他并非直接受教于范豪斯德门下。然而，他在学生时代得到了范豪斯德《哲学史讲义》（*Lectures on the History of Philosophy*）的原稿。这本书对他影响深远。范豪斯德对柏拉图的解读对豪斯德学派的成员意义重大。[21] 这些人所领受的一个有力观点是，实践层面（指基督徒的生活和个人对基督的经历）比教义的细节更为重要："不是教义，乃是生活……不是教义，乃是主！"[22] 这一重点在帕里奥推广的许多寓言中十分明显："在日出之时，两位旅行者结伴同行。出发前，两人就太阳光只是在太阳表面，还是从其核心发出的问题彼此争论。他们对此争论激烈，直至太阳下山。因此，白白浪费了一天。"[23] 帕里奥的重点是，那些为教义的细微差别而辩论的人停滞不前，错失了与辩论有关的事实。

在描述格罗宁根学派崛起时，我们注意到它延续了早前主流神学的观念：明确不愿在荷兰之外寻找基本的神学身份（theological identity）。在前一个世纪，主流荷兰神学家将自己置于以海德堡和日内瓦为中心的农村加尔文主义的对立面。他们被认为是本土化的荷兰基督教。格罗宁根学派采取了相似的发展方向，认为他们是独特的荷兰人，不需要在国外寻找神学方向。马凯引述了"彼时一位众人喜欢的评论家"：

---

[21] Mackay, *Religious Thought in Holland,* 50.
[22] 英译："Not doctrine, but life... Not doctrine but the Lord!"
[23] 载于 Mackay, *Religious Thought in Holland,* 51-2.

> 这并非是为了我们民族教会的声望而要在苏格兰人、英格兰人、法国人和瑞士人中寻找属灵粮食。国外书籍和老师给我们的敬虔带来了外在的困惑。即使在神国中，国籍也不会无辜地被抛弃。虽然犹太人和外邦人在神面前没有分别，但是每个人都应保持被召时的身份：被召时是荷兰人，就保持荷兰人的身份。[24]

1842 年，德赫罗特发表了一份荷兰神学的历史概览。此著作认为，14 世纪在荷兰由赫尔特·赫罗特（Geert Groote，1340-1384）创立的共同生活弟兄会（Brethren of Common Life），代表了一种纯粹的荷兰神学。德赫罗特认为，这个本土信仰被加尔文主义的强制性外来力量所取代。作为一位非荷兰裔神学家，波兰改教家詹·拉斯基（Jan Łaski）受到格罗宁根学派成员的追捧，被认为是可接纳的，因为他与荷兰人伊拉斯姆（Erasmus）是挚友，并在埃姆登（Emden）和伦敦的荷兰教会中工作。[25]

就此而言，格罗宁根神学家与国王威廉一世（King Willem I）的复辟运动（Restoration）在时间上是吻合的。在此期间，荷兰文化总体上开始在新欧洲中迫切寻找自我认同。[26] 在这个背景下，格罗宁根学派似乎呈现了一套令人费解的、针对外国思想的双重标准。尽管该学派厌恶许多改革宗神学（因它们并非源自荷兰），但是它思想的催化剂无疑来源于德国（通过范豪斯德）。莱辛、赫尔德和施莱尔马赫对范豪斯德产生了重大影

---

[24] Mackay, *Religious Thought in Holland,* 57. 令人沮丧的是，依据当时的习惯，马凯并未标明出处。这种观点普遍存在于豪斯德学派中，源自豪斯德学派自身的主张，即将一个人的行为和行动解释为国籍带来的效果。参 Jasper Vree, *De Groninger godgeleerden. De oorsprongen en de eerste periode van hun optreden (1820-1843)* (Kampen: J.H. Kok, 1984), index s.v.

[25] 詹·拉斯基，又称为约翰·拉斯考（John à Lasco），是波兰一位重要的改教家。仅存的一份拉斯基的著作是教义问答，是在伊拉斯姆的指导下完成的。19 世纪 40 年代，他在德国和荷兰备受关注。这在很大程度上是通过德赫罗特所领导的荷兰民族主义的出现所达致的。见 *Polnischer Baron, Humanist und europäischer Reformator* Hrsg. v. Christoph Strohm (Tübingen: Mohr Siebeck, 2005).

[26] Berkhof, *Two Hundred Years of Theology*, 97.

响。[27] 这些影响传至豪斯德学派。如赫尔德和范豪斯德一样，该学派拥护强烈的民族主义。[28]

1837 年，范奥尔特、帕里奥和德赫罗特共同成立了《爱中之真理》（*Waarheid in Liefde*）[29] 神学期刊。德赫罗特如此描述该期刊的初期阶段：

> 从 1833 年进入 1834 年的冬季的一个周五晚上，三位教授——范奥尔特、帕里奥和我——坐在一起讨论我们的讲稿。我们对相关课题困惑不解，并时常彼此咨询。"昨日，我茅塞顿开，"其中有一人说道，"严格意义上而言，基督教中的首要之事就是历史；所有的事物都依赖于神在耶稣基督里、借着祂已经成就并仍然在做的事。"
> 第二个人说道："你是指所有的事物都要追溯至如保罗所说的神在耶稣基督里的启示。在 14 天前我就想到，我们必须要以此开始我们的神学。"第三个人说道："这三、四天以来，我完全无法继续准备我的讲稿，直到我灵光一现。我们要传讲的并不是保罗或耶稣的教义，而是福音，就是神在祂儿子里向我们启示和呈现之内容的历史的喜讯。"我们差不多就以这种方式交谈。我已经不记得谁是第一位、第二位或最后一位发言。但是确实如此，我们现在更加深入了解一种思想。长久以来，这思想对我们并不陌生。但最终在那个时刻，我们三人对此豁然开朗。尽管稍后的讨论表明，我们当中一人是通过释经而明白，一人是借着历史，另一人是透过哲学。[30]

在确立了这一共同卓见之后，格罗宁根学派开始通过《爱中之真理》，并借着组织小型的牧者和神学家讨论组来传播他们的观点。[31]

---

[27] Roessingh, *De moderne theologie in Nederland*, 35; D. H. Kromminga, *The Christian Reformed Tradition, from the Reformation to the Present* (Grand Rapids: Eerdmans, 1943), 113.

[28] Kathleen Powers Erickson, *At Eternity's Gate: The Spiritual Vision of Vincent Van Gogh* (Grand Rapids: Eerdmans, 1998), 17-18.

[29] 英译：Truth in Love.

[30] 载于 Mackay, *Religious Thought in Holland*, 59-60.

[31] Roessingh, *De moderne theologie in Nederland*, 26.

格罗宁根学派标志着与上一代主流神学彻底地分道扬镳。他们教导信心是完全将自己献给神,这是建立在对神之爱的经历之上的。虽然德赫罗特明确将这一改变归因于施莱尔马赫的影响,但是格罗宁根学派的成员将施莱尔马赫的"绝对依赖感"发展为"依赖感"(sensus dependentiae)、"贫穷感"(sensus indigentiae)和"爱感"(sensus amoris)。[32] 因此,启示不再是一套耶稣所赐的命题(之前主流神学的观点),也不是有关耶稣的命题(农村加尔文主义的主要立场)。确切地说,启示曾是耶稣基督(revelation was Jesus Christ)。[33] "从前,基督借着祂个人的影响改变了我们,使人性更加符合神的样式。这就是基督的工作,而不是满足神的公义。"[34]

格罗宁根神学试图要在教理学中重建基督中心论(Christocentrism),强调神在基督的位格和工作中被人看见和认知。这种基督论的形式不同寻常,且十分有趣。格罗宁根神学家呼吁重新委身于尼西亚会议之前的基督论。他们认为在公元325年前,占主导地位的正统观点是基督一性论,即耶稣只有一性,就是同时是人性和神性。此外,虽然格罗宁根学派肯定了基督的先存、神迹性诞生和神形像的身份,但是它否认祂的永存。格罗宁根学派与众不同的基督论表述方式最终在斯霍尔滕对该学派整体教理学的不满中发挥了关键作用。随后,这促进了莱顿学派的形成;巴文克正是受教于该学派。

在教会论上,格罗宁根学者批判传统的改革宗和路德宗教会论。德赫罗特指责《海德堡要理问答》(荷兰改革宗教会的认信标准)模糊了教会(ecclesia)的真实含义:

> 要理解真实教会的教义,必须要先解释教会一词。随着加尔文主义的独特性在多特会议(Synod of Dort)上胜出,对教会的含义的洞见开始消失了。马丁路德并没有领会单独的基

---

[32] Roessingh, *De moderne theologie in Nederland*, 15.
[33] Roessingh 引述了范奥尔特的话:启示是"祂的使命,祂的位格,祂的历史。" Roessingh, *De moderne theologie in Nederland*, 37.
[34] Vanderlaan, *Protestant Modernism in Holland*, 16; 参 Roessingh, *De moderne theologie in Nederland*, 38.

督徒乃独善其身，绝对无法实现神在耶稣基督显现中的目的；这目的只能在马丁路德没有理解的圣徒相交这一教义中实现。[35]

正如德赫罗特的《自然神学》（*Theologica Naturalis*）所说，格罗宁根学派在其教会论上深受詹深主义（Jansensim）的影响，他们十分强调属灵团体。有趣的是，格罗宁根神学家选择摒弃改革宗神学对旧盟约和新盟约之关系的阐述。取而代之的是，他们强调新盟约附属于教会历史。

> 没有突出人是一个社会存有并只能在社会中成为人这一事实，这在哲学上引发了许多困惑。人若作为在一座孤岛上的孤独存有，就并非实际的而是想象的生物。真实的人由父母而出，父母也关心他们。他们进入一个小的圈子里，这个圈子逐渐变大，包括兄弟姐妹、亲戚、邻居、同伴。除非他生活在这个不断扩展的人类社会中，否则这个孩子就不再是人。在母腹中，他以植物的生命存在。他刚出生时是动物，并一直是动物，直到进入人类社会。在社会中，他逐渐成为一个人。这个孩子必须要成为属灵世界中的一员。如果他对属灵世界的意识（consciousness）没有借着看见或听见其他人（这些人的意识已经觉醒）而被唤醒，那么这个意识就会一直隐伏在他里面。此意识会沉眠不醒，如同未被撞击的打火石和未被点着的燃油。不从社会的角度看，我们在人里面只能发现属灵生命的能力。为要发现属灵生命的起始，我们必须超越个人，在所生活的属灵社会中去寻找。[36]

正如格罗宁根学派的基督论为它的教会论定了基调，这一教会的概念对该学派的救恩论也有重大影响。帕里奥的《基督教伦理神学纲要》（*Compendium Theologiæ Christianæ Moralis*）证明了这一关系。将基督的使命解释为建立一个团体，致力于在属灵上和理智上塑造人，教会的角色和内在的救恩论就尽显无遗了。教会要在她的成员中努力发展基督的神-人性（divine-humanity）。

---

[35] 载于 Mackay, *Religious Thought in Holland*, 62-3.
[36] Hofstede de Groot, *Theologica Naturalis*, 载于 Mackay, *Religious Thought in Holland*, 63-4.

3.复兴运动：比尔德戴克，达寇斯塔和范普林斯特勒

当格罗宁根学派在斯霍尔滕的莱顿神学圈里引发一场反对运动时，它也与另一个对立的运动共存：复兴运动。复兴运动的特点是构成与巴文克直接相关的背景极为重要的因素。

复兴运动（*Réveil*）采用了瑞士先驱的名字，在 19 世纪中叶开始影响荷兰。复兴运动被描述为一个复兴信仰、以"罪与恩典"为烙印的宗教信仰运动。[37] 由于它早期的领导者比尔德戴克（Willem Bilderdijk）独特的加尔文主义，复兴运动在彼时神学上最相近的就是荷兰乡村中以《海德堡要理问答》为首的加尔文主义。然而，复兴运动萌芽于完全不同的社会环境：它主要聚焦于城市，由贵族、艺术家和知识分子领导。与极具荷兰特色的农村加尔文主义相比，复兴运动的拥护者中有很大一部分并非荷兰人。虽然它持续的时间相对较较短，但是它在城市里（在新加尔文主义的时代）的神学影响力年深日久。复兴运动和更受欢迎的农村地区敬虔主义式的加尔文主义有共同的根源，这似乎最好地解释了他们之间的相近性：他们如同堂兄弟，而不是亲兄弟，都是一种初期欧洲大陆加尔文主义形式的派生物；一种是精英主义的，另一种则是普罗大众的。但是，他们的相似处在于，像巴文克这类人，他们的背景是农村的敬虔主义，却可以很快地融入复兴运动的精英环境中。

比尔德戴克（1756-1831）出生在一个支持奥兰治拿绍皇室（Huis van Oranje-Nassau）的家庭。因此，加尔文主义在他成长过程中有着重大影响。他因反对巴达维亚共和国（Batavian Republic）[38] 而被流放，先是到了德国，后又到了英格兰。最终，他回到了荷兰，开始在莱顿私下讲课，教授法律和历史。除了他所写的极具影响的诗，比尔德戴克的讲课也吸引了一小群追随者，其中就有犹太诗人以撒·达寇斯塔（Isaac Da Costa, 1798-1860），以及赫赫有名的法学家和政治家贺儒·范普林斯特勒（Guillaume Groen van Prinsterer, 1801-1876）。

---

[37] Vanderlaan, *Protestant Modernism in Holland*, 17.
[38] 巴达维亚共和国存于 1795-1806 年，接替了荷兰联省共和国（the Republic of the United Netherlands）。见 Jonathan Israel, *The Dutch Republic: Its Rise, Greatness and Fall, 1477-1806* (Oxford: University Press, 1998).

达寇斯塔的父母是阿姆斯特丹的一个葡萄牙裔犹太人。当他在阿姆斯特丹的摩西·李曼斯（Moses Lemans）门下学习时，第一次接触到比尔德戴克的诗。之后，他去了莱顿，加入了比尔德戴克的核心团体。在莱顿，他归信了基督教。通过诗和神学著作，他在荷兰知识分子群体中推动复兴运动。达寇斯塔诗中的神学观点继续影响了随后的新加尔文运动。[39]

范普林斯特勒是 19 世纪荷兰上层社会的主要人物。他曾做过国王威廉一世的私人秘书。复兴运动在上层社会所传播的加尔文主义影响了范普林斯特勒，并透过他产生了持久的影响：当复兴运动本身逐渐消退时，范普林斯特勒热心于最终发展成抗革命党的活动（亚伯拉罕·凯波尔于 1879 年正式建立该党，巴文克与该党密切相连），并比尔德戴克的加尔文主义和支持奥兰治王室的愿景。

作为一个神学运动，复兴运动将自己置于格罗宁根学派的对立面。然而必须声明的是，对一位神学辩论的参与者而言，复兴运动在某种程度上出人意料地缺乏神学特性。它产生的大多数神学著作并非由教理学专家所写。更确切地说，它是艺术家、诗人和贵族们尝试将主要为保守的加尔文主义引入城市的上层社会和中产阶级之内。正因复兴运动是一个小范围的精英运动，它最终衰落了。然而，它的影响力超越了自身当下的势头，这从范普林斯特勒在抗革命党初创时期的角色可见一斑（抗革命党与新加尔文主义的神学复兴携手并进）。

4. 莱顿学派：约翰·斯霍尔滕

巴文克母校莱顿学院的驱动力是约翰·亨德利科斯·斯霍尔滕（Johannes Hendricus Scholten，1811-1885）。[40] 求学于乌特勒支时，斯霍尔滕与他的舅舅——闻名遐迩的范豪斯德——共同生活。毕业之后，他在一个农村教会中牧会两年。在作为学生和牧师的年日里，他接触了各种主

---

[39] 例如，范登贝尔特（van den Belt）已经说明，达寇斯塔的圣经论影响了巴文克和凯波尔的有机默示（organic inspiration）作为联合圣经同时拥有的人性和神性这一概念。Henk van den Belt, *Autopistia: The Self-Convincing Authority of Scripture in Reformed Theology*, (Leiden: University Press, 2006), 279.

[40] 斯霍尔滕对自己神学发展的论述的著作: *Herdenking mijner vijfentwintigjarige ambtsbediening,* (Leiden, 1865); and *Afscheidsrede bij het neerleggen van het hoogleeraarsambt aan de Universiteit te Leiden* (Leiden, 1881).

要的思想学派：执意反对改革宗的豪斯德学派，原先主流的支持格罗宁根神学的乌特勒支神学院，以及那种深深扎根于荷兰农村生活的加尔文主义。

对斯霍尔滕在乌特勒支的发展的考察显明了他对荷兰主流神学日益增加的轻蔑。他于1836年所写的博士论文显明了这点：主流神学缺乏统一的原则。斯霍尔滕在神圣之爱的基督论启示中找到了此原则。[41] 当还是年轻的牧师时，斯霍尔滕就受到了《爱中之真理》的影响。尽管他起初热心于豪斯德学派，但后来察觉到他们神学中重大的基督论缺陷。

1840年，这一摒弃范豪斯德神学的行动终至成熟。那年，斯霍尔滕被任命为西北部弗里斯兰省（Friesland）法兰内克大学（University of Franeker）的神学教授。饶有意思的是，他的学生巴文克之后也到了法兰内克工作，尽管是作牧师而不是教学。斯霍尔滕所选的教席就职演讲的主题十分显著：这个讲座取题为《规避幻影论之责》（The Duty of Avoiding Docetism）。这直接抨击了格罗宁根学派的基督论，斯霍尔滕认为格罗宁根学派在本质上是亚流主义的。斯霍尔滕也指责农村加尔文主义者的基督论有缺陷：他认为这些人并未将基督描述成一位完全的人。相比之下，斯霍尔滕将耶稣描述为一位真实完全的人，被差遣来引导人类达至理想的人性。斯霍尔滕教导，基督就是我们可以且必须要效法的理想人性。[42]

人类与基督的差异之处在于，祂是因着自己的本性（nature）如此，但是人类是通过基督变得像基督："为要成为祂之所是，即祂的本性和绝对独一的源头，祂有能力，却最终不得不成为我们。但这绝非是因着我们，也不是我们自身特有的，或如有人所说的，相混合的，而是唯独通过祂。"[43] 在尚与格罗宁根学派关系紧密时，早期的斯霍尔滕也坚称童女怀孕生子和基督的先存性，尽管他的著作很少关注后一个课题。

由于法兰内克大学的学院构建（该大学彼时只有神学系）和学生人数较少，斯霍尔滕在法兰内克拥有大量的个人研究时间。1844年，法兰内

---

[41] Johannes Scholten, *Disquisitio de Dei erga hominem amore* (Trajecti ad Rhenum, 1836); 另见 Scholten, *Afscheidsrede*, 9.

[42] Johannes Scholten, *Oratio de vitando in Jesu Christi historia interpretanda docetismo, nobili, ad rem Christianam promovendam hodiernae theologiae munere* (in *Annales Academi*, 1839-40, Hagae-Comitis, 1842), 265. 拉丁原文："nobis vero simul perfectâ voluerit [Deus] humanitatis imagine monstrare quo modo ipsi, et debeamus, et possimus ad divinae naturae similitudinem escendere."

[43] Scholten, *Oratio de vitando in Jesu Christi*, 273.

克大学的神学系被取消了，荷兰政府把它的建筑楼分配给一所新的精神病院。起初，斯霍尔滕对自己的去向犹豫不决，但最终去了莱顿大学。在那里，他度过了自己余下的工作生活。他在那里的第一场讲座就提出了基督教在人心灵中显明其神圣起源。因此，他反对原先主流荷兰神学的理性主义和超自然主义。

在描述斯霍尔滕个人对改革宗神学的转化使用时，有两点尤为重要。第一点就是他对改革宗信仰形式原则（formal principle）和实质原则（material principle）的定义。斯霍尔滕并非如范豪斯德一样，完全反对历史上的改革宗神学。他的动机是要研究改革宗教会历史上的信条和改教家们的著作。在这过程中，斯霍尔滕将圣经等同于改革宗信仰的形式原则：教会依赖于神圣的自我启示。紧随其后的就是不受限定之神圣主权的实质原则：一个人的救赎完全依赖神，唯独靠着恩典。在牧会期间，斯霍尔滕对农村加尔文主义者严格恪守预定论的印象尤为深刻。他确信改革宗神学透过这一独特性，会比路德宗和罗马天主教更清晰地呈现基督教。几乎可以肯定的是，斯霍尔滕对这些原则的采用是源于亚历山大·史怀哲（Alexander Schweizer）的《福音派改革宗教会的信仰教义》（*Die Glaubenslehre der evangelisch-reformierten Kirche*）。[44] 斯霍尔滕的《改革宗教会教义》（*Leer der Hervormde Kerk*）常常参考史怀哲的著作。诚然，伯克富甚至认为，"斯霍尔滕像史怀哲一样想要论证，改教家的神学或改革宗认信在唯心主义思想中得以完全"。[45]

在这方面，史怀哲与他的追随者斯霍尔滕的高度一致显而易见。在施莱尔马赫早年的学生奥古斯特·特维斯腾（August Twesten）的著作中，实质原则和形式原则的区分首次出现于新教神学词汇中。身处路德宗的环境里，特维斯腾将圣经描述为新教主义的形式原则，唯独因信称义为独特的路德宗神学的实质原则。[46]

---

[44] Alexander Schweizer, *Die Glaubenslehre der evangelisch-reformierten Kirche, Dargestellt und aus den Quellen belegt*, 2 vols. (Zürich: Orell, Füssli und Com, 1844-47).
[45] Berkhof, *Two Hundred Years of Theology*, 98.
[46] August Twesten, *Vorlesungen über die Dogmatik der evangelisch-lutherischen Kirche* (Hamburg: Perthes, 1826). 第一份历史性分析这一区分的文献由立敕尔（Albrecht Ritschl）所著，Albrecht Ritschl, 'Über die beiden Principien des Protestantismus; Antwort auf eine 25 Jahre alte Frage,' *Gesammelte Aufsätze* (Freiburg: J.C.B Mohrl, 1893), 234-47.

在《福音派改革宗教会的信仰教义》中，有时被描述为"可能是施莱尔马赫最有天赋的学生"[47]的史怀哲提到，特维斯腾早前认为路德宗神学的"实质原则"是唯独因信称义。相较之下，他将改革宗神学的"实质原则"定为"单单绝对依靠神"；他的教理学陈述称其为"绝对的预定"。[48] 麦科马克（Bruce McCormack）曾论道，在史怀哲的神学中，这个实质原则缺少一种终极的、主导一切的影响。"如果史怀哲设想一个几乎源于单一内容规范（norm）的教义**体系**，那么这会令人十分惊讶。他坚持自己有别于所有宗教意识（religious consciousness）的教义解释，这让他决不允许自己有那种举措。事实上他并没有迈出那一步。"[49] 正如在下文会论述的，我们不能对大胆"迈出那一步"的斯霍尔滕下此结论。

第二，斯霍尔滕与奥普佐梅尔就决定论（determinism）的争论极大地影响了前者的神学体系。[50] 这让斯霍尔滕的思想从唯心主义转变为经验主义，为他的神论披上了显著的一元论特色，使他的预定论深深地印上了完全反超自然的脉络。斯霍尔滕的改变在莱顿学派的发展中十分重要。巴文克正是在这里接受教育，他之后的著作也反驳这一学派。

当斯霍尔滕考察复兴运动的神学时，他认为这运动错置了要点（赎罪论、三位一体和耶稣的神性）。他认为复兴运动已经取代了改革宗传统的在恩典中预定的实质原则。在此情况下，他主张复兴运动在根本上错误地使用了改革宗神学。[51]

就此而论，斯霍尔滕对"改革宗"的理解和定义有些奇怪。毫无疑问，斯霍尔滕是一位十分坚定的有神论者。尤其是在与奥普佐梅尔辩论后从唯心主义转向经验主义，斯霍尔滕认为一位所有事物起因的神，是让人认同当时盛行的自然科学决定论的一个令人信服的理由。有神论是机械世界观（mechanical worldview）的适当基础。对斯霍尔滕的批判性解读显明，他

---

[47] Bruce McCormack, 'The Sum of the Gospel: The Doctrine of Election in the Theologies of Alexander Schweizer and Karl Barth,' in *Toward the Future of Reformed Theology: Tasks, Topics, Traditions*, eds. David Willis-Watkins and Michael Welker (Grand Rapids: Eerdmans, 1999), 470.

[48] Schweizer, *Die Glaubenslehre der evangelisch-reformierten Kirche*, 1:38-43.

[49] McCormack, 'The Sum of the Gospel: The Doctrine of Election in the Theologies of Alexander Schweizer and Karl Barth,' 473-74.

[50] Berkhof, *Two Hundred Years of Theology*, 98-103.

[51] Scholten, *De leer der Hervormde Kerk*, 18-20.

特定的决定论原则提供了一种诠释学，借此形成了一种神的教义，而不是让神的自我启示塑造神旨意与宇宙历史之间的关系。[52] 这种主张的动力可以在斯霍尔滕自身的神学发展中找到。尤其是当他转向经验主义后，他的决定论具有严格反超自然的特色。与此相关的是，他的神的教义变得缺乏三位一体的特色，更倾向于一元论。[53] 这一结果与斯霍尔滕的早期主张完美吻合：预定的实质原则比神之存有的特性（尤其是祂的三一性）更加重要。[54]

基本的圣经的形式原则和预定的实质原则包含了斯霍尔滕的改革宗基督教的核心。除此之外，改教家的神学中并没有其他内容需要保留，以致持守改教家的传统。由于这些内容与神预定一切的原则和在恩典中预定的原则不一致，斯霍尔滕认为加尔文在众多方面之外，对地狱的坚信也是错的。斯霍尔滕对救恩论和先前改革宗罪与赦免的教义也做出了相似的断言。他坚持认为这些教义与先前所说的改革宗信仰的两大最高原则相抵触。[55] 他思想的核心是改革宗信仰从一开始，甚至在加尔文和马丁路德著作的某些方面，已经包含了许多与改革宗自身的实质原则与形式原则相抵触的论述；因此，改革宗信仰一定要在根本上重建。莱顿学派断言，它已经带来了这一修正。斯霍尔滕认为莱顿学派严谨的自然主义的、机械式、有神论的决定论，在本质上是改革宗信仰最纯粹的表述。

必须留意的是，除了在大体上相似的对启示和预定的恪守，斯霍尔滕对"改革宗"的理解与改教家或随后改革宗传统的实质方面极少有相同之处。当一个人考查加尔文的真理层次体系时，真确的神的教义总是优先，之后他会列出福音的神学。[56] 加尔文的优先次序与斯霍尔滕的有所不同。

---

[52] 这一定论也暗示了斯霍尔滕的论述——他的神的教义是借着"基于对宇宙观察的反思"而达到的（'bespiegeling gegrond op waarneming', *De leer der Hervormde Kerk*, 4:lxi)。

[53] 巴文克没有忽视这一现象，并就此方面来批判斯霍尔滕。Herman Bavinck, *RD* 2.43. 另见 Herman Bavinck, *Philosophy of Revelation* (London: Longmans, Green and Co., 1909), 46. 在下文缩写为 *PR*。

[54] Scholten, *De leer der Hervormde Kerk*, 18-20.

[55] Scholten, *De leer der Hervormde Kerk*, 18-20.

[56] John Calvin, *Institutes of the Christian Religion*, IV.i,12.

范德琅冷嘲热讽地评论道："因为加尔文主义是决定论的，斯霍尔滕是一位决定论者，所以斯霍尔滕认为自己就是一位真正的加尔文主义者。"[57]

三一论和基督论的重大差异突显了莱顿学派彻底重新诠释了改革宗神学。[58] 确认这一事实对理解巴文克先前要成为这一学派学生的目的至关重要。诚然，这构成了巴文克在《改革宗教理学》中使用改革宗传统的背景。

有人注意到，这一重点出现于巴文克离开莱顿后的书信中。[59] 正如在下文会看到，巴文克著作中的一个重要元素（尤其是关于他的有机主旨）就是他对改革宗神学的重新定义，以此反驳斯霍尔滕。以此进路研究巴文克和斯霍尔滕绝非是一种猜测：莱顿教授亚伯拉罕·古宁，以斯霍尔滕的同事和巴文克的老师的身份打趣道："莱顿就是斯霍尔滕，而巴文克曾是坎彭。"[60]

5. 高等教育法案（1876）

在考察巴文克神学发展的处境时，我们必须承认神学在大学里的地位之争论的影响。在巴文克出生的环境中，神学在学院里的基本权利正遭到质疑。作为对1848年的泛欧洲革命（pan-European Revolutions）的回应，荷兰议会于1848年10月采用了一份全新的自由主义宪法。这份宪法将荷兰政府置于重压之下，从而以宗教研究系取代大学里的神学部门。

1873年，就是巴文克前去莱顿求学的前一年，他在坎彭开始接受高等教育；在这一冲突的高峰期，他成为莱顿的学生。1876年，就是他在莱顿求学的中途阶段，《高等教育法案》通过了。这一立法的最终效应是，荷兰的大学保留了"神学"这一名称，但是教学的内容变成了"宗教研究"。巴文克自己对这一处境的回应聚焦于与神学的性质和可能性相关的不确定性。

---

[57] Vanderlaan, *Protestant Modernism in Holland*, 31.
[58] 在斯霍尔滕时期，这一修正的主要批判者是但以理·尚特皮·德拉索绪尔（Daniel Chantepie de la Sayssaye，1818-74）。
[59] Bavinck to Snouck, November 24, 1880, in *Een Leidse vriendschap* (Baarn: Ten Have, 1999), Jan de Bruijn and George Harinck, eds., 75-6.
[60] 亚伯拉罕·古宁，载于 Henry Elias Dosker, 'Herman Bavinck' in *Herman Bavinck, Essays on Religion, Science and Society* (Grand Rapids: Baker Academic, 2008), 16.

产生这个怪异环境的原因是，政府不愿放弃它在训练荷兰改革宗教会牧者上的影响力，同时荷兰改革宗教会的牧长区会会议不能且不愿创办训练自己牧者的机构。其结果就是产生一种互不相容事物的混合，缺乏概念上的整合与合一。一些授课科目使人想到古老的神学教育，另一些则显然属于宗教研究的领域。这一不如人意的发展也将那些必须要在这些院系里授课的教授置于困境之中。[61]

这一运动在建构解读巴文克神学时的重要性不能忽视。对神学的可能性和地位的重申成了巴文克神学绪论（prolegomena）的重中之重。[62] 在回应 1876 年的法案时，巴文克的确正是呼吁"彻底修正当今的科学概念"。[63] 1892 年，他出版了《神学和宗教的科学》（Godgeleerdheid en godsdienstwetenschap）。[64] 1902 年，巴文克在阿姆斯特丹自由大学的教席就职演说取题为《宗教和神学》（Godsdienst en godgeleerdheid）。[65] 这显然是巴文克整个生涯所关切的。据此，他的《改革宗教理学》必须被解读为在启蒙运动之后的欧洲寻求对神学的再次肯定。

三. 新加尔文主义：赫尔曼·巴文克与亚伯拉罕·凯波尔

没有一个对巴文克神学历史背景的描述不会提及亚伯拉罕·凯波尔（1837-1920）。他是斯霍尔滕最杰出的学生之一，并且后来成为新加尔文主义运动名义上的领导者。巴文克正是深入地参与了这运动。乔治·哈林克（George Harinck）清楚地写道："当凯波尔和巴文克共同被提及时，

---

[61] Herman Bavinck, 'Theology and Religious Studies,' in *Essays on Religion, Science and Society*, John Bolt, ed., Harry Boonstra and Gerrit Sheeres, trs., (Grand Rapids: Baker Publishing Group, 2008), 53.
[62] *RD* 1.36-58. "在 1876 年的荷兰，依据提勒和饶文霍夫的看法，国立的大学区分了宗教科学和教理学及实践学科。前者由大学教导，后者由教会主办教导……在荷兰，现代神学家已经朝这个趋势发展了很多年；这一发展趋势最终具体呈现在 1876 年的《高等教育法案》中。"
[63] *RD* 1.37.
[64] Herman Bavinck, 'Godgeleerdheid en godsdienstwetenschap' in *De vrije kerk* 18 (1892), 197-225.
[65] Herman Bavinck, *Godsdienst en godgeleerdheid* (Wageningen: Vada, 1902).

我们并非将他们视为两个人，而是作为一个品牌商标。凯波尔和巴文克是一个整体，如同高盛（Goldman）和赛克斯（Sachs），或梅塞德斯（Mercedes）和奔驰（Benz）。他们被视为新加尔文主义的代表。"[66]

通过斯霍尔滕的继任者饶文霍夫的著作[67]，莱顿学派开始着重强调教理学中的伦理层面。凯波尔的神学成形阶段是以饶文霍夫的伦理学为视角来学习斯霍尔滕一派的改革宗神学。[68] "在莱顿，凯波尔是斯霍尔滕的忠实学生。后者对改革宗神学的认识，以及藉着新的解释要将改革宗神学上升至现代时期的顶峰的决心，启发了凯波尔。"[69] 1855 年，凯波尔进入莱顿，并于 1858 年以哲学研究最优异的成绩毕业，后又于 1862 年获得博士学位。[70] 凯波尔效法他的父亲，到荷兰改革宗教会牧会。在相对较早的时期，凯波尔的神学轨迹就发生了大幅变化。有多种原因致使他一改故辙：他早期对斯霍尔滕之前的改革宗传统[主要是加尔文和詹·拉斯基（Jan Łaski）的著作[71]]的研究，他早期在乡村牧会时接触到另一种对改革宗信仰的理解，以及个人信仰的危机所带来的属灵"重生"的经历。

在描述新加尔文主义的崛起时，我们需要注意凯波尔年轻时加尔文研究的情形。凯波尔还是学生时，现代加尔文研究还处于起步阶段。令人惊讶的是，直到弗雷德里希·佩特斯（Friedrich Perthes）的《伟大改教家约翰·加尔文生平》（*Das Leben Johann Calvins des grossen Reformators*，1835）

---

[66] George Harinck, 'Herman Bavinck and Geerhardus Vos,' *Calvin Theological Journal* 45 (2010), 18.

[67] 最新最全面地概括饶文霍夫神学的著作是 P. L. Slis, *L. W. E. Rauwenhoff (1828-1889): apologeet van het modernisme—Predikant, kerkhistoricus en godsdienstfilosoof* (Kampen: Kok, 2003).

[68] George Puchinger, *Abraham Kuyper: De Jonge Kuyper (1837-1867)* (Franeker: Weaver, 1987).

[69] Berkhof, *Two Hundred Years of Theology*, 109.

[70] Abraham Kuyper, *Disquisitio historico-theologica, exhibens Johannis Calvini et Johannis à Lasco de Ecclesia Sententiarum inter se compositionem* (Den Haag en Amsterdam, 1862).

[71] 年轻时的凯波尔公开承认自己是自由派，强调一种低阶教会论（low ecclesiology）。然而，他所写关于加尔文和拉斯基的论文表明，他从视教会为过时的和非出自本意的观点，转变成视教会为神对宇宙之计划的高峰。这一论文标志了"有机"这一用语进入凯波尔著作的入口点。见 Vree and Zwaan, *Abraham Kuyper's Commentatio (1860), The Young Kuyper about Calvin, a Lasco, and the Church, I: Introduction, Annotations, Bibliography and Indices*, 57.

出版前，伯撒的《约翰·加尔文生平》（Ioannis calvini vita，1575）一直是唯一出版的加尔文传记。直到凯波尔的年代，关于加尔文最重要的单卷作品是亨利（Henry）论加尔文的著作，篇幅为 2200 页。[72] 当凯波尔还是一位本科生时，第一篇有关加尔文的学士论文出自斯特拉斯堡大学（University of Strasbourg）。[73] 由此可见，凯波尔开始学习神学时（不久后便是巴文克），正值加尔文研究以一个令人振奋的学科独立地出现。但是，荷兰神学界在这方面落后于德国和法国。第一部荷兰文加尔文传记是休伊特（P. J. L. Huet）的《漫谈加尔文》（Iets over Calvyn）。[74] 这部作品广受欢迎，但所研究的资料有限。在凯波尔完成著作之前，荷兰只有两篇博士论文研究加尔文，对加尔文研究的兴趣也局限于乌特勒支大学。[75] 这两篇论文由芬克（Vinke）教授和罗雅之（Royaards）教授指导完成，只引用了荷兰文和德文的材料，因此质量一般。在凯波尔之前没多久，加尔文研究的潮流明显涌至莱顿和格罗宁根这些顶级学府。

在北部，格罗宁根学派拒绝加尔文的圣经的整体性、赎罪和预定的观点。然而，他们赞同加尔文的圣灵论。[76] 格罗宁根学派中没有一份著作是专门研究加尔文的。在西部，正如上文所述，莱顿学派热情地专注于预定的概念，使之符合一种严格意义上的机械式决定论（mechanical determinism）。在此需要强调的是，当凯波尔还是学生时，斯霍尔滕对加尔文主义的理解还未被普遍接纳：加尔文研究在彼时是一项神学上尚在不

---

[72] Frederik Lodewijk Rutgers, *Calvijns invloed* (Den Haag, 1901), 46-47 记载了到 1850 年为止加尔文研究的参考文献的总汇。

[73] Charles Théodore Gérold, *La Faculté de théologie et le Séminaire protestant de Strasbourg (1803-1872). Une page de l'Histoire de l'Alsace* (Strasbourg: Librairie Istra, 1923), 180.

[74] J. L. Huet, 'Iets over Calvyn,' *Nieuw christelijk maandschrift, voor den beschaafden stand* 5 (1831), 617-57; 6 (1832), 69-111; 7 (1833), 207-40.

[75] D.G. Escher, *Disquisitio de Calvino, librorum N.T. historicorum interprete* (Utrecht: R. Nathan, 1840); F.J. Sibmacher Zijnen, *Specimen historico-dogmaticum, quo Anselmi et Calvini placita de hominum per Christum a peccato redemtione inter se conferuntur* (Schoonhoven: S.E. van Nooten, 1852).

[76] Jasper Vree, ' Hofstede de Groot en de armenverzorging door vrouwen. Een hoofdstuk uit de geschiedenis van de Groninger inwendige zending,' G. Van Halsema Thzn et al., eds., *Geloven in Groningen. Capita selecta uit de geloofsgeschiedenis van een stad* (Kampen: J.H. Kok, 1990), 218.

断发展的研究。"加尔文主义"这一用语的定义在当时的荷兰确实还未有定论。

刚开始,年轻的凯波尔对斯霍尔滕的教理学课程并未有何印象。"就目前所了解的,在第一年,没有一位神学教授真的吸引他,包括教理学家斯霍尔滕。虽然斯霍尔滕在家里至少两次接待了凯波尔与其他同学,像往常一样饮茶,但并无特殊交情。"[77]

因此,当凯波尔参与关于加尔文和拉斯基之教会论的论文竞赛时,[78] 虽然他是斯霍尔滕的学生,但是并未只接受斯霍尔滕对加尔文主义的定义;这并不令人惊讶。更确切地说,凯波尔着手深入研究原始文献。凯波尔早期的加尔文研究的简略描述暗示了这一新领域的动态性质,因此突显了随后巴文克在刚萌芽的新加尔文主义思想学派中所遵循的路线。

凯波尔早期有关加尔文的著作并不局限于莱顿的资源,其实也不局限于莱顿对加尔文的教导。为了研究,凯波尔拜访了乌特勒支、哈勒姆(Haarlem)、阿姆斯特丹和海牙(The Hague)。凯波尔在最初搜寻与加尔文有关的资料时,唯一一个没有去过的主要的大学图书馆就是格罗宁根。他也开始研究德国[法兰克福、汉堡和德累斯顿(Dresden)]和法国(斯特拉斯堡)的与加尔文有关的著作。1859年,凯波尔发现有人已经在斯特拉斯堡大学写了一篇关于加尔文的论文。他写信给斯特拉斯堡的新约教授爱德华·莱乌斯(Edouard Reuss)[79],申请一份这篇论文的副本。莱乌斯欣然答应,并寄给凯波尔一份副本,同时还有另外九篇凯波尔完全不知晓的论文。这对凯波尔产生了重大影响。凯波尔的研究质量和他与莱乌斯的交情标志着他在快速发展的加尔文研究领域中成为了重要一员。诚然,凯波尔是开路先锋,巴文克紧随其后。为了准确描述这两位神学家中的任一位,我们必须要将他们置于严谨的加尔文学术研究新浪潮的波峰之上。(关于巴文克的神学身份认同和他有机主旨的特性,与此特别有关的要点是,深

---

[77] Jasper Vree and Johan Zwaan, *Abraham Kuyper's Commentatio (1860): The Young Kuyper about Calvin, a Lasco and the Church, I. Introduction, Annotations, Bibliography and Indices* (Leiden: Brill, 2005), 21.

[78] 在凯波尔时期,唯一可用的拉斯基传记是 J. F. Bertram's *Historia critica Johannis à Lasco* (Aurich: H. Tapper, 1733).

[79] 参 A. Caquot, 'Reuss et Renan,' *Revue d'Histoire et de Philosophie Religieuses* 71 (1991), 437-442.

入细致地研究加尔文使他不苟同斯霍尔滕对加尔文主义内容的叙述。据此，巴文克的短篇著作《约翰·加尔文》（*Johannes Calvijn*）显得特别令人感兴趣。）[80]

凯波尔还有一个生平要点不可忽略。他用八个月来高强度地完成了这一研究，这导致他在论文竞赛结束后的一段时间内神经衰竭。在得知自己赢得论文竞赛后，他花了六个月在威斯巴登（Wiesbaden）的温泉疗养中心休养。[81] 因此，凯波尔在开始牧会时就已精疲力竭。

除此之外，凯波尔开始牧会时，斯霍尔滕之愿景的实现开始变得举步维艰。莱顿学派的势头在起初通过类似康拉德·布什肯·休伊特（Conrad Busken Huet）的《问题与解答：有关圣经的书信》[82] 这类畅销书得以快速传播后，在19世纪70年代开始变缓，随后停滞。19世纪60年代，大量莱顿学派的早期支持者辞去牧职。《问题与解答》出版后第四年，休伊特放弃了牧会，之后一直从事新闻工作。[83] 1866年，他出版了一份小册子，认为留在教会内仍有神学意向的牧者应对自身的不诚实感到内疚。[84] 1865年，一位备受关注的鹿特丹的牧者阿拉德·皮尔森（Allard Pierson）离开自己的牧职。他的辞职的同时出版了一份小册子《致我最后一间教会的信》（*Letter to my Last Church*）。[85] 他余生都在海德堡与阿姆斯特丹教授文学、美学和艺术史。

随后十年，莱顿学派所提的一系列问题开始从"我们做什么才能使牧者和信徒重燃神学之火？"变为"牧者的信仰能成为信徒的信仰吗？"。[86] 荷兰教会界变得支离破碎。在菲利普·赖因哈特（Philip Reinhart）和佩德鲁斯·荷马努斯·胡衡赫兹（Petrus Hermannus Hugenholtz）的领导下，自由教会（De Vrije Gemeente）于1877年在阿姆斯特丹从荷兰改革宗教会中分

---

[80] Herman Bavinck, *Johannes Calvijn* (Kampen: Kok, 1909).
[81] James D. Bratt, "Raging Tumults of the Soul: The Private Life of Abraham Kuyper," *Reformed Journal* No. 1 (November 1987), 9.
[82] Conrad Busken Huet, *Vragen en antwoorden; brieven over den bijbel* (Haarlem, 1858).
[83] Hederscheê, *Modern-godsdienstige richting*, 136.
[84] Conrad Busken Huet, *Ongevraagd advies in de zaak van Pierson tegen Réville c.s.* (Haarlem, 1866).
[85] Allard Pierson, *Brief aan mijn laatste gemeente* (Arnhem, 1865).
[86] A. M. Brouwer, *De moderne richting* (Nijmegen, 1904), 132.

裂出来。自由改革宗联会（Vereeniging van Vrijzinning-Hervormden）在莱顿成立。此时，新教联盟（Protestantenbond）开始出现。

当莱顿学派的影响力消退时，它开始严肃看待自身的相关性和可行性。年轻的凯波尔首次留意那些莱顿学派的主要批判者：亚历山大·费内特（Alexandre Vinet），但以理·尚特皮·德拉索绪尔和约翰·荷马努斯·胡宁（Johannes Hermanus Gunning）。1863年，凯波尔成为荷兰改革宗教会比斯德（Beesd）教会的牧者。当时，他与他父亲的关系紧张。双方在教会内部认信委身的诸多问题上彼此冲突。翌年，凯波尔遇见了复兴运动的领袖范普林斯特勒；后者鼓励他继续研究加尔文。针对凯波尔与他父亲在意识形态上分道扬镳而言，范普林斯特勒在某种意义上成了凯波尔的第二位父亲。同时，他对加尔文主义在民族教会（volkskerk）中不同的使用经验深深地影响了凯波尔。一位农夫的妻子皮切·巴尔图诗（Pietje Balthus）的简朴信仰给凯波尔留下了深刻印象。

19世纪80年代见证了凯波尔同时成为教会和学术界重大发展的领导者。巴文克直接参与了这些重大发展。1880年，凯波尔创办了阿姆斯特丹自由大学，并很快被任命为该校的神学教授及首任校长。他赞赏基督教归正教会年轻的巴文克博士的才华，就迅速着手招募他来自由大学。在巴文克最终于1902年接受教职之前，凯波尔两次与他接洽都未成功。（第一次在1881年，就是1892年教会联合11年前；第二次在1895年，是在教会联合之后。）

在这期间，荷兰教会也发生了剧变。凯波尔再一次位于浪潮的中央，巴文克也同样直接身处其中。荷兰改革宗教会阿姆斯特丹堂会会议（凯波尔是其中一员）开始强调它的会员要认信签名。鉴于此，阿姆斯特丹将近八十位长老，包括凯波尔在内，于1885年被停职。在教会申诉失败后，凯波尔的团体（包括了将近二百间教会）开始以"哀恸者"（Dolerenden/Doleantie）为人所知；该字的字意是"悲伤之人"。因看到荷兰改革宗教会的未来飘渺，凯波尔的"哀恸者"团体于1886年离开了国立教会，开始独立运作。与此同时，他们也寻求与巴文克的基督教归正教会联合。1892年，荷兰地区归正教会成为这场从分裂到联合的运动的果实。因此到了19世纪90年代初，巴文克和凯波尔同属一个宗派。有几年，他们也是同所大学的同事。

这些错综复杂的事件与凯波尔作为新加尔文主义运动的先锋角色相吻合。巴文克正是出现于这场运动之中。

四．"新认信主义的短暂胜利"

荷兰的独特历史意味着巴文克和凯波尔似乎成了新认信主义复兴的名义领袖。这场复兴与欧洲其他国家类似的运动相比，总有些格格不入。类似的新认信运动于 19 世纪 20 和 30 年代在其他地区爆发，而荷兰的这场复兴运动却迟到了半个世纪。伯克富以荷兰较迟出现现代主义来解释这一现象："荷兰有意塑造这种神学，来回应现代主义和中介神学之外的第三种对源自启蒙运动的思想的挑战。这就是它的重要性和范畴胜过其他地区认信主义的原因。此外，它有力地启发了加尔文主义群体的政治和文化觉醒。在那几年，这些群体在现代社会中占据了重要的位置。"[87]

新加尔文主义运动的独特性值得注意：在教会冲突导致荷兰系统神学和公共神学几近停顿之前，巴文克和凯波尔所引导的这场运动代表了对认信强调的高峰。这在第一次世界大战之前是绝无仅有的。

五．《改革宗教理学》的背景

当一些人开始罗列凯波尔人生中的重大事件时，很难不频繁地解释巴文克在其中的角色，因而偏题变成了对巴文克生平的重述。[88] 这并非本章的目的。相反，本章的目的正如毕加索对布拉塞（Brassaï）所说的，在理解一位艺术家的作品时，一个人必须知道他在何时创造、如何创作、为何创作、以及在怎样的处境中创作。就此而论，巴文克的神学遗产《改革宗教理学》出现于在为改革宗基督教（Reformed Christianity）的真实特性苦苦探索的两个世纪之末。显然，各方互相角逐，认为自己继承了加尔文的

---

[87] Berkhof, *Two Hundred Years of Theology*, 113.
[88] 有关对巴文克被吸引到凯波尔运动之中的原因的一段有益论述，见 John Bolt, 'Grand Rapids between Kampen and Amsterdam,' *Calvin Theological Journal* 38 No. 2 N. 2003, 267.

神学衣钵。他们包括了复兴运动的神学家，豪斯德学派门徒，斯霍尔滕和现今的凯波尔。

在这种处境中，巴文克以"改革宗"（Gereformeerde）来命名他那四卷本教理学的做法十分夺人眼目。他完全认识到自己的历史处境和思想环境。巴文克认为《改革宗教理学》就是如此。他带着清楚的意图参与了这场角逐，主张改革宗传统。在当时的处境中，教理学著作的出版也很重要。范德琅对荷兰新教现代主义神学的纵览在新加尔文主义出现前终止，所以并未提及巴文克。他在结束段落中提到，从格罗宁根到莱顿的各类运动中，系统神学这门学科饱受摧残。他用以下精彩评论作为结语："但是没有一位现代主义者撰写教理学。一些人认为由于缺乏权威，在'现代的'基础上不可能写出一部普遍认可的教理学系统的著作。然而，如果有一些新的施莱尔马赫出现，将所有宗教思想再次建立在新的基础上，谁又晓得荷兰现代主义者是否会欣然接受系统神学的复兴呢？"

历史告诉我们，荷兰神学中教理学的复兴很快就来到了。然而，这位让人翘首以盼的教理学家来自完全不同的神学阵营。这位"新的施莱尔马赫"是一位分离主义牧师的儿子，是斯霍尔滕的学生，却是新加尔文主义的神学代言人。

《改革宗教理学》第一卷的神学绪论可以视作重现了遗失的改革宗系统神学的艺术。饶有趣味的是，巴文克复兴改革宗教理学之科学的奋斗始终与"有机"相关。教理学的任务和有机主旨（本书的主题）之间显著的新加尔文主义关系，已经在凯波尔第四场斯通讲座中有所暗示：

依据理论或假设，几种科学的主要内容一定要归类于同一名目之下，并受一个原则支配。最后是作为众科学之女王（the queen of sciences）的系统学（systematics）登场，将所有不同的成果编织成一个有机整体……与存在事物的起源、互相联系和最终目的有关的问题是无法压制的。"我来、我见、我征服"（veni, vidi, vici）借着进化论全速占领了各个领域，并对神的话语怀有敌意，尤其是在自然主义者中。这也是一个令人信服的证据，说明我们急需观点一致。

第 2 章
几位巴文克？[1]

---

[1] 本章先前发表于：James Eglinton, 'How Many Herman Bavincks? *De Gemeene Genade* and the 'Two Bavincks' Hypothesis,' *Kuyper Center Review Vol. 2: Revelation and Common Grace*, ed. John Bowlin (Grand Rapids: Eerdmans, 2011), 279-301.

一. 前言

本书要重新解读巴文克神学中对有机主旨的使用。因此，本书最密切（也是最重要）的对话对象就是杨·冯赫夫（Jan Veenhof）。他出版了意义深远的《启示和默示》。² 这本书普遍被认为是衡量与巴文克使用有机论相关作品的基准。除了近期少数比较显著的个例，其他关于巴文克的二次资料与冯赫夫对巴文克神学这方面的解读相比，无出其右。然而正如下文会说明，本书将提出一种对巴文克神学截然不同的整体解读，继而带来其应用于有机主旨时的重大变更。

虽然第三章在特定主题（有机主旨）上会批判性评估冯赫夫对巴文克的解读，但是当务之急是要描述并评价他解读巴文克时所仰赖的基本假设。在此情况下，整体塑造了局部；因此对前者的批判必定要先于对后者的批判。

二. 朝向对巴文克新的"整体"解读

巴文克的个人生平并不寻常。他是一位分离派牧师的儿子，也是现代主义神学家的学生，又是打破传统观念的《改革宗教理学》的作者。他是一位教理学家，后又成为一位十分活跃的政治家和教育理论家。他的神学被证实很难归类。这位神学家如何在诸多明显彼此冲突的事物间生存一直是个谜。这推动了众多对巴文克的研究，其中就包括了冯赫夫的著作。简而言之，对巴文克的标准解读认为他是一位双相障碍（bipolar）之人：他似乎是一位具有双重人格的神学家，在"正统"和"现代"之间飘忽不定，并没有彻底解决他自身根本的神学身份的危机。这通常被称为"双重"赫尔曼·巴文克。

这一"双重巴文克"的假设是基于对巴文克个人叙述的特殊解读。这一解读综合了各类因素：在保守派环境下成长，在自由派大学里受训，受聘为改革宗教理学家，涉猎政治、哲学、心理学和教育，以及晚年发生的各样事件。其中最有名的当属卖掉他的神学图书库³，并在临终前说：

---

² Jan Veenhof, *Revelatie en Inspiratie* (Amsterdam: Buijten & Schipperheijn, 1968).
³ 瓦伦泰·何普（V. Hepp）记述巴文克曾如此说："我再也不需要它们了。" Hepp, *Dr. Herman Bavinck*, 317-18.

"我的教理学对我和我的知识毫无帮助,但是我持守了信心;在信心中,我拥有了一切。"[4] 这一假设并非简单地承认巴文克神学中"正统"和"现代"的内容;这些内容几乎不会被忽略。在特定的意义上,巴文克思想中可谓存在一种"二元性"。[5] 巴文克在自由大学的同事阿内马(A. Anema)在论到巴文克同时是一位"分离派传道人和现代文化的代表者"时,曾如此说:"那是一个不同寻常的特征。这种二元性显明了巴文克的重要性。此二元性也反映了巴文克生命中的张力,有时也是危机。在许多方面,成为分离派教会的传道人是件易事。在某种意义上,成为一位现代人也并非难事。但是,同时成为这两种人绝非易事。"[6]

以"双重巴文克"来解读巴文克的生平意味着巴文克从未调和正统与现代这一根本的二元性。与阿内马的谨慎评述(同时成为正统和现代绝非易事)不同,这一假设断定,对巴文克而言,这最终被证明是不可能完成的。巴文克未有很好的方法解决这一巨大危机,因此带来的趋势就是双重巴文克,而非一位巴文克。几十年以来,这一夸张的描述提供了一个诠释的视角,借此解读巴文克的一些特定的细微层面。这一两极解读的最终结果就是分割了巴文克的作品。他神学中有些内容成了他"正统"学生的财富,其它内容则被他"现代主义"学生所继承。

本书的根本信念是,巴文克的神学视野比传统规范的解读更加精妙统一。正如下文会提出,"双重巴文克"的解读忽视了他著作的核心主题:神圣的三一带来对综合(synthesis)的首要关注;虽然在概念上综合并非与有机主旨同义,但是它与后者相关,后者时常表述了前者。从此角度重新解读巴文克(继而要求全面重新评估先前的主旨),实际上为巴文克研究领域中已形成的分离之态提供了解决之道。正如在下文会论证的,当巴文克解释原型的(archetypal)神格合一性(the unity of Godhead)给所有实体带来某种协调一致(coherence)的意义时,他就转向了有机主旨。

---

[4] Dosker, 'Herman Bavinck', 21.
[5] 约翰·博尔特(John Bolt)在"A Man Between Two Worlds," *The Imitation of Christ Theme in the Cultural-Ethical Ideal of Herman Bavinck* (PhD dissertation, Toronto, University of St Michael's College, 1982), 53-9 中详细综述了这种"双重性"。
[6] Veenhof, *Revelatie en Inspiratie*, 108. Cf. F. H. von Meyenfeldt, 'Prof. Dr. Herman Bavinck: 1854-1954 'Christus en de Cultuur,'' *Polemios*, IX (October 15, 1954).

如此，巴文克研究的一个极大不幸是，有机主旨长期以来都被误解为不合一（disunity）的病症，而不是理解为创造中合一的首要类比和媒介。

因此，本章的目的是要为本书之后章节建立框架。首先，笔者会全面评述当今巴文克研究领域，为要强调现今研究对"双重巴文克"模型的依赖。之后，笔者会强调这一假设内在尚存疑问的特性。在发展这一主题时，笔者会论证"双重巴文克"这一解读背后的各种重大缺陷，并指出大范围的巴文克研究领域正从所谓的巴文克不一致的基本假设转移。在确认冯赫夫对有机主旨的解读乃依赖此模型时，本章提出的观点是，重新解读有机主旨与重新解读（统一的）巴文克密不可分。我们期待对有机主旨的最新研究能更好地解释只有一位巴文克，而不是双重巴文克。

三．"双重"巴文克

在撰写巴文克个人历史的多面本质时，约翰·博尔特（John Bolt）认为不幸的是，巴文克符合这一描述。（需要注意的是，博尔特的"双重巴文克"立场在最近的讨论过程中发生了巨大的改变；对此，稍后会有解释。）"我们必须一开始就提醒自己，任何对赫尔曼·巴文克的影响力的看法不得不以一个懊恼的肯定开始：并非只有一位巴文克，而是双重巴文克。彻底相异的人群和议事日程都会诉诸巴文克来支持他们的观点；事实确是如此。"[7]

冯赫夫的巴文克肖像的核心是"双重巴文克"，以及巴文克思想中存在"两个极点"。[8] 冯赫夫极大地影响了大众对巴文克的理解。诚然，巴文克的两极肖像已经成为规范。当全面考察近期圣经教义的探讨中使用巴文克的名字时，这就变得尤为明显。在这一背景下，亨克·弗儒姆（Henk Vroom）写道："有一段时间，巴文克的圣经观岌岌可危。他结合了两条相反的线路：一方面是绝对的权柄和广泛及不可动摇的信心确据（the certainty of faith），另一方面是开放地寻求文本的真实意义和它们在现代

---

[7] John Bolt, 'Grand Rapids between Kampen and Amsterdam: Herman Bavinck's influence and reception in North America,' 263-64.
[8] Veenhof, *Revelatie en Inspiratie*, 108-11.

生活中的正确应用。鉴于此，后世就要选择他们想要追寻的线路。在巴文克的学生中，有些人沿袭了第一条思路，另一些人则采用了第二条。"[9]

近期对巴文克生平和神学的代表性论述就是马尔科姆·亚纳尔（Malcolm Yarnell）著作中<赫尔曼·巴文克：合理的改革宗>一章的内容。[10] 亚纳尔写道，巴文克神学根基的"两个主要方面"就是哲学和圣经。因此，他认为"巴文克对他神学基础这两方面（或'两极'）的处理令人费解、飘忽不定，并常常冲突。这种处理也产生了一个推测：存在'双重巴文克'。'第一个巴文克'是改革宗和神学性的牧者，然而'第二个巴文克'是现代并进步革新的学者。"[11] 在此基础上，亚纳尔透过"双重巴文克"的视角纵览巴文克神学。

在巴文克学术研究中普遍接受的观点（正如亚纳尔的例子）是，巴文克的神学或多或少都是自相矛盾的，以至于不可能复制。相反，一个人必须择一相随。虽然弗儒姆的主张最终止于这一争论，但是他在对圣经的讨论中援引了巴文克，并一直将他描述为一个思想不一致的人。弗儒姆尤其激烈地主张：巴文克既强烈反对又十分赞同沃菲尔德（B. B. Warfield）的神学。[12] 有关这一议题，亚纳尔称其为"巴文克内在有关圣经和理性之优先权的矛盾，这呈现了一幅近乎精神分裂者的图像"。[13]

然而我们必须承认，"双重巴文克"的模型并非局限于在圣经方面对巴文克的解释。事实上，它以一种范式的方式自始至终被应用于巴文克的著作。布莱恩·马特森（Brian Mattson）是近期另一位批判"双重巴文克"解读方式的学者。他强调尤金·海德曼（Eugene Heideman）的《埃米尔·卜

---

[9] Henk Vroom, 'Scripture Read and Interpreted: The Development of the Doctrine of Scripture and Hermeneutics in Gereformeerde Theology in the Netherlands,' *Calvin Theological Journal* 28 No. 2 (1993), 363.

[10] Malcolm B. Yarnell, *The Formation of Christian Doctrine* (B & H Publishing Group: Nashville, 2007), 49-59.

[11] Yarnell, *The Formation of Christian Doctrine*, 50. 请注意，亚纳尔依赖于冯赫夫的"两极"图像。

[12] 关于"巴文克反对沃菲尔德"，见 Donald McKim and Jack Rogers, *The Authority and Interpretation of the Bible* (San Francisco: Harper and Row, 1979); and Andrew T.B. McGowan, *The Divine Spiration of Scripture: Challenging Evangelical Perspectives* (Inter-Varsity: Downers Grove, 2007). 关于"巴文克赞同沃菲尔德"见 Richard Gaffin, *God's Word in Servant-Form* (Greenville: Reformed Academic Press, 2008).

[13] Yarnell, *The Formation of Christian Doctrine*, 51.

仁纳和赫尔曼·巴文克论启示与理性的关系》试图去发掘《改革宗教理学》里的不同内容是分别属于不同巴文克的，就是"持守圣经的"巴文克和"唯心主义（idealist）、学院派（scholastic）的"巴文克。[14] 下文会说明与这种观点最相近的例子就是，在论述两个国度神学 [范德瑞内（VanDrunen）] 和有机主旨（冯赫夫）时诉诸"双重巴文克"。

博尔特在接受"双重巴文克"假设时的迟疑，是由于常被人引用的赫瑞特·博库伟（Gerrit Berkouwer）著作中的一段评论："当博库伟教授在自己最后大部头的神学性自传中如此评述时已敏锐地意识到，巴文克特别容易被当代的仰慕者为了自己的目的而'附加'（annexed）在他物上。博库伟认为克服这种危险十分艰难，'因为巴文克的神学包含了诸多内在张力与无法调和的主题'。"[15]

于是，这给人的印象就是存在"正统的"巴文克和"现代主义的"巴文克。前者是分离派教会的后代和神学保守主义的壁垒，后者则是大胆的神学自由思想者和那些联合反对旧普林斯顿之人所敬爱的人。博尔特的立场可以稍微更加细腻地表述为，他认为这是种夸张的描述，并主张"杰出、进步的现代主义巴文克"是"由瓦伦泰·何普杜撰的，并被博库伟和他的学生所认可，最终被近期的改革宗人士，例如哈瑞·考特（Harry Kuitert）无底线地利用"。[16] 博尔特另外也对以下趋势嗤之以鼻："将学院派巴文克与杰出的持守圣经、以基督为中心、宣讲福音的巴文克对立，并用后者来审判前者。"[17]

---

[14] Brian Mattson, *Restored to our Desinty* (unpublished PhD thesis, University of Aberdeen, 2008), 8; cf; Eugene Heideman, *Relation of Revelation and Reason* (Sheboygan Falls, Wisconsin: Van Gorcum & Comp. N.V. – Dr. H.J. Prakke & H.M.G. Prakke, 1959), 131-2, 138, 142, 144, 156-7, 177-79, 183, 189fn.1.

[15] John Bolt, 'Grand Rapids between Kampen and Amsterdam: Herman Bavinck's influence and reception in North America,'265. The full Dutch reference is: "Het gevaar van een beschrijving en beoordeling van Bavincks levenswerk is, dat men hem annexeert voor eigen inzichten. Het is niet onmogelijk boven dat annexatie-gevaar uit te komen, doordaat in het werk van Bavinck allerlei onweersprekelijke motieven zichtbaar worden." G. C. Berkouwer, *Zoeken en Vinden: Herinneringm en Ervanngm* (Kampen: Kok, 1989), 55.

[16] John Bolt, 'Grand Rapids between Kampen and Amsterdam: Herman Bavinck's influence and reception in North America,' 266.

[17] John Bolt, 'Grand Rapids between Kampen and Amsterdam: Herman Bavinck's influence and reception in North America,' 268.

虽然博尔特刻画了一个深思熟虑后的陈旧的两极巴文克,但是他注明:

> 我刚刚描述的双重巴文克的肖像——基要主义学院派人士和杰出进步的现代人——显然是一幅夸张的卡通画和漫画。然而,有足够的证据支持巴文克内在二元性的论述。若无这两方面的冲突,我们就不能理解20世纪荷兰改革宗神学的发展。更适宜恰当的描述是:神学家赫尔曼·巴文克的双面反映了学术性神学家(wetenschappelijke theoloog)和教会教理学家(kerkelijke dogmaticus)之间的张力。[18]

因此,虽然博尔特敏锐地论及"二元性"而非"两极性",但他也认为这幅夸张的漫画中仍包含些许真理。虽然博尔特发现将巴文克与其自身相对立的做法多少并不令人满意,但是所谓存在些许真理的说法使这种不满变成一种个人偏好,而非原则性的要点。在接受"双重巴文克"假设——无论是所说的双重性还是两极性——基本依据的同时,又否定将两个巴文克彼此对立的做法是前后矛盾的。诚然,亚纳尔的两极性巴文克的描述主要利用了博尔特的论述,但他忽略了博尔特对避免夸张描述的呼吁,继而采用了"精神分裂症"这样不合宜的辞藻论述巴文克。[19]

虽然冯赫夫、弗儒姆和博尔特接受这种描述的基本核心思想(尽管各自有不同程度的迟疑),可是没有一人明显主张巴文克是一位内在矛盾的人。这种主张显然是亚纳尔论述巴文克的核心。然而,亚纳尔绝非是唯——个如此使用"双重巴文克"模型的人。

大卫·范德瑞内(David VanDrunen)的《赫尔曼·巴文克思想中的自然律和两个国度》认为,"双重巴文克"的事实就需要以分离主义的诠释法解读巴文克。[20] 范德瑞内的主张是,巴文克并没有呈现基督徒在教会和文化之间的角色的一致性概念。他写道:"尽管一个详尽的叙述更为复杂,

---

[18] John Bolt, 'Grand Rapids between Kampen and Amsterdam: Herman Bavinck's influence and reception in North America,' 267.
[19] 有关博尔特对亚纳尔的回应,见 John Bolt, 'Bavinck's Use of Wisdom Literature in Systematic Theology,' *Scottish Bulletin of Evangelical Theology* 29.1 (Spring 2011), 5-8.
[20] David VanDrunen, 'The Kingship of Christ is Twofold: Natural Law and the Two Kingdoms in the Thought of Herman Bavinck,' *Calvin Theological Journal* (April 2010), No. 45, Vol. 1, 162.

但我相信可以得出一个大概的论述：巴文克为自然律和两个国度（two kingdom）分类的辩护属于正统的巴文克，他对恩典复原自然（grace restoring nature）和国度如同面酵（the kingdom as leaven）这类主题的拥护则属于现代的巴文克。"[21]

范德瑞内的文章或许代表了博库伟所说的"附加"的顶峰。此时，一个人不仅被鼓励要去发掘"不同巴文克分别写了哪些内容"（按照海德曼的方式），而且要将巴文克与他自身相对立（也就是说将"正统"巴文克与他"现代主义"个性相对立）。遵行弗儒姆的批判，范德瑞内将自己列于"正统"巴文克的学生的阵营中，选择了其中一条巴文克的思想脉络，而拒绝了另一条。虽然他呈现了或许是近期最极端的依赖"双重巴文克"模型的案例，但是近期大量关于圣经教义的巴文克研究也采纳了相同假设，即巴文克基本的、持续的神学身份的危机。

四. 一般影响个别

如果任其发展，"双重巴文克"模型会在巴文克研究中产生一种神学性隔离。这将会影响那些欣赏巴文克著作的人要去解释他神学的每一项内容到底归属于双重个性中的哪一个。依据范德瑞内的解读，巴文克"两个国度"的神学似乎对"现代主义"巴文克的读者并无实际意义。无法整全地解读巴文克这一坚定主张已经变得根深蒂固。

我们很难否认，醉心于诠释巴文克著作的群体割裂了他的思想和基本神学身份。正如在下文会论证的，冯赫夫通过"双重巴文克"诠释视角解读巴文克的有机主旨也是如此：我们被引导去假设这一主旨仅属于巴文克的"现代"学生们。

这种割裂的策略对巴文克研究领域造成了十分不良且阻碍性影响。每当某个巴文克思想脉络的追随者在巴文克的著作中找到一段与他们基本采纳的假设相冲突的段落时（这段内容因此会挑战他们对巴文克的陈述），这部分便会顺带被忽视，被视作"另一个巴文克"的著作。这种策略向巴文克的读者呈现了将他的思想、句子、段落和概念分类归属给两个巴文克

---

[21] David VanDrunen, 'The Kingship of Christ is Twofold: Natural Law and the Two Kingdoms in the Thought of Herman Bavinck,' 162, footnote 75.

的必要性。因此，这种诠释性分类极大地阻碍了建设性解读巴文克的著作。简而言之，读者被要求接受这一可靠的预设：这些观点不能形成一个和谐的整体。这种预设显然影响了后续的解读，并且迫使读者去"发现"贯穿巴文克著作的内在分裂的特征。

五."双重巴文克"模型和有机主旨

正如上文所说，冯赫夫对巴文克的解读的核心就是"两极"模型。[22] 冯赫夫透过这一视角诠释巴文克，这极大地影响了他对有机主旨在巴文克神学中的地位的理解。请注意，在冯赫夫的叙述中，巴文克的有机主旨源自黑格尔、谢林（Schelling）、宗教历史学派（History of Religions School）和荷兰伦理神学家（Ethical theologians）。[23] 这促使人得出如下结论：有机主旨因此属于"其中一位巴文克"，即"现代主义"巴文克，而不是另一位巴文克。

这促使人相信巴文克只在成为"现代主义者"那一刻才有了有机思想。当巴文克受到黑格尔、莱顿影响的那一面浮现时，这一主旨才会出现，所以有机主旨只属于巴文克追随者中的特定人群。从而有机主旨成为巴文克内在分裂的一个方面，而不是他世界观内在综合（synthesis）的首要媒介。

正如会在下一章所论证的[24]，冯赫夫的断言有致命的缺陷，并需要极大的修正。他认为巴文克的有机主旨与德国唯心主义、伦理神学家等人之间，存在连续的概念统一体。在批判他对特定有机主旨的解读之前，我们必须首先提供另一种解读可代替《启示和默示》所假设的基本二分法。此处必须要澄清的是，在质疑冯赫夫将有机主旨归属于"现代"巴文克之时，本书并非贸然试图为"正统"巴文克的追随者追回这一主旨。相反，本章全然否定"双重巴文克"。事实上只有一位赫尔曼·巴文克，读者应依据这个角度来重新解读有机主旨。

"双重巴文克"的假设将会接受两方面的诘问。首先，本章会肯定近期对这一假设的反驳。其次，巴文克在坎彭的最后一次院长演说[《普遍

---

[22] Veenhof, *Revelatie en Inspiratie*, 108-11.
[23] Veenhof, *Revelatie en Inspiratie*, 267-8.
[24] 见第三章。

恩典》（*De Gemeene Genade*），1894]将会被引以批判"双重巴文克"的根本设想。

六．"一位巴文克"：近期巴文克研究的趋向

最近对"双重巴文克"模型的重要批判来自尼尔森·克鲁斯特曼（Nelson Kloosterman）。[25] 他认为，尽管冯赫夫与博库伟意识到巴文克思想中的"张力"，但是没有一人发现巴文克作品中有必然的不一致。克鲁斯特曼重新翻译了源于博库伟的引文。[26] 博尔特对巴文克"双重性"的描述正依赖于这一引文："描述和评估巴文克一生的著作会出现的危险是，一个人可能会依据自己的想法吞并了巴文克。然而，躲避这种兼并的危险并非不可能，因为在巴文克的著作中显然存在各样不可否认的主题。"[27]

当我们发现被博尔特译作"无可调和"的荷兰文 onweersprekelijk 实际上应被译作"无可争辩"或"不可否认"时，博库伟的论述就呈现了一种截然不同的倾向。依据语境来看，这似乎是说，虽然博库伟强调了一种担忧，即一个人可能会为了他自己的目的而兼并了巴文克思想中某些方面；但是他也同样消除了这种忧虑：如果一个人可以认识到巴文克思想中各样不可否认的主题，这种兼并就得以避免。简而言之，博库伟的主张是：如果一个人没有先抓住巴文克世界观中各类不同的核心主题，并先逻辑上假设这些主题的整体性，那么"双重巴文克"的模型就会出现。"换言之，尊重巴文克自己思想的**一致性**可以阻止我们屈服于时下流行方法的内在危险。这是一种分裂的方法，并将某个人自己的观点等同于某一个巴文克的'思想脉络'。遗憾的是，范德瑞内的会议论文并未完全规避这一危险。总而言之，虽然一个人可以确定赫尔曼·巴文克思想内在的各样张力，但

---

[25] Nelson D. Kloosterman, 'A Response to "The Kingdom of God is Twofold": Natural Law and the Two Kingdoms in the Thought of Herman Bavinck by David VanDrunen,' *Calvin Theological Journal* (April 2010), Vol. 45, No. 1, 174-75.

[26] "Het gevaar van een beschrijving en beoordeling van Bavincks levenswerk is, dat men hem annexeert voor eigen inzichten. Het is niet onmogelijk boven dat annexatie-gevaar uit te komen, doordaat in het werk van Bavinck allerlei onweersprekelijke motieven zichtbaar worden."Berkouwer, *Zoeken en Vinden*, 55.

[27] Kloosterman, 'A Response to "The Kingdom of God Is Twofold": Natural Law and the Two Kingdoms in the Thought of Herman Bavinck by David VanDrunen', 175.

是这并不能足以说明存在双重巴文克,就是巴文克神学里有两个不可调和的思想脉络。"[28]

诚然,博库伟自己对巴文克毕生著作的概括——大公性(catholicity)和综合(synthesis)——支持了这一主张。[29] 博库伟认为巴文克并非是一位著作中有"在张力中不可调和的主题"的神学家。相反,他是一位致力于达成"各样不可否认的主题"的综合的人。

博尔特如此回应:

> 我将博库伟的观点——巴文克神学包含了如此多"不可否认的主题"(onweersprekelijke motieven)——错误地译作"不可调和的主题"。克鲁斯特曼通过纠正我的翻译,为巴文克研究作出了极大贡献,尽管这令你们的研究变得尴尬。克鲁斯特曼的评述是正确的。博库伟并非在谈论一群持对立观点的人诉诸巴文克;他是在论述他自己所面临的,为了他自己的议程而诉诸巴文克的危险。博库伟继续论到,克服这类危险是可能的,因为巴文克神学里显而易见有不可否认(非不可调和)的主题……总而言之,虽然一个人可以确认赫尔曼·巴文克思想中各样的"张力"(正如一个人可以在任何神学家思想中所发现的,包括约翰·加尔文),但是这并非足够支持这一主张:存在"双重巴文克",就是巴文克神学中有两条不可调和的思想脉络。[30]

博尔特肯定了对博库伟名言的重新翻译,因此也证实了这一正确的翻译极大地削弱了"双重巴文克"的假设。博尔特的肯定是巴文克研究的一

---

[28] Kloosterman, 'A Response to "The Kingdom of God is Twofold": Natural Law and the Two Kingdoms in the Thought of Herman Bavinck by David VanDrunen,' 175.
[29] Berkouwer, 'Katholiciteit. H. Bavinck', in *Zoeken en Vinden*, 40–70.
[30] John Bolt, 'Bavinck Society Discussion # 1: The VanDrunen-Kloosterman Debate on "Natural Law" and "Two Kingdoms" in the Theology of Herman Bavinck' (published online via the Bavinck Institute: http://bavinck.calvinseminary.edu/wp-content/uploads/2010/06/Discussion_1_VanDrunen-Kloosterman_debate.pdf), 21.

次发展，不应被忽视。简而言之，迄今为止大量的巴文克研究的著作乃依赖于一个错误的预设；承认此事令重新解读巴文克势在必行。[31]

同样有重大意义的是，克鲁斯特曼对巴文克神学视野的一致性的坚定主张得到了如乔治·哈林克（George Harinck）、亨克·范登贝尔特（Henk van den Belt）和布莱恩·马特森这些学者的认可。哈林克对博库伟的解读虽然并非直接批判"双重巴文克"的模型，但也影射了克鲁斯特曼的解读。[32] 他所呈现的巴文克综合了各类主题，并没有陷入令人厌弃的二元主义之中。鉴于巴文克的教会和教育背景，哈林克发现这种对大公性的迫切需求不足为奇。

> 在彼时，巴文克的教理学与哲学著作重新表述了基督教信仰与现代文化的关系。巴文克借此并非用"异教信仰"（heathenism）和"对立"（antithesis）这类词汇形容这种关系。相反，他采用了"综合"和"大公性"……巴文克的生平显明了，在一定程度上，此类宗教和现代性主题，并他在教会和科学上的综合性目的，都与他自己的经历紧密相关……对整体（unity）的追求正是巴文克人生的主导思想。同样，在科学方面，他并不认为自己是一位批判者，也非一位冷静的分析师。他首要的是在他的朋友间，并在他的信仰和学术著作间寻求综合。[33]

---

[31] 例如，亚纳尔对巴文克的论述引述了博尔特早前"双重巴文克"的内容，并在这基础上将巴文克著作的不同部分分别划归于"第一个"和"第二个"巴文克："这就是为什么约翰·博尔特认为有双重巴文克。在《神学绪论》（Prolegomena）中，第一个巴文克以一种预示了巴特驳斥自然神学的方式写作，……同样在《神学绪论》中，第二个巴文克写了两章与神学根基直接相关的内容，但是这两章是与哲学互动，而不是圣经。" Yarnell, *The Formation of Christian Doctrine*, 51.

[32] George Harinck, '"Something that must remain, if the truth is to be sweet and precious to us": The Reformed Spirituality of Herman Bavinck', *Calvin Theological Journal*, 38 (2003), 250.

[33] George Harinck, '"Something that must remain, if the truth is to be sweet and precious to us": The Reformed Spirituality of Herman Bavinck,' *Calvin Theological Journal* 38 (2003), 250, 254.

范登贝尔特对巴文克神学的评述同样指出了他神学方法在本质上的综合性。"他处理神学问题时采用了综合而非对立的方式，并探索了大公性的元素。"[34]

当一个人思考巴文克和凯波尔神学的总体趋势时，一个主要的术语差异很快映入眼帘。凯波尔时常以对立的词汇论述基督教和非基督教文化，而巴文克却并非如此。对凯波尔思想的一项常见批判是，它在基督教与非基督教世界观的对立性和普遍恩典这两项紧密相连的概念之间，置入了一个令人不安的张力。[35] 巴文克未面对此类批判。这无疑归因于，虽然巴文克和凯波尔所持的对立性的核心——罪与恩典的对立——相同（下文会予以论述），但是巴文克从"罪与恩典"的对立发展出"恩典复原自然"（grace-restores-nature）的综合。因此，就基督徒在与非基督教文化关系中之角色而言，巴文克创造了一种截然不同的动态。

七. 两次演说和"双重巴文克"

巴文克的两次重要演说令人对"双重巴文克"模型产生了极大的疑虑。这两次演说分别发生在 1882 年和 1894 年。这两个时间各自标记了他来到和离开坎彭神学院。

在被任命为神学院的教理学教授后，巴文克就职演说的题目是《神圣神学的科学》（*De wetenschap der Heilige Godgeleerdheid*）。他的开场白表达了一个信念：正统（heilige godgeleerdheid）和现代世界[正如科学（wetenschap）所代表的]是同属为一的。正如哈林克的谨慎评述一样，这次讲座并非指向巴文克在莱顿受教的现代神学。其实，巴文克在选择使用"**神圣**"这一形容词时十分谨慎："这场演说并不是关于敬虔，而是关于**科学**。他并非指现代主义神学，而是神圣的神学。"[36] 巴文克发现斯霍尔

---

[34] Van den Belt, *Autopistia: The Self-Convincing Authority of Scripture in Reformed Theology*, 250.

[35] Sean Michael Lucas, "Southern-Fried Kuyper? Robert Louis Dabney, Abraham Kuyper and the Limitations of Public Theology," *Westminster Theological Journal* 66, (2004), 198.

[36] Harinck, "'Something that must remain, if the truth is to be sweet and precious to us': The Reformed Spirituality of Herman Bavinck', 255.

滕和饶文霍夫的著作缺乏历史性、充分大公性的神学。这种神学根植于过去，但是继续适用于当下。在巴文克看来，神学的基本特征体现于永久相关的神圣性。这次讲座令凯波尔作出如下评论："如今，这就是真实的科学性改革宗神学。它再次正确陈述了首要原则（first principles），清楚呈现了一条充满无限前景的道路……我从未读过与这次就职演说一样的论文，从始至终都专注如一。"[37]

这次就职演说中的内容为日后巴文克在《改革宗教理学》中捍卫神学作为一门科学性学科打下了基础。巴文克的论调表明，一个人可以是历史性正统，同时又充分参与现代思想环境。他在坎彭的时间正是以此论调开始。这质疑了"双重巴文克"的假设；这种假设基于一个前提：这种整体对巴文克而言是绝无可能的。

1894 年，巴文克接受了阿姆斯特丹自由大学的神学教授席位。他在坎彭最后一次演说——在当时是院长致辞而非教授致辞——的题目是《普遍恩典》（*De Gemeene Genade*）。[38]《神圣神学的科学》的论点——神学正统应归入现代世界——在某种程度上根本否定了"双重巴文克"的假设。然而，巴文克在《普遍恩典》中的基本主张令这个假设产生了明显的问题。

对巴文克而言，普遍恩典并非新颖的话题；早在 1888 年发表的《基督教和教会的大公性》（*The Catholicity of Christianity and the Church*；荷：*De Katholiciteit van Christendom en Kerk*）中，他就谈及此主题。但是，他在坎彭的演说重拾这一主题有其特殊的关切。正如下文会论述，新加尔文主义对普遍恩典的理解有特别的细微差异。这种理解对一个人如何批判性阅读诸多有关巴文克神学的二次文献意义重大。

将普遍恩典描述为新加尔文主义的显著重点，而非只是巴文克的一时兴趣，这是十分恰当的；因为它在巴文克的同事凯波尔的著作中也极其重要。巴文克有关普遍恩典的著作发表于 19 世纪 80、90 年代，凯波尔将这

---

[37] Abraham Kuyper in *De Heraut* (21st January, 1883), quoted by Dosker, 'Herman Bavinck,' 16.

[38] Herman Bavinck, *De Algemeene Genade: Rede gehouden bij de overdracht van het Rectoraat aan de Theologische School te Kampen op 6 Dec. 1894* (Kampen: G. Ph. Zalsman, 1894). 这一讲座已被译作英文，见 Herman Bavinck, 'Common Grace,' *Calvin Theological Journal* 24 No. 1, April 1989, 35-65, tr. Raymond C. Van Leeuwen.

一势头延伸至 20 世纪初，于 1903 年至 1904 年发表了三卷本的鸿篇巨著《普遍恩典》（*De Gemeene Gratie*）。[39] 在更深层次上，一个以普遍恩典为中心的世界观是基督教参与她所处文化的整全凯波尔式愿景的基础。在概念上而言，这不亚于具备范式性的（paradigmatic）重要意义。如果一个人能说明巴文克和凯波尔共有的这种方式与"双重巴文克"模型有明显的出入，那么这一模型必须要被重新评估。

为了论述巴文克普遍恩典的思想对"双重巴文克"的挑战，这一思想重点的背景必须先予以描述。1879 年，教皇利奥十三世（Leo XIII）颁布了通谕《永恒之父》（*Aeterni Patris*）；[40] 这标志着新托马斯主义神学（neo-Thomistic theology）的长足发展。先前担任佩鲁贾（Perugia）枢机主教——被称为主教佩西（Cardinal Pecci）——期间，利奥十三世的特点就是热衷于中世纪经院主义。他断定在现代主义思潮中，理性被高举超越了信心。他呼吁复兴新托马斯主义，信心和理性彼此的关系可以遵循先前阿奎那所提倡的自然与超自然的区分。回归托马斯的信念，可以终结自利奥十三世成为教皇以来现代主义神学影响罗马天主教神学的问题。因此，他颁布了《永恒之父》。[41] 罗马天主教内托马斯主义的复兴是 19 世纪神学重要的运动之一。对巴文克神学的解读必须要意识到这一事实。

尽管利奥相信，借着回归中世纪经院主义，现代性所带来的问题就能迎刃而解。但是巴文克认为，这一策略所带来的难题超过了它所提供的解决方案。在《普遍恩典》中，他批判了中世纪托马斯主义和新托马斯主义。巴文克主张这两项运动充斥着（他视为不符合圣经的）二元论：宗教是**自然的**又是**超自然的**，教义信条是**混杂的**又是**纯粹的**，人处于**自然状态中又具有超然赋予的恩赐**（superadded gifts），诸如此类。

---

[39] 在论述普遍恩典时，巴文克喜欢用荷兰文 genade，而凯波尔偏好用 gratie。

[40] Leo XIII, *Aeterni Patris* (Inst. Surdo-mutorum, 1879).

[41] 这一发展构成了巴文克著作中各样重点的背景。例如，利奥十三世支持新托马斯主义将奥秘（mystery）与教义彼此联合。根据这一概念，一项教义可能在理性上是违反直觉的，但是它一定要被接受为"纯粹的"（pure）而不是"混杂的"（mixed）的信条，因为这类教义内在是奥秘的。巴文克将"奥秘"与"教义"分离，使前者归附于"神"，借此反驳了新托马斯主义的论调。虽然《改革宗教理学》的神论（theology proper）以"奥秘是教理学的命脉"这一论述起始，但是这只因为神是奥秘的，并且唯独祂是教理学的内容。参 *RD* 2.29.

八.《永恒之父》，普遍恩典和双重巴文克

巴文克对《永恒之父》的不满主要是因着罪与恩典的对立，他视此为基督教信仰的核心。在利奥的体系中，这一对立被自然与超自然之间非对立的二元论所取代。因而，恩典升华自然，而非复原自然。在概念上，对立和非对立的二元论有截然不同的作用。前者要求在两个相互排他性的事物之间择其一。一方被选择是基于对另一方的否定。要么选择罪，要么选择恩典，因为恩典是**尊崇**神，罪是**敌对**神。之于巴文克，无第三项选择。

正如前文已经说明，虽然巴文克偏好综合而不是对立的措辞，但是他的基督教概念依赖于这一重要的对立。之于巴文克，基督教在本质上有一个对立性根基。然而，这一对立的核心并非指基督教本质是一种不加约束的对立。在创造之后，人类选择不与神同在，而接受了对立的错误一面。因此，自然就败坏了。之后，三一神开始在恩典中工作，朝着复原自然的目标发展。[42] 简而言之，对立的基本原则再附上"恩典复原自然"的公理意味着，虽然巴文克的基督教建立在对立的基础上，但它整体的框架是一种综合。诚然，综合是对立的结果：恩典复原自然，并领我们至对立的正确一面。[43]

《永恒之父》的二元主义模型并无此需求。相反，这些模型允许基督徒可以选择自然神学或超自然神学，世俗生活或神圣生活，诸如此类。"根据罗马天主教的观点，在神的心思中存有两种人的概念（起初自然状

---

[42] 见 Hielema, *Eschatological Understanding of Redemption*, 175; Veenhof, *Revelatie en Inspiratie*, 347 ff.; Bolt, *Imitation of Christ Theme*, 104.

[43] 鉴于此，读者需要谨慎分辨对巴文克和凯波尔潜在的简化性夸张描述——"综合的"和"对立的"。二人同以罪与恩典之间的对立为起点。这个对立的确是所有巴文克之后关于"恩典复原自然"（综合）思想的基础。当读者注意到巴文克描述的综合和对立之间的关系时，自然会怀疑他的思考过程是否显明为一种潜在的黑格尔主义。然而，以此得出巴文克是一位黑格尔主义者这一非限定性断言似乎并不充分有力。至少在最初之时，巴文克的对立和综合的内容似乎与黑格尔主义的正面（thesis）—对立—综合断然不同。在黑格尔主义模型中，通过调和正面和对立的共同基础，二者互相结合，为要产生一个全新的命题（a wholly new proposition）。就巴文克而言，罪和恩典之间的对立意味着二者无法调和；只有废除了罪，对立才能消除。鉴于此，综合的过程就是恩典复原自然的过程。这意味着恩典将自然带回至它未堕落的状态（照黑格尔主义的术语，即原始的**正面**），而不是带至综合，即罪和恩典合并成为新的命题。

态中的人和领受超然赋予的恩赐的人）。因此也有双重道德律，两种爱，以及双重命定或目标。"[44]

巴文克主张这种非对立性的二元论是新托马斯主义的中心；它一贯牧养了一些逃避世界或效法世界的基督徒。"罗马天主教总是培养两类孩子，并调整基督教，使之或多或少适合所有人，无一例外。将自然和超自然命令并置的做法正好解释了这一值得注意的现象。"[45]

在描述"两类孩子"中的第一类之时，巴文克认为罗马天主教"自然人"（natural man）的观点显然不是悲观的，这仅是将满意于自然生命（natural life）正当化。随之而来的结果就是鼓励依靠理性而非启示，并导致名义性的基督教、世俗主义和最终的无神论。

> 但是罗马天主教也培养了另一类孩子。有些唯心主义和神秘主义的人，他们不满足于自然之物，且渴望更超越、更佳美的事物。这些最终目的是达致超自然生命，就是神透过教会所作成的。对于达此目标而言，自然生命是一个无用的阻碍。它自身并非是罪性的，然而是一个障碍……在诸多层面，修道主义的源头仍模棱两可，但是这个运动的精神已经渗透了整个罗马天主教体系。超自然成为它自身的一项秩序（order），被极大地抬高，并与自然生命割裂。任何一个遵循前一项规章的人，一定会尽量治死第二项。[46]

他的论点是，那些接受非改革宗神学的人，要么屈服于周遭的文化，要么从那里仓皇逃离。最有意思的是，对巴文克思想两极性批判的核心是一个惊人相似的范型。"双重巴文克"的假设断定巴文克在欲求融入现代主义的莱顿学派，和渴望退回启蒙运动前改革宗神学世界的理智性修道院（intellectual monastery）之间徘徊。这个假设在本质上意味着巴文克完全不能决定该走哪条路：理智的逃避世界（world-flight），或理智的效法世界（world-conformity）。巴文克在批判《永恒之父》时提出，改革宗神学——借着它对立性核心，以及对盟约、神的形像和自然–恩典关系的独

---

[44] Bavinck, 'Common Grace,' 45.
[45] Bavinck, 'Common Grace,' 48.
[46] Bavinck, 'Common Grace,' 48.

特理解——在逃避世界和效法世界外提供了第三项选择。无论是新托马斯主义二元论的哪一面，这个世界仍未被圣化，因为基督徒的光要么熄灭了（选择成为"自然的"），要么在修道主义的遮盖下暗淡无光（选择成为"超自然的"）。逃离这一范型的唯一道路就是建构一个以普遍恩典为中心的世界观。

此外，巴文克严厉地批判了托马斯主义对新教的影响。他将源自索西尼派效法世界的运动追溯至亚米纽斯派，继而追溯至斯霍尔滕等人所接受的荷兰反超自然主义（anti-supernaturalism）。有一点似乎显而易见：在巴文克看来，莱顿学派对效法世界负有不可推卸的责任。他写道，新教的逃避世界在重洗派圈子里被培育，随后在欧洲各国极大地影响了分离主义运动。事实上，它的范围延伸至改革宗教会：

> 敬虔者的圈子里同样不断出现那些令人回想起旧重洗派的特质。他们蔑视圣经的字句，高举圣灵内在的光照；偏好即兴的教导性话语，并诋毁传道者的职分；轻看神为教会和盟约、圣礼和职分设立的客观条例；偏爱封闭式社群；拒绝艺术、学术研究、科学、文化并所有地上生活的美物，又唾弃对我们在家庭、商业、国家层面的呼召。所有这些都不是正常的宗教改革的果实，而是不健全的重洗派传统的产物。[47]

巴文克无疑是在批判他自身分离主义传统的某些方面。显然，他对分离主义神学感到索然无味。[48]

在神学生涯的各个关键时刻，巴文克专注于替代效法世界和逃避世界的另一条进路。诚然，他在坎彭的开幕致辞和谢幕致辞无疑想要他的学生确信：**神圣的神学**在现代科学世界中有一席之地。这对强化"双重巴文克"模型的过度描述带来了重大问题。巴文克如此谨慎论述，普遍恩典是改革宗神学非效法性且积极参与现代世界的核心。然而，他却陷入了那些提倡"双重巴文克"假设之人所设想的无休止的身份危机；这似乎令人难以置信。

---

[47] Bavinck, 'Common Grace,' 54.
[48] J. D. Tangelder, 'Dr. Herman Bavinck 1854-1921: Theologian of the Word,' *Christian Renewal* 19 (2001), 14-51.

在巴文克为1892年归正教会联会（the Union of the Reformed Churches）所写的文章中，同样反感二元论及其对神学的影响。[49] 在这之前，巴文克和凯波尔所代表的神学机构（分别是坎彭神学院和阿姆斯特丹自由大学）分别独立运作。伴随着教会的联合，出现了一个问题：这些机构彼此之间是何关系。在这一处境中，巴文克发表了大量关于教育改革的著作。[50] 他所担心的是，阿姆斯特丹和坎彭会两极分化。借用《普遍恩典》中的术语就是，一方会逃离现代世界，而另一方会效法现代世界。在《神学院和自由大学》（*The Theological School and the Free University*）中，巴文克主张两个机构间的"有机联合"。令他十分失望的是，教会会议并不认同他的提议，却将坎彭神学院指定为"实践性"牧养训练的场所，将阿姆斯特丹自由大学定为"科学性"神学机构。[51] 有一点必须注意，巴文克在《神学院和自由大学》的观点与他早前在联合之际所发表的《神学和宗教的科学》（*Godgeleerdheid en godsdienstwetenschap*）的观点高度一致。

巴文克几乎以一种预见的方式，借着强调改革宗教会需要脱离《高等教育法案》（1876）二元论核心作为改革宗教会联会的标志。他宣称，借着将热心归于敬虔主义者，将头脑知识归于现代主义者，这一《法案》致使神学教育在这两方面都混乱无序："其结果就是产生一种互不相容事物的混合，缺乏概念的整合与统一。"[52] 不出所料，联会在成立后拒绝了巴文克的《神学院和自由大学》，采纳了《高等教育法案》；这令他万分沮丧。虽然坎彭和阿姆斯特丹的割裂是关于理论和实践的二分化，而非自然和恩典的二分，但是在这个处境中，此割裂仍是一个十分有用的类比。

---

[49] Herman Bavinck, 'The Reformed Churches of the Netherlands,' *Princeton Theological Review* 8 (1910); Hendrik Bouma, *Secession, Doleantie and Union: 1834-1892*, tr. Theodore Plantinga (Neerlandia, Alberta: Inheritance Publications, 1995).
[50] 见 Herman Bavinck, *Education and Theology* (*Opleiding en theologie*, 1896); *The Office of "Doctor"* [*in the Church*] (*Het doctorenambt*, 1899); *Erudition and Scholarship* (*Geleerdheid en wetenschap*, 1899); *The Authority of the Church and the Freedom of Science* (*Het recht der kerken en de vrijheid der wetenschap*, 1899) and *The Theological School and the Free University* (*Theologische School en Vrije Universiteit*, 1899).
[51] 有关巴文克的评述，见 'The Reformed Churches of the Netherlands,' 457-58.
[52] Herman Bavinck, 'Theology and Religious Studies,' 53.

九. 生平解读

有一点需要注意，巴文克神学的新释不容置辩，这与现今另一种对巴文克生平的解读一致。诚然，作为支持以"双重巴文克"方法解读他神学的生平解释并非毫无争议。

例如，他在阿姆斯特丹期间作为政治家角色的发展不需要解释为巴文克已经放弃了神学的关联性。事实上，当我们评估其它各样事件时，这一说法似乎最无可能。尽管有诸多政治活动，巴文克仍一如既往地教导神学，服侍教会。 直到1921年去世前，他一直是自由大学的系统神学教授。在1920年莱瓦顿（Leeuwarden）教会会议演讲时，他心脏病突发；这标志着他在两个领域富有影响的个人贡献至此终结。

此外，近期研究已证明，在坎彭撰写《改革宗教理学》时，巴文克同时忙于准备一本姊妹书籍《改革宗伦理学》（*Gereformeerde Ethiek*）。[53] 他深切关注神学在生活各个领域的应用。令人遗憾的是，巴文克并未完成《改革宗伦理学》；因此多年以来，它都是一部未出版且不被人知的著作。现存有不同的伦理学手稿，有些是巴文克所写，有些则由他伦理学的学生汇编而成。[54] 这些遗留的手稿清楚显明，巴文克在坎彭想要同时撰写教理学和伦理学的著作。对于巴文克而言，撰写《改革宗伦理学》并非事后的想法，而是在写《改革宗教理学》之时必要的协同工作。依据他自己的理想，一个真正的教理学家在缺乏涉猎伦理学时，无法整全地论述教理学。[55]

---

[53] Dirk van Keulen, 'Herman Bavinck's *Reformed Ethics*: Some Remarks about Unpublished Manuscripts in the Libraries of Amsterdam and Kampen', *The Bavinck Review* 1 (2010), 25-56; and 'Herman Bavinck on the Imitation of Christ', *Scottish Bulletin of Evangelical Theology* 29 (2011), 28-9.

[54] Reinder Jan van der Veen, *Gereformeerde Ethiek. Acroam. van: Prof. Dr. H. Bavinck* (originally 327 pages in two volumes, the first of which has been lost); Cornelis Lindeboom, *Gereformeerde Ethiek – Dictaat van Prof. Bavinck*; cf. van Keulen, 'Herman Bavinck's *Reformed Ethics*: Some Remarks about Unpublished Manuscripts in the Libraries of Amsterdam and Kampen', 29.

[55] "教理学描述神为了人类、向人类并在人类中间所成就的作为；伦理学则描述基于这些神圣作为并借着它们的能力，一个如今已被更新之人所做的事。人在教理学中是被动的，他们领受并相信；在伦理学中，他们自己是主动的行动者（active agent）......教理学是神的知识的系统，伦理学是事奉神的系统。这两门学科远非彼此相望的独立实体，他们共同构成了一个单一的系统，是一个单一有机体中彼此相连的组成部分。" *RD* 1.58.

一个极有可能的情况是，当前往自由大学时，巴文克尚未确定《改革宗伦理学》的最终形式，所以它从未出版。将巴文克的早期手稿和之后由坎彭的伦理学学生编撰而成的手稿对比，我们明显发现巴文克想要调整这本著作的结构。当到达自由大学时，巴文克的同事，伦理学家威尔海姆·海辛克（Wilhelm Geesink）已经忙于准备一本新加尔文主义改革宗伦理学的著作。[56] 从这个角度来看，他并未成功完成伦理学的著作是可以理解的，尽管这令人感到遗憾。

然而我们必须承认，巴文克尝试涉猎众多领域的诸多努力，正是在"从教理学向伦理学移动"的精神中实现的。他发表了大量关于教育的著作，以此反对荷兰教育系统中日益昌盛的世俗化。[57] 为表彰他对基督教教育发展的贡献，许多荷兰学校都以他的名字命名。

在政治上，巴文克与凯波尔的抗革命党紧密合作。这个党派源于早前的复兴运动，完全委身加尔文主义世界观。[58] 在这一职务内，他试图从基督徒的视角贴近社会。[59] 巴文克进入政治领域是因为他怀疑改革宗神学的相关性，这一想法显然与政治家巴文克的发展方向背道而驰。事实上，他的政治参与似乎是基于一个确信：改革宗神学与现代生活紧密相关。

在心脏病突发之后（当有人问他是否惧怕死亡时），巴文克声明："我的教理学与我而言毫无益处。"[60] 这句话不应被解读为巴文克丧失神学信念的表现。相反，正如布里斯特里（Bristley）所提议的，"巴文克

---

[56] Willem Geesink, *Gereformeerde Ethiek*, 2 vols.; cf. footnote 2. 作为伦理学家，虽然巴文克和海辛克略有不同，但是他们的近路实质上与其他新加尔文主义伦理学家相同。

[57] 见 Herman Bavinck, *Principles of Education* (*Paedagogische Beginselen*, 1904); *Training of the Teacher* (*De opleiding van den onderwijzer*, 1914); *Education of Adolescents* (*De opvoeding der rijpere jeugd*, 1916) and *New Education* (*De nieuwe opvoeding*, 1917). 对巴文克对基督教教育之贡献的全面分析，见 Cornelius Jaarsma, *The Educational Philosophy of Herman Bavinck* (Grand Rapids: Eerdmans, 1935).

[58] McKendree R. Langley, *The Practice of Political Spirituality: Episodes from the Public Career of Abraham Kuyper, 1879-1918* (Jordan Station, ON: Paideia Press, 1984).

[59] 他在这一时期出版的各样著作清楚说明了这一事实；见 Herman Bavinck, *The Imitation of Christ in Modern Life* (*De navolging van Christus in het moderne leven*, 1918); *The Christian Family* (*Het Christelijke huisgezin*, 1908); and *The Role of Woman in Modern Society* (*De vrouw in de hedendaagsche maatschappij*, 1918). 在最后一部著作中，巴文克为妇女争取选举权。

[60] Dosker, 'Herman Bavinck,' 21.

并非轻视自己的著作，只是承认从始至终他已经肯定的内容"。[61] 威廉·亨德里克森已经就此论道："这句话只是意味着一个教义系统，无论其有多大的必要和价值，在它的内部和就其自身而言，是毫无益处的。它必须要被转化为基督徒的生活，必须对在耶稣基督里显现的三一神要有真实的信心。"[62]

最近有人论道，瓦伦泰·何普（Valentijn Hepp）对巴文克晚年绝望之情的描述有点夸大。[63] 当何普对巴文克这一时期的描述与洛夫·布雷默（R. H. Bremmer）的描述相比较时，前者显然夸大其词。[64]

在解释巴文克生平中加入这一简略补充说明是为了证明，对巴文克（所谓彼此不一的）多面人生的描述——它将巴文克的著作解读为一位有双重人格的神学家的作品——绝非盖棺定论。

十. 巴文克的身份危机

在纵览巴文克生平，尤其是他在莱顿期间与朋友往来信件时，我们可知巴文克在学生时代显然经历了某种信仰危机。在分离主义的教育和莱顿学派激进的现代主义两极之间，年轻的巴文克在大学生活中度过了一段可以被称为神学身份危机（theological identity crisis）的时光。"在莱顿，他有许多痛苦的挣扎。因着一颗赤子之心，在众多教授中，古宁尤其是他的偶像。他在那个时期的信件，他对彼时的困惑、怀疑和争战的描述，我仍记忆犹新。但是，所有这些挣扎只是试炼并炼净了他的信心。"[65]

基督教归正教会内众所周知的一件事是，年轻的巴文克在莱顿的时候变得并不完全认同《三十七条纲要》（荷兰信经）。事实上，当巴文克领受呼召担任法兰内克的牧职时，他的朋友亨利·多斯克（Henry Elias Dosker）写信给他："当我在报纸上读到你接受法兰内克的牧职时，十分

---

[61] Bristley, *Guide to the Writings of Herman Bavinck*, 26.
[62] William Hendriksen, preface to Herman Bavinck, *The Doctrine of God* (Edinburgh: Banner of Truth, 1977), 5.
[63] John Bolt, 'Grand Rapids between Kampen and Amsterdam: Herman Bavinck's influence and reception in North America,' 266.
[64] Bremmer, *Herman Bavinck en zijn Tijdgenoten*, 263-6.
[65] Dosker, 'Herman Bavinck,' 15.

惊讶。为什么？难道是因为那些你所经历的挣扎，正如你在前一封信中所描述的？难道《三十七条纲要》比以前变得更加明白或更容易接受？因为了解你的性格，我必须承认这些解释是最为可信的。我为这场信心的得胜由衷地感谢神。" 66

与凯波尔比较相似，巴文克短暂的牧养事奉标志着他离弃了在莱顿所学的神学。正如在随后一封给赫洛涅（Christiaan Snouck Hurgronje）的信中说明的，虽然巴文克开始不再相信莱顿学派的神学，但是他为早期学生时代的信仰危机付出了长期经验上的代价。

> 除了他们对圣经的看法，古宁和斯霍尔滕对我没有太大影响——如果你用"影响"指我丢失了信仰并追随他们。但是准确而言，他们的确影响我接受那些真理的能力和方式。正如你所知，那种天真如孩子般的信心，就是借此无条件相信已被灌输的真理，已经丢失了。这是十分重大的。在这方面，他们的影响十分巨大和强烈。如今，我知道我再也不能重获那种信心。我是说丢失了那种信心是好的，是值得感恩的。在那种天真无邪中有许多不合真理的方面需要被净化。然而，仍存留某种天真（我无法用更好的词汇表达）的方面，它是好的，是一个安慰。如果真理对我们而言依然是甜蜜、珍贵，那么这种天真必须要保留。在不多的时候（正如你很少在我们这个年代发现往昔坚固如磐石的信心），我在会众中会遇见一些人，他们就有这种天真，他们平安度日，十分快乐。现在，我不禁期待自己如他们一样相信，如此幸福喜乐。我随后发现，若这样，我就能**讲道**，焕发生机，感觉温暖，并总是满心确信我所讲的内容。于是，我就感到自己是有用的。我就会活泼地为他人而活。但我知道，这些都已经过去，现在不可能了。67

---

66 Dosker to Bavinck, February 12th, 1881. Bavinck Archives.
67 De Bruijn and Harinck, eds., *Leidse vriendschap*, 81. Dutch original: "Kuenen en Scholten hebben op mij (behalve in de Schriftbeschouwing) niet veel invloed gehad, als

第二章 几位巴文克？

巴文克视这个身份危机只限于自己的学生时代。这个观点在他与赫洛涅的通信中显而易见。

> 与我受到斯霍尔滕和古宁的强烈影响相比，在离开莱顿之后，现代神学和世界观里的许多内容对我而言都不再一样了。我在莱顿学了很多，但是我不知道的也很多；后者或许对我有些负面影响。我现在开始越来越正视它们。我们年幼时的坚定信仰被强烈批判的时代已经结束了。 如今重要的是忠实于我们现在所拥有的坚定信仰，并用我们所拥有的兵器来捍卫它。[68]

---

ge daaronder verstaat het verliezen van geloofswaarheden en het aannemen van andere, van de hunne. Maar zij hebben wel (hoe kon het anders) invloed gehad op de kracht en de wijze, waarmee ik die waarheden omhels. Het naive van het kinderlijk geloof, van het onbegrensd vertrouwen op de mij ingeprente waarheid, zie, dat ben ik kwijt een dat is veel, heel veel; zoo is die invloed groot en sterk geweest. En nu weet ik wel, dat ik dat nooit terugkrijg. Zelfs vind ik het goed en ben ik er waarlijk en oprecht dankbaar voor, dat ik heb verloren heb. Er was ook in dat naive veel, wat onwaar was en gereinigdmoest worden. Maar toch, er is in dat naive (ik week geen beter woord) iets, dat goed is, dat wel doet; iets dat blijven moet, zal de waarheid ons ooit zoet en dierbaar wezen. En als ik dan soms – heel enkel, want och, waar is het rotsensterke geloof van vroeger tijd nog in onse eeuw? – in de gemeente nog enkele menschen ontmoet, die dat hebben en er zoo wel bij zijn en zoo gelukkig, nu, ik kan niet helpen, maar dan wenschte ik weer te gelooven als zij, zoo blij en zoo vrolijk; en dan voel ik, als ik dat had, en ik kon dan zoo preeken, bezield, warm, altijd ten volle overtuigd van wat ik zei, dan kon ik nuttig zijn; zelf levend, zou ik leven voor anderen. Maar ik weet wel, dat is voorbij; dat is thans niet meer mogelijk."

[68] Bavinck to Snouck, November 24, 1880, in De Bruijn and Harinck, eds., *Leidse vriendschap*, 75-76. Dutch original: "Nu ik uit Leiden weg ben, en de moderne theologie en de moderne wereldbeschouwing wat anders in de oogen zie, dan toen ik zoo sterk onder den invloed van Kuenen en Scholten stond, nu lijkt mij veel weer heel anders toe dan waarin het mij toen voorkwam. Ik heb in Leiden veel geleerd, maar ook veel verleerd. Dat laatste kan ten deele schadelijk voor mij gewerkt hebben, maar meer en meer begin ik dat schadelijke ervan in te zien. Het tijd-perk, waarin onze van vroeger meegebrachte overtuigingen in den smeltkroes der kritiek gewor-pen zijn, is voorbij. 't Komt er nu op aan, de overtuigingen, die wij thans hebben, trouw te zijn en ze te verdedigen met de wapenen die ons ten dienste staan."

虽然巴文克在法兰内克的那一年开始确信,斯霍尔滕并非改革宗传统真正的继承者,但是他的反应并非是在理智上逃避世界。相反,他对现代世界提出的问题保持开放,并坚信他所理解的改革宗传统是历史性大公基督教在现代最大的盼望。这可以由巴文克在坎彭的就职致辞证明。在法兰内克的那一年,巴文克所形成的坚定信念在《神圣神学的科学》中清晰可见。在这个意义上,年轻的巴文克在这一时期全然只有单一且坚定的身份,那就是改革宗神学家。这反驳了亨利·兹尔施屈(Henry Zylstra)所说的,"一方面是垂死挣扎的形式性正统,另一方面是逃避性敬虔主义"。[69]

十一. 结论

"双重巴文克"假设的怪异之处在于,它要求人以二元论的诠释法来解读巴文克神学。正如《永恒之父》允许有"自然"或"超自然"信徒的选择,亦如 19 世纪晚期荷兰改革宗教会允许选择学习"实践性"或"科学性"神学,弗儒姆和范德瑞内等人也允许他人选择追随巴文克思想的某一路线。因此,这意味着巴文克神学正需要《普遍恩典》和《神学院和自由大学》来坚决否定二元论。

正如哈林克曾充分论证的,巴文克在他自己的生命中从未有过这个选择。"巴文克却拒绝承担不得不在信仰和科学(有些人称为正统和现代)之间抉择的后果。他的所有著作可以被视为拒绝信仰和文化的二元性。鉴于他分离主义的背景,巴文克深谙这种二元性。由于这种二元性,他与现代神学的相遇就成了一个契机。他拒绝从分离运动和莱顿所获知的二元性。这是巴文克属灵成长中关键的一步,同时也成为他改革宗灵修(Reformed spirituality)的特质。"[70]

---

[69] Henry Zylstra, 'Preface,' in Herman Bavinck, *Our Reasonable Faith* (Grand Rapids: Baker Book House, 1956), 10.
[70] Harinck, '"Something that must remain, if the truth is to be sweet and precious to us": The Reformed Spirituality of Herman Bavinck,' 252.

显然在过去最好的 50 年间，对巴文克的大量研究并非建立在不可动摇的根基上。[71] 巴文克的新释，即与克鲁斯特曼对博库伟的修正翻译相一致的解读，十分必要。这种解读不再以两极视角解释巴文克，以此规避将巴文克神学附加在其它思想上的危险。至少在最初阶段，有机主旨在强调表达单一巴文克的意义时，就有巨大的潜能。后续章节将会探讨冯赫夫将"双重巴文克"模型特别应用于这一主旨。脱离这个假设带来了足够的效应，从而探究对这一主旨的新释是否促进了这项研究。尽管冯赫夫将有机主旨附予"现代"巴文克和他的追随者，但是稍后会论到，巴文克在反思神格的原型合一性（archetypal unity）时使用了这一主旨。这使得他可以构思宇宙的"多样性中的合一性"（unity-in-diversity）。因此，第三章将尝试抛弃冯赫夫对有机主旨的解读，之后的第四章将论述巴文克的神的教义。

---

[71] 巴文克研究的现状令人想起对苏格兰神学家约翰·拜里（John Baillie）的普遍解读。在这一案例中，唐纳德·克兰菲尔特（Donald Klinefelter）所写的文章断言，拜里在 19 世纪 30 年代已经变为新正统，在这之后才重回巴特之前的自由主义；Donald Klinefelter, 'The Theology of John Baillie: A Biographical Introduction', *Scottish Journal of Theology* 22 (1969), 419–36. 在大卫·弗格森（David Fergusson）<约翰·拜里：正统的自由派>一文出来之前，这种看法一直被视为权威。弗格森的文章说明，拜里在 19 世纪 30 年代并未成为新正统，而是逐渐向巴特主义（而非巴特之前的自由主义）发展，直至生涯的末了；David Fergusson, 'Joh Baillie: Orthodox Liberal', *Christ, Church and Society: Essays on David Baillie and John Baillie*, ed. David Fergusson (London: T & T Clark, 1993), 140.

第3章
巴文克的有机主旨[1]

---

[1] 本章前版发表为 James Eglinton, 'Bavinck's Organic Motif: Questions Seeking Answers,' *Calvin Theological Journal* 45 no. 1 April 2010, 51-71.

他认为，只要神话语的丰富还未被穷尽，神学就是一个总在扩张的有机体。神是神学的客体，而不是宗教。²

一. 前言

正如在前一章中所呈现的，过去 40 年研究巴文克的著作都基于一个前提，即他的思想在内在层面并非站得住脚，因此"双重巴文克"就被标准化了。然而，当注意到这一理论模式如今处于崩溃边缘之时，寻找阐述巴文克著作中一致性神学世界观的基础（如果存在的话），就成为势在必行之事。

作为巴文克思想合一性的媒介，有机主旨会给人带来重大期许，因此它就被选作这一基础。依据旧有的解读，这一做法是不切实际的：正如稍后会论述的，冯赫夫将一般性的"双重巴文克"模型应用于这一主旨，从而使它成了巴文克学生中"现代主义"一脉的特性。但是在开始放弃用不可避免的内在不一之假设解读巴文克后，我们所希望的是，巴文克用来表达三一形式多样性中的合一性之概念的有机主旨，可以回应对一个一致性巴文克的探索。

毋庸置疑，这一主旨在他的神学进路中举足轻重。即便是对巴文克著作最随意的阅读，他使用有机的词汇、意象和概念的规律性不言而喻。《改革宗教理学》中最重要和最易引起争论的论述中，有一段落的中心正是这一主旨。

> 在基督里，在历史之中，神创造了一个有机中心。从这一中心出发并在不断拓宽的领域中，神画了圆圈，启示之光在其中照耀……如今，神的恩典向众人显现。圣灵从基督那里领受一切，并未给启示增加任何新的内容……神在基督里完全

---

² Dosker, 'Herman Bavinck,' 23. Cf. Abraham Kuyper, *Sacred Theology* (Lafayette: Sovereign Grace Publishers, 2001), 264.

地启示自己，完全地付出自己。因此，圣经也是全备的，是神完美的话语。³

巴文克在此处整合了各种神学课题（启示、圣灵论、对历史的描述、救赎、圣经），并将它们集中于基督的位格。基督是三一神在宇宙中总体计划的"有机中心"。他在另一处写道："因为，如果神已将自己的知识启示在祂的话语中，那么这个知识就不会包含任何与源于自然和历史的对神的认识相冲突的元素，二者也不会彼此矛盾。神的心思（God's thoughts）不会彼此矛盾，所以必然构成一个有机整体。"⁴

在探究这个神学系统的运作方式时，我们会面临一系列必须解决的问题：巴文克用"有机的"一词要表达什么意思？对有机的关注源于何处？若未回答这些直接相关的问题，我们几乎不可能声称对巴文克的著作有细致入微的理解。诚然，缺乏深思熟虑的定义就无法保证并详细说明巴文克教理系统的各个部分。冯赫夫依赖于"双重巴文克"模型已为这些问题提供了系列答案。稍后会说明，这些答案因它们诠释前设的问题而不再成立。于是，在不受"双重巴文克"框架影响的状态下，我们需要再次提出上述这些问题。

请注意巴文克的格言："教理学家的紧迫任务就是思想神的心思，并以此追寻祂，且追溯这些心思的合一。"⁵ 显而易见，巴文克视教理学家为一位内在有机性的思想家。诚然，如果神的心思真的以有机形式一起呈现，那么在未探究有机主旨时，我们既无法思想神的心思，也无法追溯它们的合一。

虽然巴文克对有机主旨的使用在之前并未成为绝对的焦点，但是一些博士论文对此已有注意。⁶ 这也是冯赫夫的《启示和默示》附录的主题。⁷

---

³ *RD* 1.383.
⁴ *RD* 1.44.《改革宗教理学》的英文版在这句话中有一个错别字（将"form"错写为"from"）。
⁵ *RD* 1.44.
⁶ Brian Mattson, *Restored to Our Destiny* (PhD dissertation, University of Aberdeen, 2008), 42-9; Bolt, *The Imitation of Christ Theme*; Syd Hielema, *Herman Bavinck's Eschatological Understanding of Redemption* (ThD dissertation, Toronto: Wycliffe School of Theology, 1998), 59-60.
⁷ Veenhof, *Revelatie en Inspiratie*, 250-68.

迄今为止，冯赫夫对巴文克有机思想的描述是这一领域的标尺。[8] 尽管《启示和默示》对巴文克研究发展的杰出贡献是毋庸置疑的，但是这本书对有机主旨的处理近期备受质疑，因而将这一课题推至巴文克研究的前沿。[9] 或许本书最突出的特点便是质疑众多有关巴文克的二次资料（包括冯赫夫的著作）共有的"双重巴文克"假设。正如先前已反驳了将"两极"和"双重巴文克"[10] 的描述作为普遍解释巴文克神学的基础的有效性，毫无意外，下一步就是批判将冯赫夫提倡的"双重巴文克"模型特定应用于对巴文克有机主旨的探索。诚然，如果"双重巴文克"假设已被连根拔起，正如近期巴文克研究的发展所呈现的，那么对这一关键主旨新的规范性解读就势在必行。这一解读不再依赖二元主义的诠释法。

在试图提出这种解读时，本章将冯赫夫对巴文克有机主旨的使用与更广的有机趋势的规范性跨学科描述进行对话，之后再批判性地讨论二者。希望这个讨论会清楚回应上文提到的问题。

虽然本章的正文会更详细地描述冯赫夫对这一主旨的解读和本书推崇的新解读，但在此略微描述二者会很好地提供一个初始的澄清。在冯赫夫的解读中，"现代"巴文克求助于各式各样的思想学派（德国的唯心主义，宗教历史学派和伦理神学家），并从他们那里借鉴了有机主旨。冯赫夫假定这些学派差不多以同样的方式使用"有机"一词，所以巴文克（并凯波尔）"以那个时代通用的意思"来使用该词。由此可见，当解读巴文克使用这一主旨时，我们发现"现代"巴文克是一位新黑格尔主义者（neo-Hegelian），这与他自己神学身份的其他重要方面格格不入。

---

[8] John Bolt, 'The Trinity as a Unifying Theme in Reformed Thought: A Response to Dr George Vandervelde,' *Calvin Theological Journal* 22 No. 1 (April 1987), 94; Ron Gleason, 'The Centrality of the *Unio Mystica*', 356; Louis Praamsma, 'Review of *Revelatie en inspiratie: De Openbarings en Schriftbeschouwing van Herman Bavinck in vergelijking met die der ethische theologie*,' Westminster Theological Journal (32 no 1 N 1969), 100; Gerben Heitink, *Practical Theology* (Kok: Kampen, 1993), 71; Henk Vroom, 'Understanding the Gospel Contextually,' *Contextuality in Reformed Europe: The Mission of the Church in the Transformation of European Culture* (Amsterdam: Editions Rodopi, 2004), eds. Christine Lienemann-Perrin, Hendrik Vroom and Michael Weinrich, 43-4.

[9] James Eglinton, 'Bavinck's Organic Motif: Questions Seeking Answers,' *Calvin Theological Journal* (April 2010), Vol. 45, No. 1, 51-71.

[10] Veenhof, *Revelatie en Inspiratie*, 108-11.

然而本书将要论证巴文克有机主旨的源头与上述略有不同：它源于教父和宗教改革传统所接受的丰富的三一神论。这一主旨也解释了丰富地贯穿于所有被造实在（reality）的三一形式特性（triniformity）。神作为原型的（三一）多样性中的合一性（archetypal unity-in-diversity），是随后（三一形式）复本的（ectypal）宇宙性多样性中的合一性的基础。巴文克无论在何时处理这些概念，他都一致地使用了有机主旨。

二. 冯赫夫的论述

冯赫夫于 1968 年完成的博士论文用了将近 20 页阐述巴文克著作中经常出现的有机主旨。关于冯赫夫这一有影响的描述，有两个大体的要点需要注意。第一，他承认这个有机主旨源于古时。第二，他认为巴文克对这一主旨的使用也与近代历史相关：它是德国唯心主义发展的有机主义的直接承继者。

冯赫夫指出，在概念上，有机主义的传统可以追溯至古代。在古时，神学有机主义的出现主要是通过反思神圣的经世（divine economy）。然而经过两千年发展，同样的事实也延续至在谢林和黑格尔所属的 19 世纪。冯赫夫的结论是，巴文克——以及他新加尔文主义同伴凯波尔——的有机理念有三个来源：谢林的唯心哲学，宗教历史学派以及伦理神学家。[11] 他的最终观点是："凯波尔和巴文克使用了当时普遍意义的'有机体'和'有机'的概念。"[12] 正因如此，有机主旨就被附在"现代"巴文克思想之上。它显然与巴文克"正统"的另一面割裂，并对选择这种"巴文克思想路线"的人而言无关紧要。依据冯赫夫的观点，这个主旨反映了巴文克思想持久性的分裂。

冯赫夫解读巴文克著作特定内容所用的一般性诠释已受到批判。本章不会呈现相同的解读。相反，冯赫夫对有机主旨的特殊处理将受到仔细审查。当下首要注意的或许是，冯赫夫的著作似乎基于两个假设。第一个假设是有机主义的历史（从古时到 19 世纪）是一个单一的发展，具有某种程度上的同质性。冯赫夫假定有机主义的本质具有"普世的意义"。与此

---

[11] Veenhof, *Revelatie en Inspiratie*, 267-8.
[12] Veenhof, *Revelatie en Inspiratie*, 268.

相关的第二个假设是，巴文克的有机概念最好由对有机主义的历史词源、跨学科性发展的研究来界定。

三. 有机主义的全面思想史

当冯赫夫的描述与有机主义的全面思想历史叙述对话时，会出现几个有趣的结果。事实上我们很快发现，虽然冯赫夫的描述提供了许多有价值的信息，但是它与全面叙述中其它对应的解释一样，都表现了同样的解释缺陷。

一般的西方思想史都会上溯至古时，下溯至现代，将有机主义的历史描述为总体上的单义性（univocal）。[13] 从古代世界开始，以亚里士多德思想理解因果就已成形，并持续影响至中古世纪。然而，启蒙运动（尤其是牛顿物理的出现）改变了对物质世界中运动的理解。科学性决定论带来了哲学产物。在 17、18 世纪间，一代机械论思想家开始崭露头角。这种机械世界观的限制在 18 世纪中叶已耳目昭彰。机械论的破灭促使了有机主义的回归和发展，成为古代思想系统的现代替身。柏拉图的"宇宙为宏体"（cosmos-as-*macroanthropos*）[14] 和使徒保罗的"教会为身体"（church-as-*corpus*）都体现了这个思想系统。[15]

---

[13] 将冯赫夫所描述的历史与 Louis Dupré 的相比较，*The Enlightenment and the Intellectual Foundations of Modern Culture* (Yale University Press: London, 2004); George Mead, *Movements of Thought in the Nineteenth Century* (University of Chicago Press: Chicago, 1972); Frederick Beiser, *Hegel* (Routledge: New York, 2005); Jagdish Hattiangadi, 'Philosophy of biology in the nineteenth century,' in *Routledge History of Philosophy Volume VII: The Nineteenth Century* (Routledge: London, 1994), ed. C.L. Ten; Roland Stromberg, *European Intellectual History Since 1789* (Prentice-Hall: New Jersey, 1986).

[14] Plato, *Timaeus* (30d, 33b).

[15] 林前十二 14。

四. 剖析冯赫夫的论述

冯赫夫的主张是，自亚里士多德和康德以来，古代的有机思想在经历了长久发展后，通过黑格尔和谢林出现于 19 世纪，然后进入巴文克神学之中。[16]

正如上文已指出，冯赫夫假定存在某种程度的一致性和同质性横跨了有机主义的历史。当亚里士多德和黑格尔谈论有机的词汇时，他们被认为实质上是在描述相同的事物，纵使他们处于有机思想发展的不同阶段。此外，冯赫夫的方法论试图要通过该术语在历史中的用法来定义巴文克对这些词的使用。此处潜在的主张就是，一个术语应当从词源和概念的历史层面来定义，而不是依据在当下语境中的用法被定义。

据此，冯赫夫对巴文克有机主旨的分析与上文提及的有机主义全面历史十分相似。两种分析似乎都暗示了有机主义本质上是一个巨大却单一的运动。这种观点的倡导者显然一致认为，有机主义的特定应用由它的通史来定义。因此，巴文克由谢林来解读，后者则由牛顿来定义（尽管是否定的）；相应地，牛顿由亚里士多德来解释。

当注意到冯赫夫的分析与有机主义的全面历史之间的高度相似性时，我们不禁会问，当与一般有机主义历史的主要批判者对话时，冯赫夫的观点如何站得住脚？

凡艾克（van Eck）是普遍被接受的有机主义历史叙述的主要批判者。[17] 在论述将有机主义应用于建筑和艺术时，凡艾克呼吁"要与当今大多数论述有机主义的著作划清界线……有机主义和哲学之联系的普遍观点必须要予以修正"。[18] 她的全面批判有两个要点。第一，有机主义的全面历史描述在本质上就是错的。它集中于有机主义逐渐叠加至启蒙运动，后又反抗启蒙运动的发展。"直到现在，大多数对有机主义的研究都假定在 18 世纪末有一个重大变更。在那时，自然哲学的发展带动生物学的兴起，也

---

[16] Veenhof, *Revelatie en Inspiratie*, 252-66.

[17] Caroline van Eck, *Organicism in nineteenth-century architecture: An inquiry into its theoretical and philosophical background* (Architectura and Natura Press: Amsterdam, 1994). 另见 Charles I. Armstrong, *Romantic organicism: from idealist origins to ambivalent afterlife* (New York: Palgrave Macmillan, 2003).

[18] Van Eck, *Organicism in nineteenth-century architecture*, 32.

使人意识到生物或有机本性与无生命之物或无机物之间的本质差异。"[19]
第二，这种以聚焦启蒙运动来解读有机主义历史是有缺陷的，因为它误导性地预设了有机主义是以一种单一、一般的现象存在。凡艾克观点的核心主张就是，有机主义是一个宽泛、非统一的术语，缺乏普遍适用的定义。

五. 冯赫夫与凡艾克的对话

在发展凡艾克的批判、有机主义的主流历史、冯赫夫对巴文克有机思想转化使用的三方会谈的过程中，有三个突出点。[20]

第一，冯赫夫的观点所依赖的、聚焦启蒙运动的有机主义历史有重大缺陷。将如此关键地位赋予一个事件，这暗示了本质性的整齐划一（uniformity）内置于有机主义。这便是声称，启蒙运动前后所有有机主义都可以被简化为一个来自单独历史事件的影响。凡艾克主张聚焦启蒙运动的有机主义历史与历史事实并不相符。她发现，类似后启蒙运动的艺术性有机主义就源自文艺复兴的维特鲁威传统（Vitruvian tradition）。[21] 尤其是通过对文艺复兴人物阿尔伯蒂（Alberti）的借鉴，她论证了自中世纪以来的艺术性有机主义并不符合聚焦启蒙运动的模型。[22]

借着否定启蒙运动是有机主义的决定性阶段，凡艾克似乎正当地提出了对有机主义通史性描述的批判。需要谨记的是：冯赫夫对巴文克的描述是将后者的有机主义追溯至谢林。这是基于一个前提，即德国唯心主义的有机主义是对牛顿带来的后启蒙运动机械论的反抗。所以，凡艾克的批判对巴文克研究意义深远。那些将巴文克的有机主旨理解为启蒙运动各种概念性革命（conceptual revolution）之主要产物的人，很可能误读了巴文克。

---

[19] Van Eck, *Organicism in nineteenth-century architecture*, 21.
[20] 因为凡艾克写到了谢林和建筑学之间的关系，所以她是一个很好的对话者: van Eck, *Organicism in nineteenth-century architecture*, 24, 114-5, 124, 130, 186.
[21] Van Eck, *Organicism in nineteenth-century architecture*, 21. 如此，凡艾克对建筑有机主义的描述是维特鲁威式的，而非聚焦启蒙运动式。尽管如此，她认为自己并非全方位研究通用性有机主义。她的焦点放在艺术和建筑领域中的有机主义。在这个领域中，文艺复兴（而非启蒙运动）占据了核心位置。这一主张的重要性在于，它将讨论从具有"当时普遍意义"（冯赫夫的模式）的"有机"概念转移。
[22] Van Eck, *Organicism in nineteenth-century architecture*, 49-67.

第二，凡艾克对有机主义通史的否定，是基于拒绝对有机主义的通用性定义。如果能说明一些著名的有机主义者对有机主义有明显不同的定义，那么他们用单一历史来支持单独系统也就很难成立了。

如果有机主义并非统一的、通过一系列历史事件而发展的进程，一个逻辑性结论就是，对有机主义的单一跨学科性定义也就不复存在了。如果凡艾克是正确的，那么所有对有机主义的研究必然需要转移范式（paradigm）；与巴文克相关的学术研究不能幸免。诚然，若她的批判是公允的，对巴文克有机主旨的研究——预设并基于一个有机主义的通史和通用性定义——很快就会变得过时，并且大谬不然。

后启蒙运动的思想生活充斥着有机主义。撒母尔·柯立芝（Samuel Coleridge, 1772-1834）带动了有机主义诗歌的潮流，身后紧跟着约翰·罗斯金（John Ruskin）和以撒·威廉（Isaac Williams）。[23] 除了唯心主义的有机主义，许多跨学科的例子也很突出。阿洛伊斯·希尔特（Alois Hirt, 1759-1839）是建筑领域中使用"有机"一词的第一人。[24] 1830 年，乔治·居维叶（Georges Cuvier）和艾蒂安·若弗鲁瓦·圣伊莱尔（Etienne Geoffroy Saint-Hilaire）在巴黎科学院（Parisian Académie des Sciences）的辩论就聚焦于有机主义在科学中的使用。

毋庸置疑，启蒙运动前也存在有机主义。即便排除了古代的有机主义（就是冯赫夫所论述的），在文艺复兴的早期阶段也有强烈的有机元素。1452 年，凡艾克多次借鉴的[25] 作者阿尔伯蒂（Alberti）写道："正如在一个动物的身上，头、脚并任何一个肢体一定要彼此协调，并与身体剩余部位彼此协调。因此在一个建筑物中，尤其在一个殿宇中，整体的每个部分

---

[23] "如同其它有生命的力量，诗歌的精神……必须要具体化才得以自我显露。但是一个有生命的身体必需是有组织的（organised）。组织就是不同部分连接成为一个整体，从而每个部分既是目的，也是方法。" Samuel Coleridge, *Coleridge's Criticism of Shakespeare: A Selection* (London: Athlone Press, 1989), ed. R.A. Foakes, 52.

[24] "一个人会视每个建筑作品为一个有机整体，由主要、次要和偶然性部分组成。这些部分彼此存在特定体积上的关系。在有机身体的例子中，根据个体的目的，本性（nature）就决定了部分之间彼此的关系。在建筑物的例子中，人才是决定因素。" Alois Hirt, *Die Baukunst nach den Grundgesätzen der Alten* (1809), 13.

[25] Van Eck, *Organicism in nineteenth-century architecture*, 41-67.

都要如此组成，它们才能彼此协调。每个部分被单独拿出时，就呈现了剩余部分的规模。"26

若说包括亚里士多德、阿尔伯蒂、希尔特、黑格尔、罗斯金、居维叶以及圣伊莱尔在内的不同人在讲论"有机"时，本质上都在描述相同的事物，这种观点难以立脚。凡艾克似乎是正确的：有机主义既没有通史，也无单义性的定义。不同的人在不同的处境中为了不同的学科写作，尽管他们用相同术语命名，却常指向不同的事物。

马特森认为，冯赫夫的论文的缺陷正体现于以下方面：这个观点的基础是，相同术语在不同学科和处境中的用法可以用来定义巴文克的有机主旨。"（冯赫夫的论文）试图借着追溯词汇的历史和哲学背景，来解释凯波尔和巴文克所用字词的意义。尽管这篇论文本身是十分精彩的研究，涵盖了从亚里士多德到康德、浪漫主义，最终至黑格尔和谢林的历史，然而它进入了通用性的谬论：我们不能通过追溯字词历史起源来解释它的意义。"27

借着引用巴文克对后启蒙运动哲学与改革宗神学之关系的批判，马特森有力地辩护道：巴文克自身也反对这种诠释。"这两个现代历史中强有力的运动之间，无疑存有相似之处；但外在的相似绝非如真实相似或类比般等同。"28

第三，如果现今所认可的有机主义历史需要根本性修正，那么随之而来的便是对有机主义在特定处境中转化使用的定义。这与巴文克研究有特殊的关联：建立在如今不足为信的通史之上的对巴文克的解读已不再成立。然而，旧的诠释该用什么来代替呢？马特森的建议是，为了寻找有机理念，巴文克并非舍近求远，而是在他自己的改革宗正统经院传统（Reformed orthodox scholastic tradition）中寻找。他写道：一个暂定的"可能是，新加尔文主义的有机比喻并非主要源于德语哲学，乃是对它自身传统的一次全新的转化使用。诚然，19世纪的整体思潮一定为它使用有机术语提供了情境动机。但是，若说凯波尔和巴文克是从他们内部历史神学传统出发

---

[26] Alberti, *De re aedificatoria* (1452), VII.5 (Alberti [1991], 199).
[27] Mattson, *Restored to Our Destiny*, 43.
[28] *PR*, 4.

来责备他们那个时代的关键问题，这至少是可能的。事实上，这一假设会带来更令人满意的描述。"[29]

六. 剖析马特森的论述

马特森的论文采取了从末世论角度解读巴文克，并未过多探讨这个话题。然而，他提出了四个主张。这些主张必须要予以详细察看，并值得详述。第一，他认为冯赫夫的论述，和巴文克自身时常与黑格尔及谢林相对立的情形之间，显得格格不入。[30] 对冯赫夫论文的否定就移除了它所假设的巴文克对唯心主义的公开反对，和巴文克对唯心主义显然潜在依赖之间的冲突。

第二，冯赫夫无法解释巴文克依循从科克由（Cocceius）到谢林，涵盖本格尔（Bengel）、伯麦（Böhme）、欧廷格尔（Oetinger）及贝克（Beck）的历史脉络的原因，[31] 也无法将巴文克定性为与他们是相同的。[32] 伯麦的神秘主义与巴文克的有机主义之间的联系在冯赫夫的分析中很重要。[33] 有人或许会就此方面进行补充，认为冯赫夫的著作代表了一个传统的开始。在这个传统中，巴文克和凯波尔被描述为"半神秘主义者"（semi-mystics），他们的写作方式令人回想起新唯心主义（Neo-Idealism）的时代精神（Zeitgeist）。[34] 然而正如马特森所认为的，巴文克明显没有将自己对有机的关注等同于伯麦的神秘主义。相反，巴文克控诉伯麦的"神秘神智学"（mystical theosophy）加速了 19 世纪泛神论（pantheism）的发展。[35] 在 20 世纪之初的巴文克是伯麦的继承者这一观点，似乎与巴文克自己对伯麦神秘主义的批判相左。弗雷德里克·凡伊登（Frederik van Eeden, 1860-1932）的著作表明，他这位荷兰知识分子得益于伯麦。作为

---

[29] Mattson, *Restored to Our Destiny*, 45.
[30] Mattson, *Restored to Our Destiny*, 45.
[31] 冯赫夫却以此为轴线，认为德国唯心主义中的有机主义沿着这个方向发展，并传到了巴文克。Veenhof, *Revelatie en Inspiratie*, 253.
[32] *RD* 1.164.
[33] Veenhof, *Revelatie en Inspiratie*, 257.
[34] John Vander Stelt, 'Kuyper's Semi-Mystical Conception' in *Philosophia Reformata: Orgaan van de Vereniging voor Calvinistische Wijsbegeerte* 38ᵉ Jaargang 1973, 186, 190.
[35] *RD* 3.211.

一位社会主义空想者，凡伊登用有机词汇描述宇宙，他显然受到了伯麦的影响。[36] 然而，将巴文克和凡伊登对伯麦神秘主义的回应与他们各自末世观相比较时，伯麦的神秘主义和巴文克的有机主旨之间为继承性关系（genetic relationship）这一观点就很难成立了。

第三，马特森提议，将巴文克的有机观念解读为根植于历史上的改革宗正统，与巴文克拒绝自己所接受的莱顿教育的黑格尔式的核心思想相符。

第四，他认为巴文克与霍志恒的交情也指明，改革宗经院主义是巴文克有机观念的源头。在对有机思想的使用上，后者竭力将自己与德国唯心主义予以区分。[37]

冯赫夫对有机主旨的描述稍有缺欠。诚然，马特森的批判指明了这一点。然而一个必然出现的问题是，马特森的提议是否代表了一个可行的替代项。他的结论是："因此，凯波尔和巴文克不一定要寻求德国唯心主义的帮助来构成他们的'有机'概念，因为此概念已经潜伏在他们的传统中。这并不是说 19 世纪对目的性的历史概念的哲学专注毫无作用。这种专注很可能刺激了他们利用内在资源，对他们所认为当下的泛神论和进化论的思想形态提出一个合乎圣经且改革宗式的回应。一言以蔽之，凯波尔和巴文克并非从时代中向传统说话；他们乃是立足于传统，向身处的时代说话。"[38]

与凡艾克一样，马特森证明了有机主义通史性的定义以失败而告终。这激发了以下观点：定义一个人所用词汇的最佳人选就是他本人。一个术语的意义主要是从它的即时语境中去推断，而不是它的词源或历史中的用法。[39] 就此而言，在马特森的批判数十年前，巴雅各（James Barr）实际上已无意间推翻了冯赫夫论述的基础。[40]

---

[36] Frederik van Eeden, *The Bride of Dreams*, tr. Mellie von Auw (Teddington: The Echo Library: 2009), 149.

[37] Geerhardus Vos, 'The Idea of Biblical Theology,' *Redemptive History and Biblical Interpretation* (Philipsburg: Presbyterian & Reformed Publishing, 2001), 15-18.

[38] Mattson, *Restored to Our Destiny*, 49.

[39] Mattson, *Restored to Our Destiny*, 43.

[40] James Barr, *The Semantics of Biblical Language* (London: Oxford University Press, 1961), 107-100, 158-160; also see Moisés Silva, *Biblical Words and Their Meaning: An Introduction to Lexical Semantics* (Grand Rapids: Academie/Zondervan, 1983), 35-51.

在提问巴文克所用"有机的"一词意义为何时，从亚里士多德开始论述未免有些怪异。相反，我们首先要问巴文克是否曾有意地定义自己对该词的用法。同样的原则也适用于对各类运动和学科的解释。当探究更广泛的新加尔文主义运动如何理解它频繁使用的有机思想时，我们必须从查考新加尔文主义对这一主题的论述开始。马特森观点的可行性取决于巴文克对有机主旨的自我理解是否明确建基于改革宗正统之中。

七. 巴文克有机主旨的即时语境

为了避免冯赫夫论述的陷阱，定义巴文克有机主旨的探究就要改变其出发点。冯赫夫所用的次序要予以翻转：要从巴文克到亚里士多德，而不是从亚里士多德到巴文克。据此，对有机主旨定义的探索应始于巴文克自己，指望巴文克自己的著作和神学处境可以澄清他使用有机语言、概念和比喻的意义。

八. 荷兰神学中的机械论：斯霍尔滕和饶文霍夫

正如在第一章所指出的，巴文克所处的是一个迷人的年代。历史、思想、语言、教会和教育层面都构成了他生命故事的复杂背景。试图区分这些影响并非易事。然而，意识到各项影响因素对理解巴文克的生活处境是必不可少的。理解斯霍尔滕和饶文霍夫在莱顿（巴文克的母校）教授的另类改革宗神学也有重大意义。[41]

巴文克先前的老师斯霍尔滕在荷兰神学机械主义（theological mechanism）的发展中处于核心地位。斯霍尔滕的神学是决定论的、反超自然的、一元论的。他的《改革宗教会的教义》体现了他神学中显著的决定论的本质。斯霍尔滕的世界观或许可以比较恰当地被视为有神论的机械主义。[42] 科内利斯·奥普佐梅尔（Cornelis Willem Opzoomer）和斯霍尔滕

---

[41] 有关斯霍尔滕和饶文霍夫的介绍，见第一章。
[42] 这个观点在斯霍尔滕与胡克斯特拉（S. Hoekstra）的交流中被进一步地论证（Johannes Scholten, *Vrijheid in verband met zelfbewustheid, zedelijkheid, en zonde*

之间广为流传的辩论，对后者在这方面思想的发展十分关键。他发展成熟时期的神学将绝对预定论（absolute predestinationism）与前一个世纪的科学哲学决定论（scientific and philosophical determinism）相结合。正因如此，他的神学没有为特殊启示或神迹留有余地。他的基本方法源于神的泛因果性（omnicausality），就是连续不断的因和果。[43] "接下去所要讨论的是，斯霍尔滕指明自己的论点是支持有神论的。因此，我们从自然的存在和特性被引导去相信有一个因；自然与它对照，且是它的果。这个因必须是无限的、完美的、自存的。如果是无限和完美的，那么它就是单一、无所不在、永恒、全能的。我们从自然中观察到的次序可以得出结论，这个因是可理解的，它是一个能思考的存有（thinking Being），是一个灵。"[44] 在绝对决定论的体系中，神是因，是万物存在的原因；万物的存在是被预定的果。

在将斯霍尔滕描述成一位本质上为机械主义思想家时，本书刻意有别于现有对斯霍尔滕的评定。这些评定认为，斯霍尔滕拥护一种有机的世界观。亨克·范登贝尔特（Henk van den Belt）所著的《可信的权威》（Autopistia）是支持这种观点的新近著作。范登贝尔特断言，巴文克的有机思想源于斯霍尔滕，后者"遵循一种有机世界观，并拒绝机械世界观"。[45] 我们却明显发现，范登贝尔特对斯霍尔滕在这一点上的解读完全依赖于冯赫夫。[46] 后者对斯霍尔滕的解读又很大程度上依靠布雷连伯·沃斯（Brillenberg Wurth）的论文。[47] 意料之中的是，作为一位19世纪欧洲知识分子，斯霍尔滕偶尔会在著作中使用有机的意象。[48] 然而，仅仅出现有机主义的措辞并不意味着作者自然就持反机械主义的世界观。例如在达尔文进化论的框架里，我们可以发现许多19世纪的有机意象。但是在此

(Amsterdam, 1858)）另见 *The Free Will* (*De vrije* wil, (Leiden: P. Engels, 1859), 257-62).

[43] Berkhof, *Two Hundred Years of Theology*, 102.
[44] Vanderlaan, *Protestant Modernism in Holland*, 33.
[45] Van den Belt, *Autopistia*, p. 277, footnote 157.
[46] Veenhof, *Revelatie en Inspiratie*, 260.
[47] Gerrit Brillenburg Wurth, *J.H. Scholten als systematisch theoloog* ('s-Gravenhage: Van Haeringen, 1927).
[48] Johannes Scholten, *Geschiedenis der godsdienst en wijsbegeerte* (Leiden: Akademische Boekhandel van P. Engels, 1863), 365, 369, 374, 381.

语境中，"有机体"在本质上是一部机器。⁴⁹ 因此，凭借斯霍尔滕对有机意象的使用就断定他拒绝机械主义是种逻辑错谬。事实上，从这一现象可以得出唯一确切的推论就是，斯霍尔滕使用了有机意象，因此他可以归属于几乎任一种 19 世纪的思想流派。更广泛研究斯霍尔滕著作就可以清楚看见，他总是在一个封闭机械的系统中使用有机主旨。即便斯霍尔滕否认自己机械主义者的**头衔**，但是他几乎完全持守一种**本质**上为机械主义的世界观。

正如先前已经说明，巴文克受教于斯霍尔滕门下，二人彼此熟识。巴文克在写给赫洛涅的信件中经常提及斯霍尔滕的讲课。另外值得注意的是，巴文克有读过斯霍尔滕的《改革宗教会的教义》。⁵⁰

斯霍尔滕借着在法兰内克的开幕演说⁵¹和《改革宗教会的教义》确立了新的"现代主义"运动。饶文霍夫则延续了这一运动。尽管前者逐渐接受伦理神学，斯霍尔滕式的机械有神论仍延续存在，并成为 19 世纪荷兰新教徒敬虔的标志。⁵²

兰德维尔（J. Landwehr）的巴文克传记指出，在巴文克大学时期，斯霍尔滕和饶文霍夫也在莱顿，并且誉满天下。⁵³ 巴文克的朋友亨利·多斯克（Henry Elias Dosker）也有相似描述："新改革宗神学体系的奠基者斯霍尔滕博士仍在那里。因此，决定论和一元论是主要支柱。但是，斯霍尔滕已经过了他的全盛时期，不再如昔日那样影响学生，已然如明日黄花。"⁵⁴

在巴文克学生时期，斯霍尔滕在神学系的直接影响逐渐下降。当然，这一事实并不意味着巴文克未注意到他的一元决定论。诚然，事实与此截然相反。斯霍尔滕好比夕阳，还未完全消失于天际。巴文克面对着斯霍尔滕的神学机械主义，全力以赴地与之抗衡。他在《改革宗教理学》中与斯霍尔滕的著作有频繁的互动，这清楚说明他视其为一个威胁。

---

49 巴文克对机械有机主义的批判可见于 *Christelijke Wereldbeschouwing*, 61.
50 Bavinck to Snouck Hurgronje, 7ᵗʰ January 1878: "Ik heb doorgelezen Scholtens *Hervormde Kerk*". De Bruijn and Harinck, eds., *Een Leidse Vriendschap*, 36.
51 Mackay, *Religious Thought in Holland*, 88-9.
52 这体现于他对祷告的讨论中，*De vrije wil*, 257-62.
53 J. Landwehr, *Prof. Dr. Herman Bavinck* (Kok: Kampen, 1921), 9.
54 Dosker, 'Herman Bavinck,' 15.

巴文克意识到，斯霍尔滕在某些方面受到黑格尔的影响。[55] 在论述本体论的过程中，斯霍尔滕写道："哲学是纯粹的科学，具体来说是逻辑性的；它描述了神之存有的本身。在恰当的对应形式上，哲学将绝对者（the Absolute）理解为思想（thought），是一种概念的形式。沿着这些黑格尔式的思想路线，借着提炼并深化这些概念，许多思想家[如斯特劳斯、比德尔曼（Biedermann）、冯哈特曼（Ed. von Hartmann）、斯霍尔滕]试图更进一步接触超越的实在（transcendent reality）。"[56]

然而，巴文克将斯霍尔滕对黑格尔的解释与其他人对黑格尔的解读彼此予以区分。"在其他解读中，黑格尔哲学产生了全然不同的结果。这些解读者声称，与感官相关的表象（representation）永远不会在神的概念中消逝，从而以无神论告终。然而费尔巴哈（Feuerbach）认为，有位格的神无非是人类自己的本质，神学无非就是人学。"[57]

因此，我们认识到了巴文克神学教育的直接处境。他老师所表述的世界观的特点是具有精心设计、严谨的机械论，同时又以唯心主义解释改革宗传统。巴文克并不认同这种解释。

这种描述并非是一种推测。巴文克明文论述了机械论在 18 世纪的发展，[58] 认为这构成了斯霍尔滕和饶文霍夫所持守的传统。毋庸置疑，他对有机思想使用的发展是为了反驳对后启蒙运动机械论的神学性转化使用。在这意义上，勾勒出启蒙运动之后机械论范型之发展的架构就变得十分重要。冯赫夫将巴文克的有机主旨描述为在抗议机械论运动中逐渐发展。就此而言，他是正确的。冯赫夫观点的争议一面在于巴文克是否使用了德国唯心主义，而非他自己的改革宗传承去抗辩机械论。

---

[55] *RD* 2.43. 巴文克在其它著作中也强调斯霍尔滕方法论中一些黑格尔主义的层面；Herman Bavinck, 'The Essence of Christianity,' in *Essays on Religion, Science and Society*, 39. 有关进一步分析斯霍尔滕（荷兰现代主义的代表者）是黑格尔主义者，见 De Vries, 'The Hexateuchal Criticism of Abraham Kuenen,' 33, footnote 7.
[56] *RD* 2.43.
[57] *RD* 2.43.
[58] "但是在 18 世纪，情况发生了缓慢的变化。自然神论为机械论铺路，后者首次在霍尔巴赫（Baron d'Holbach）的《自然的体系》（*Système de la nature*）中了然可见。此书于 1770 年出版，被誉为唯物主义的圣经。依据此书出版前年代来定义，书中所传播的自然主义并非精密科学（exact science）的成果，而是一种哲学世界观的产物。" Herman Bavinck, 'Christianity and Natural Science,' in *Essays on Religion, Science and Society*, 100-1.

九. 巴文克对"有机"的定义

马特森批判的逻辑意义是，最佳定义巴文克之人始终就是巴文克自己。"有机"语言显然是德国唯心主义的主要特征。[59] 这在宗教历史学派和荷兰伦理神学家中也司空见惯。达尔文主义的出现伴随着进化中有机体的概念。这一学说与新加尔文主义在年代上有重要重叠。"无可置疑，新加尔文主义对'有机'的强调与这些更广的文化思想运动有惊人的同时性。我们该如何解释这一现象呢？难道凯波尔和巴文克也受此思潮影响吗？若然，所衍生的问题便是：他们是有意吸收这个措辞，还是不经意间成了'他们所处的时代的儿女'。"[60]

一个合理恰当的结论是，作为一位小心谨慎且深思熟虑的思想家，巴文克有意识到这一点。若不能清楚定义巴文克对有机思想强调的实质，以此区分他与黑格尔、谢林，那么就是默认了巴文克对有机的关注根植于某类唯心主义世界观的观点。[61] 因此，问题显然变为：巴文克有定义自己对"有机"的用法吗？

若此问题的答案是肯定的，那么巴文克的定义对我们转化使用他的"有机"思想所表达的意义是必不可少的。回到本章开首作为引玉之砖的引文[62]，巴文克的定义在很大程度上会阐明他的整个神学系统。诚然，这也提供了一个基础，借此可以说明巴文克作品中某个单一的神学视野。

探寻巴文克对"有机"的刻意表述在审视他对唯心主义哲学的批判中也十分重要。广义而言，巴文克和黑格尔都是坚定的有机主义者。难道他们对有机思想的理解在实质上如出一辙吗？无论在形式上还是实质上，两位学者尝试持守严格的有机主义。

---

[59] Beiser, *Hegel*, 80.
[60] Mattson, *Restored to Our Destiny*, 42-3.
[61] 马特森猜想，时常拥护有机主义的霍志恒敏锐地感到这种误解的可能性； Mattson, *Restored To Our Destiny*, 48, footnotes 151-2.
[62] *RD* 1.383. "在基督里，在历史之中，神创造了一个有机中心。从这一中心出发并在不断拓宽的领域中，神画了圆圈，启示之光在其中照耀……如今，神的恩典向众人显现。圣灵从基督那里领受了一切，并未给启示增加任何新的内容……神在基督里完全地启示了自己，完全地付出了自己。因此，圣经也是全备的，是神完美的话语。"

黑格尔的有机主义导致一元论，并以此方式理解有机主义的终末（telos）。他的有机主义也与他对万有在神论的（panentheistic）全面关注紧密相关。对黑格尔而言，有机主义在他的绝对唯心主义（absolute idealism）中至关重要。作为绝对唯心主义的两个基本内容（一元论和唯心主义）在根本上预设了有机主义。在反二元论的意义上，一元论基于这一哲学有机论题：精神和物质，理想（ideal）和实际（real），仅为发展的不同阶段，或是单一生命力之组织的不同程度。唯心主义依赖有机主义的一个教义，即自然和历史中的一切事物遵照一个目标或终极。[63] 难道巴文克对有机主旨的使用也如此吗？

在1904年出版的《基督教世界观》[64] 一书中，巴文克定义了他使用"有机"一词所要表达的意义。巴文克认为需要提供该词的定义。这强有力地说明他并非不加批判地全盘认同谢林和黑格尔。

巴文克在《基督教世界观》中断言，在最基本层面上只有两个世界观：有神论的和无神论的。[65] 巴文克将机械世界观与后者相联，因此表明他不满于自己在莱顿的老师斯霍尔滕和饶文霍夫的有神机械论。之于巴文克，一个封闭系统、仅靠连续因果运转（本质上是一个机械的宇宙）的宇宙的概念，与基督教有神论是相对立的。一个基于三一神论的世界观一定朝着宇宙的非机械性解释的方向发展。

> 宇宙中有最为丰富的多样性，但是在这多样性中亦有最卓越的合一性。多样性与合一性的根基都在神里面……此处的合一性并非摧毁，而是保持多样性。此种多样性并非要牺牲合一性，乃是在它的丰富中支持合一性。凭借这种合一性，这个世界可以被比作一个有机体；其中所有组成部分都彼此相连，并且彼此互相影响。[66]

---

[63] Beiser, *Hegel*, 81.
[64] Herman Bavinck, *Christelijke Wereldbeschouwing* (Kampen: Kok, 1904). 英译：*The Christian Worldview*；下文为 *CW*。
[65] *CW*, 51; "……eigenlijk zijn er dus maar twee wereldbeschouwingen, de theïstische en de atheïstische."
[66] *RD* 2.435-6.

在这个定义中，巴文克呈现了他有机世界观中的四项指导性原则。[67]

第一，被造的秩序同时具有合一性和多样性的特征。[68] 若神是三一的，那么这就是必要的。因为宇宙本身就是神的普遍启示，它必须折射神三而一的身份特性。因此，实在（reality）变得些许具有三一形式（triniform）：生命是不同部分的整体。发现被造实在的三一性轮廓对巴文克意义重大："直到所有生命指向三一神，直到对神三一的认信在我们思想和生命中发挥核心作用，基督徒的心思（mind）才得以满足。"[69] 三一论思想家会有意从三一神的眼光理解生命。视宇宙为神三一性的普遍启示是有机思想的起始。一个高度相似的思想也出现在凯波尔的《神学百科》中。[70]

巴文克有机主义的核心有一个神学关注点。他想要以三一论的形式转化使用（Trinitarian appropriation）实在。或许有人认为，之于巴文克，内在的三一神学需要一个外在有机主义的宇宙论。依据斯霍尔滕有神机械论的背景来看，我们发现巴文克批评斯霍尔滕的神论，认为后者是一元论，而非三一论。[71] 在尝试以更彻底的三一论基础为起点时，巴文克无疑会继续建构一个在本质上差异的世界观。

巴文克主张他的有机主旨始于对神圣经世（divine economy）的反思。冯赫夫承认，古代神学有机主义在同样的情况下出现。可惜的是，他的叙述过于强调谢林的影响，同时未能探索三一神学和有机宇宙观的关系。

然而有人会认为，黑格尔的有机主义也由神学关注发展而来。在《基督教的精神》（The Spirit of Christianity）一书中，似乎是《约翰福音》一1-4 刺激了黑格尔的有机思想。[72] 但是单就以神为中心之意图的事实来看，

---

[67] 除此之外，希勒马对巴文克有机思想的广义特征作了一个有用的概述；Hielema, *Herman Bavinck's Eschatological Understanding of Redemption*, 59-60.

[68] *CW*, 50; "Dan alleen komt èn de eenheid èn de verscheidenheid, zoowel het zijn als het worden tot zijn recht, als wij de mechanische en dynamische wereldbeschouwing door de organische vervangen."

[69] *RD* 2.330.

[70] Kuyper, *Sacred Theology*, 204. "在一切有机生命中，胚胎中的合一是首要的，多样性从此处展开。"

[71] *RD* 2.115.

[72] G.W.F. Hegel, 'The Spirit of Christianity and its Fate,' *Early Theobgical Writings*, tr. T. M. Knox (Chicago: Chicago University press, 1948), 182-301; ed. Herman Nohl, *Hegels' Theologische Jugendschrifien* (Frankfurt: Minerva, 1966), 182-301.

并不能将巴文克对有机的使用解释为黑格尔式的。下文将会说明，巴文克的以神为中心的出发点是三一论，而黑格尔的出发点是一元论；此外，巴文克的终末是非简化主义的，而黑格尔的却截然不同。

第二，合一性先于多样性。[73] 巴文克在此试图澄清，"多样性中的合一性"是井然有序的。神创造了一个宇宙；在以话语创造时空后，神继续以多样填充这单一的宇宙：将大地与众天体分开，划清陆地与海洋的界限，创造各类动物。然而在合一性与多样性的关系中，巴文克认为合一居首；这种优先是因着神自己。他在《改革宗教理学》中展开了这一重要观点。[74] 将有机主旨应用于教会论就是这原则的一个例证。"因此，被拣选者的聚集首先必须不被视为个人主义式和原子式的。毕竟，被拣选者永远被赐给了基督，涵盖于盟约之中，在适当的时间从基督而生。因为这个身体和其所有肢体都是从这个头而生，有份于所有基督的好处。教会是一个有机体，并非一个集合体（aggregate）。之于教会，整体先于部分。"[75] 在一个有机体内，整体先于部分。这一概念也可见于唯心主义者的有机主义。[76] 二者都反对将部分置于首位这一机械论的概念。

第三，有机体的共享生命由一共同观念（idea）精心编串而成。[77] 这个观点再次反驳了"多样性中合一性"为无序的观念。虽然身体器官行使不同功能，但是它们同步协作，运行同一个身体。在一个健康的身体中，各类独特器官彼此互补，而非彼此冲突。巴文克在此加强了这一概念：多样性中的合一性与多样性的混乱截然不同。

最后，巴文克指出有机思想目的之确定性，借此明确呈现了该思想。[78] 有机体内有迈向其目标的动力。按着其整体的合一性和多样性，有机体是

---

[73] *CW*, 51; "……gaat volgens de organische beschouwing het geheel aan de delen, de eenheid aan de veelheid voorafgaat."

[74] *RD* 2.435-6.

[75] *RD* 3.524.

[76] G.W.F. Hegel, *The Science of Logic* (Amherst: Prometheus, 1989).

[77] *CW*, 57; "Zij zijn zelve, niet door uitwendigen dwang, maar innerlijk, in haar eigen wezen, aan gedachte gebonden"; 66, "Maar al deze onderscheidene schepselen met hunne verschillende substanties, ideeën, krachten en wetten zijn volgens de organische beschouwing opgenomen in één groot geheel en aan een hoogste doel dienstbaar."

[78] *CW*, 65; "De organische wereldbeschouwing is daarom ten slotte ook door en door teleologisch, niet in den platten zin van het rationalisme, dat den verstandsmensch als maatstaf en doel van alle dingen beschouwd, maar in dien verheven zin, welken de Schrift ons kennen doet, en waarnaar alwat is door God en tot Zijne eere bestaat... De teleologie

为了荣耀三一神。三位一体的荣耀绝非呈现于将有机体的组成部分简化为单独细胞的状态。相反，该荣耀在有机体同时维持合一性和多样性中得以彰显。有趣的是，巴文克批判达尔文主义为"机械的"和"反目的性的"。[79] 多斯科指出了巴文克描绘的有机主旨和终末之间的紧密关系。"巴文克博士全力支持启示的核心和有机的概念。它具备明确终末性的定位；它向我们启示了神就近人，永远与人同住。"[80]

最后一点强调了唯心主义和新加尔文主义在各自有机主义之间，在黑格尔和巴文克之间的重大差异。黑格尔的系统以万有在神论的神论为中心来运行。他所关注的是"大全一体"（Hen kai Pan）。神的成有（becoming）不仅是反射性的，而且在宇宙中真实实现了：它以本体的单一性开始，将自己分作各类不同的部分，然后将这些部分整合成一个合一的整体。有人会认为，宇宙对黑格尔而言是有机的，因为神是有机的。或许更准确地说，神在宇宙中，二者共同在这个有机范式（organic paradigm）中。[81]

然而，巴文克与此大相径庭。虽然他将许多事物描述为"有机"，但这个模式的一个明显例外就是关于神本身。巴文克的系统似乎有意且一致地将被造物描述为有机的，而将创造者描述为三一的。就本体论而言，巴文克严格区分了神和宇宙。[82] 二者的本体不会彼此自然融合。[83] 巴文克既

---

is niet met de causale, maar wel met de mechanische beschouwing in strijd, want deze kent geene natuur dan de lichamelijke, geene substantie dan de stof, geen kracht dan de physische en daarom ook geene ander oorzaak dan de mechanische...Maar de organische wereldbeschouwing neemt de schepping, gelijk zij zich geeft, in hare eindelooze verscheidenheid van substantiën en krachten, van oorzaken en wetten."

[79] *PR*, 12.

[80] Dosker, 'Herman Bavinck,' 23.

[81] "二者相同，都是成有，尽管他们在彼此渗透和影响的动向上不同。一个是停止存有（ceasing-to-be）：存有（being）逐渐变为虚无（nothing），但是虚无同样与自身对立，逐渐转变为存有，成为存有（coming-to-be）。这种成为存有是另一个动向：虚无逐渐变为存有，但是存有同样自我扬弃（sublate），继而逐渐转变为虚无，即停止存有......存有和虚无在它们自身中自我扬弃；就其本质而言，它们是自身的对立面。" G.W.F. Hegel, ed. Stephen Houlgate, *The Hegel Reader* (Oxford: Blackwell Publishing, 1998), 193.

[82] *RD* 2.30, 158-9.

[83] *RD* 2.154.

不是泛神论，也不是万有在神论。[84] 他有机思想的引言和结论反映了这一点。它并非起源于泛神论，它的终末也非一元的。相反，它的目标是要维持永久的合一性和多样性，以此荣耀圣父、圣子和圣灵；这三个永恒共存的位格在一个神格之中。

在将他的神论和创造论与更广泛的世界观相联时，巴文克呈现了一个有力的论述，反映了《基督教世界观》一书中的四个要点。在撰文反驳唯心主义泛神论和启蒙运动机械论的宇宙观时，巴文克断言：

> 圣经的世界观迥然不同。起初，天地就被分开。万物被造时就有各自本性，并依赖神所立的谕令（ordinances）……多样性和合一性的根基【第一点：多样性中的合一性[85]】都在神里面。正是祂创造万物【第二点：合一性先于多样性[86]】……并持续在万物各自特有的本性中维持它们。神引导、管理万物，使他们与各自被造时内置的活力（energies）和各样的律（laws）相符。神是万物的至善和终极目标，因此万物以各自的程度和方式追求渴想神【第三点：有机体的构成部分被同一理念（ideal）驱动】。此处的合一性并非摧毁，而是维持多样性；多样性的存在并非要牺牲合一性，而是支持它的丰富【第四点：有机体的终末[87]】。因着这个合一，世界可以形象地被称为一个有机体。其中所有构成部分都彼此联系，彼此互相影响。[88]

由冯赫夫"双重巴文克"带来的对有机主旨的描述，其极为讽刺的地方在于认为该主旨属于"现代"巴文克，是不合一的症状。然而，巴文克自己对该主旨的定义是，它是合一的深远动因。

---

[84] *RD* 2.111. "此外，考虑到泛神论将神的存有等同于宇宙的存有，最重要的是要强调一个事实：神拥有属于祂自己的本性，祂是独立的存有；祂的本质与宇宙的本质有霄壤之别。"
[85] *CW*, 50.
[86] *CW*, 51.
[87] *CW*, 65.
[88] *RD* 2.435-6.

十. 巴文克论因果

值得注意的是，虽然有机主旨满足了巴文克回应莱顿学派机械论和一元论神学的需求[89]，但是他对机械论的回应并非对立性的。巴文克在拒绝机械论人生观和世界观时承认，机械论式地解释世界有正确之处，但并非以独有的意义予以接受。[90] 他于 1911 年发表的《基督教和自然科学》论证了这一批判背后的原理。"机械论式地解释自然并非科学，而是一些科学从业者的一种特定观点。这些人意图将有机生命的所有现象囊括在物理、化学、工程学（机械学）之中，以便用纯粹机械式和简单的量化形式来解释这些现象。"[91]

当下的问题是我们该如何理解神和宇宙。一个人的神观和他对神普遍启示的认识相互交织。巴文克写道："神的合一带来了世界的合一。"[92] 他认为错误地将神解释为一元的会导致错误地将宇宙转化使用为独有机械式的。[93] 我们要再一次回到以下假设：内在的三位一体产生外在的有机体。

巴文克明白，正统的自然的神学（theology of nature）中必须要有某种程度的机械论。"《使徒信经》前两项宣告彼此相关。自然是一个机械装置，万物在其中根据固定的次序、范围和数量而移动。"[94]

---

[89] Bremmer, *Herman Bavinck en zijn Tijdgenoten*, 37-76.
[90] Gleason, 'The Importance of the "Unio Mystica" in Dr. Herman Bavinck's Theology,' 5.
[91] Bavinck, 'Christianity and Natural Science,' 101.
[92] Bavinck, 'Christianity and Natural Science,' 99.
[93] 比较巴文克对机械论科学（'Christianity and Natural Science,' 97-102）和有神论科学（*RD* 2.115）的批判。相似的观点可见于巴文克之后的新加尔文主义者赫尔曼·杜维尔德（Herman Dooyeweerd）对机械式世界观的评估："但是，当一个人按照机械运动构想实在（reality）的其他独特方面时，例如有机性、逻辑性、历史性等，随之而来的便是古典科学非实在的图像。于是他已预先倾向认为，所有其他科学必须按照机械物理的方法运作。他相信有机进程、情绪感觉、文化的历史发展、逻辑进程、经济进程等，都必须以科学的方式处理和解释为机械运动的进程。这一运动完全取决于因果关系链……古典的科学理念并未考虑到神这位创造者所设立的实在秩序（order of reality）。在这一秩序中，我们觉察到极为多样的层面，各自都有其不可简约的本性和律；这以此宣告了令人惊叹的神创造智慧的丰富与和谐。古典的科学理念拒绝实在次序中丰富的多样性。" Herman Dooyeweerd, *Roots of Western Culture: Pagan, Secular, and Christian Options*, (Toronto: Wedge Publishing Foundation, 1979), 173.
[94] Bavinck, 'Christianity and Natural Science,' 97.

巴文克所反对的机械论以恩斯特·海克尔（Ernst Haeckel）为代表。[95] 巴文克观点的核心是："基督教令自然科学意识到，无论自然以何种机械形式运转，它都服从于一个精神（spirit）。整个世界是一个工具，一个器械装置，为了实现一个永恒神圣的计划。"[96]

巴文克对机械论的回应反映了他是一位综合性的、非严格意义上对立性的思想家。他拒绝全盘否定机械论，而是作了限定性细微区分，并将其重新置于他更大的有机范型的体系之中。在一定程度上，宇宙以机械的方式运行，但是巴文克谨慎地重新解释了这种运行。他机械论的概念中没有海克尔的绝对定局（absolute finality）。

十一. 更广泛的新加尔文主义中的有机主旨

凭借"有机"一词，巴文克认为宇宙具有多样性中的合一性，从而合一性先于多样性，并且它的构成部分互相合作，朝向一个共享的理念（ideal），最终在非简化的**末世**中达致顶峰。之于巴文克，对有机主旨神学性的转化使用反映了被造物本质上的三一形态：与造物主一样，被造物具有深刻的多样性中的合一性的特征。

巴文克对有机的定义是否与更广的新加尔文主义运动相通呢？在凯波尔和巴文克的年代，荷兰新加尔文主义有意将自己置于后法国大革命与后启蒙运动社会处境下整齐划一的趋势的对立面。他们透过"合一性和多样性"的公理达此目标。这个公理常借用有机语言来表述。在新加尔文主义运动的内部，"合一性和多样性"是一个深思熟虑的智性成就。因着他们明确想要维护多样性（借着联合多样元素，而非消除他们的独特之处，并将多样性简化为整齐划一），新加尔文主义者确切地关注促进一个系统中相异元素之间的张力，而不是消除这些张力。

为什么巴文克以及更广泛的新加尔文主义运动认为合一性与整齐划一（uniformity）在概念上如此不同呢？凯波尔在 1864 年的演讲《整齐划一：现代生活的咒诅》或许是对该区分最有帮助的论述。[97] 这一演讲标志着抗

---

[95] Ernst Haeckel, Riddle of the Universe (Buffalo: Promotheus Books, 1992), 180-2.
[96] Bavinck, 'Christianity and Natural Science,' 97.
[97] Abraham Kuyper, 'Uniformity: The Curse of Modern Life,' *Abraham Kuyper: A Centennial Reader* ed. James Bratt (Eerdmans: Grand Rapids: 1998), 19-44.

革命党发展的关键时刻。这个政党最终使凯波尔于 1900 年成功竞选荷兰首相。

凯波尔以对罪的深刻洞见开始：罪在本质上缺乏创造的能力；相反，它模仿并扭曲神所造之物。凯波尔把罪描绘成神的拙劣模仿者。"罪总是如此行：它将神形像的印记烙在伪钞上，然后错误使用神所赋予的能力去仿效神的活动。它本身是没有能力的，缺乏自身的创造性观念；罪唯独借着抄袭神的观念而存在。"[98]

随着演讲的进行，凯波尔认为神用来建立祂国度的模型集中于多样性中的合一性。"在神的计划中，令至关重要的合一性得以发展的内在力量正是源于万国万族的多样性。"他断言，罪对神计划的拙劣模仿伪装成整齐划一式的简化主义；[99] "但是靠着不顾后果的校平和消除一切多样性，罪寻求一种虚假、欺骗的合一性，这是死亡的整齐划一。"[100]（巴文克的著作也将整齐划一与死亡互相联系，与凯波尔高度相似。[101]）

凯波尔修辞的焦点在于法国大革命余波中欧陆整齐划一的各个层面。在建筑、时尚、符合时代的行为、男女差异、语言这些层面，他都控诉欧洲成了乏味平庸的大陆。"所以我们的现状是，所有事情都要均衡持平，所有多样性必须消减。建筑风格的差异必须抹除，年代差异必须取消，性别差异必须摈除，着装差异必须消弭，语言差异必须废除。诚然，若这种朝向整齐划一的努力得以成功，还有什么可以留下？因为至此为止我所说的，还仅是控诉整齐划一的开始。"[102]

显然，凯波尔对类似近来被称为"世界陈腐文化"的事物特别厌恶。[103] 在正面反对这种整齐划一式简约主义的趋势时，新加尔文主义珍视各类不同部分的联合，同时又维持他们的独特之处。正如他思想脉络所发展的，凯波尔选择了一个词来囊括这种多样性中的合一性的世界观：有机。"一

---

[98] Kuyper, 'Uniformity: The Curse of Modern Life,' 22.
[99] 凯波尔交替使用"真实的整齐划一"和"虚假的整齐划一"，"整齐划一"和"合一"。这两对术语传递了相同意思。
[100] Kuyper, 'Uniformity: The Curse of Modern Life,' 23.
[101] *RD* 1.367ff. 同见 Mattson, 'A "Bath of Deadly Uniformity,"' *Restored to our Destiny*, 30-40.
[102] Kuyper, 'Uniformity: The Curse of Modern Life,' 32.
[103] David Wells, *No Place for Truth: Or Whatever Happened to Evangelical Theology* (Leicester: Inter-Varsity Press, 1993), 53-92.

言以蔽之，这个世界虚假的合一和神所设计的生命合一（life-unity）之间有一个尤为重要的差异，让彼此互相区分。"[104]

在巴文克青年时期，羽翼未丰的新加尔文主义运动将它的世界观表述为有机的（反对机械的）和合一的（反对整齐划一）。是否有人可以从正在发展的新加尔文主义内部找到有力证据来支持这一假设：凯波尔和巴文克是否从他们自身改革宗正统传承中提取了这些概念呢？

正如在上文已指出，凯波尔的有机主旨在有些著作中被认为是"半神秘的"（semi-mystical）和"新唯心主义的"（neo-Idealist）。[105] 是否有人可以证实这一主张，凯波尔对有机的使用是混合了新版神秘主义和唯心主义吗？这种假设不能解释凯波尔神学在他生平中的发展，正如在第二章所论述的他所发展的加尔文主义教会论。[106]

约瑟夫·博哈特克（Josef Bohatec）的一篇收录于新加尔文主义出版物《抗革命的政治》（Antirevolutionaire Staatkunde）的文章，《加尔文思想中的有机观念》[107]，令人更深地反思凯波尔的第三场斯通讲座。[108] 博哈特克首先承认有机主旨是新加尔文主义的核心，也是它重大价值之一。[109] 遗憾的是，新加尔文主义在有机方面的贡献竟未获得相应的学术重视。为此，他深感痛惜。[110]

在试图调整这一平衡时，他谨慎地建构了这个论点：凯波尔通过加尔文的教会和国家神学，首次加入了有机主旨。他证明有机观念的神学性用

---

[104] Kuyper, 'Uniformity: The Curse of Modern Life,' 24.
[105] Vander Stelt, 'Kuyper's Semi-Mystical Conception,' 186, 190.
[106] 见第二章
[107] Josef Bohatec, 'De Organische Idee in de Gedachtenwereld van Calvijn,' *Antirevolutionaire Staatkunde: Orgaan van de Dr. Abraham Kuyperstichting ter bevordering van de studie der Antirevolutionaire Beginselen* 2ᵉ Jaargang (Kok: Kampen, 1926), 32-45, 153-64, 362-77.
[108] Kuyper, *Lectures on Calvinism*, 8-109.
[109] "Het is de groote verdienste van Kuyper en de door hem aangegeven richting in de theologie, te hebben aangetoond, dat, naar de opvatting van het Calvinisme, de menschelijke samenleving, evenals al het bestaande in natuur- en geesteswereld, een organische eenheid vormt, een samenstel van ordinantiën, die de souvereine God aan al het geschapene heeft geschonken en die Hij door Zijn steeds werkzamen, almachtigen wil onderhoudt." Bohatec, 'De Organische Idee in de Gedachtenwereld van Calvijn,' 32.
[110] "Overigens heeft de wetenschap weining aandacht geschonken aan de organische idee bij Calvijn." Bohatec, 'De Organische Idee in de Gedachtenwereld van Calvijn,' 32.

法出现在加尔文之前。[111] 加尔文在哲学、法律和宪法争论的背景下，转化使用了有机思想。[112] 博哈特克的论证过程首先考查了中世纪的教会和国家的有机概念[113]，随后探索了加尔文对此种有机应用的中世纪概念的立场[114]，最后依据加尔文的有机观念详细研究了教会和国家的关系。[115] 博哈特克对加尔文的讨论产生一个结论，加尔文的有机概念并非毫无瑕疵。[116] 然而，他似乎认为加尔文和凯波尔之间在有机思想上的关系是无可争辩的。

博哈特克的文章有直接的意义。我们在这里看到了一份新加尔文主义官方出版物发表的声明，他们思想世界中的有机关注直接源于加尔文。这确证了马特森的观点，就是巴文克和凯波尔的有机思想取自他们的改革宗传承，而非德国唯心主义。简而言之，冯赫夫叙述（以及随后对巴文克的解读）的成败就在于如何回应博哈特克的文章。

博哈特克的论述令人信服。他的处境增强了他论点的重要性。博哈特克是一位加尔文学者，享有盛誉并通晓德国思想史。作为一位住在维也纳的神学家，他在一定程度上是从局外者的角度论述新加尔文主义的发展。此外，《抗革命的政治》是一份新加尔文主义出版物。它的编辑包括有名的凯波尔主义者阿内马（Anema）、博伊默（Beumer）、克莱（Colijn）、单布林克（Dambrink）、杜维尔德（Dooyeweerd）、鲁特格斯（Rutgers）、舒腾（Schuten）和瑟弗瑞（Severijn）。博哈特克的文章写于巴文克去世后的四年以及凯波尔离世后六年内，若它完全错误地描述了新加尔文主义神学的有机主义，可想而知，学术界就会有反驳他文章的观点。然而，这种现象并未出现。

---

[111] "Calvijn is niet de "uitdenker" der organische idee geweest."Bohatec, 'De Organische Idee in de Gedachtenwereld van Calvijn,' 34.

[112] "Zij was reeds in de Middeleeuwen en in de Oudheid voorwerp van wijsgeerige, juridische en algemeen-staatsrechtelijke studiën. Men moet daarom zijn (Calvijn's) gedachten in hun geschiedkundig verband plaatsen, om ze in hun wezen te begrijpen."Bohatec, 'De Organische Idee in de Gedachtenwereld van Calvijn,' 34.

[113] Bohatec, 'De Organische Idee in de Gedachtenwereld van Calvijn,' 34-45.

[114] Bohatec, 'De Organische Idee in de Gedachtenwereld van Calvijn,' 153-64.

[115] Bohatec, 'De Organische Idee in de Gedachtenwereld van Calvijn,' 362-77.

[116] "Daarover, als ook over de geenszins onder-geschikte plaats van de organische idée in het systeem van den Reformator en haar kultuurhistorische beteekenis, kon hier verder niet worden gesproken."Bohatec, 'De Organische Idee in de Gedachtenwereld van Calvijn,' 373.

请注意，博哈特克的叙述得到了抗革命党官方出版物的肯定。凯波尔曾在该党任选荷兰首相，巴文克则成为国会议员。因此，我们可以得出两个可能的结论。第一，博哈特克的叙述是准确的；新加尔文主义的有机隐喻并非取自德国唯心主义或早期的神学神秘主义。这个有机观念反映了它加尔文主义的传承。另一种可能是，博哈特克刻意掩盖了新加尔文主义对黑格尔和谢林的依赖。在这情况下，他试图忽视它唯心主义的过往，让其冒充成历史的加尔文主义。

历史的事实说明，博哈特克是正确的。无法否认的事实是，在醉心于加尔文神学之前，凯波尔接受了神秘且非有机的教会论。在深入认真研究加尔文后，凯波尔的教会论变为有机且非神秘的。

博哈特克的主张——加尔文是一位"有机"思想家——在加尔文学者中得到普遍认可。[117] "自约瑟夫·博哈特克的著作起至如今，加尔文学者已意识到改教家思想中'追寻秩序的激情'。博哈特克聚焦于加尔文在处理法律、社会和国家方面'追寻秩序的激情'。博哈特克认为，有机思想是加尔文思想的根本。结果便是，加尔文对社会、自然法和国家的讨论反映了他对合一、和谐和秩序的渴望，以及对无序的恐惧。"[118]

诚然，后博哈特克加尔文研究的普遍要点就是发掘改教家思想中这种秩序的明确本质。因此，例如罗纳尔多·华莱士（Ronald Wallace）和卢希安·理查德（Lucien Richard）这些学者认为，神形像的更新为加尔文的灵修学提供了秩序。[119] 本杰明·米勒（Benjamin Miller）认为加尔文教会论

---

[117] 这一主张在博哈特克的各样著作中都是核心主题；见 Josef Bohatec, *Calvin und das Recht* (Feudingen: Buchdruck und Verlags-Anstalt, 1934); *Budé und Calvin: Studien zur Gedankenwelt des französischen Frühhumanismus* (Graz: Böhlau, 1950); *Calvins Lehre von Staat und Kirche* (Breslau: Marcus, 1937).
[118] Susan E. Schreiner, *The Theater of His Glory: Nature and the Natural Order in the Thought of John Calvin* (Durham, North Carolina: The Labyrinth Press: 1991), 3.
[119] Ronald Wallace, *Calvin's Doctrine of the Christian Life* (Edinburgh & London: Oliver and Boyd, 1959); Lucien Richard, *The Spirituality of John Calvin* (Atlanta: John Knox, 1974).

的核心就是秩序。[120] 苏珊·施瑞纳（Susan Schreiner）写到，护理的本质就是加尔文在"追寻秩序"中的动机。[121]

至关重要的是，博哈特克的文章在冯赫夫或马特森的分析中并未发挥作用。然而，当将其与二者进行对话时，它无疑支持马特森，而非冯赫夫。马特森稍有保留地写道："新加尔文主义的有机隐喻可能并非主要源于19世纪德国哲学，而是对它自身传统全新的转化使用。"[122] 若放在博哈特克文章的语境中考虑，博哈特克叙述的言下之意就是，新加尔文主义者自己认为这是一个事实，而非一种可能。

当查阅巴文克自己对加尔文神学和世界观的概括时，以下论述（或许显得简洁和诱导性）给马特森的观点增加了微妙却十分重要的力度：巴文克利用改革宗传统作为他有机思想的源头。

> 加尔文的著作反复出现 coram Deo，意为"在神的同在中"。他将万物和全世界，尤其是人类，直接置于与神的关系中，放在神的面前。他依据永恒审视万物，得窥神在被造物中的荣耀。他以这种方式看待全世界，以及它的整个领域。整个世界被视为有机和谐的整体，位于神的设计和终极目的之间；为了这个终极目的，神定意创造万物。世界是神手中的工具，是一架管风琴，一个乐器，为了荣耀祂的名。在这个世界上，每个被造物和生物圈都有其一席之地：天与地，植物与动物，人类与天使，家庭、国家与社会，职业，科学和艺术。透过神的旨意，它们借智慧彼此区分；神已为每个生物圈选定自身的角色。它们都有自身的本性和律。然而，他们在多样性中仍保持为一，因为他们都源于相同的神圣旨意。无论是有

---

[120] Benjamin Miller, *Calvin's Doctrine of the Church* (Leiden: E.J. Brill, 1970), 190.
[121] Schreiner, *The Theater of His Glory*, 3.
[122] Mattson, *Restored to Our Destiny*, 45.

意或无意，赞同或敌对神的旨意，万物都将神当得的荣耀归给祂。¹²³

这证明了巴文克明显将自己的世界观联于他在加尔文著作中所发现的世界观。

十二. 结论

近期巴文克研究的趋势可以被解读为承认尚未充分理解他思想的本质。在陈述他神学的过程中，似乎错失了某些方面。请注意，这一错失的层面似乎可能成为某种合一的概念性动因。有人已经借着回归有机主旨开始这项研究。上文以"双重巴文克"的假设和随之而来的冯赫夫作品对有机主旨的解读为出发点，为这项研究创造了空间。在初步探索对该主旨的另一种解读后，我们不再受这过时的假设约束；有机观点为我们提供了远大的前景。根据巴文克所言，有机观念是对被造实在三一形态的反思，借着结合不同事物而成效。

为了了解巴文克，我们必须努力厘清他经常使用的有机主旨的细节内容。该主旨所关联的教义是如此重要，以致无法忽略。此外，这也是巴文克研究中一个当下实存的问题：先前所接受的叙述已被重新审查，并发现了它的欠缺。先前的叙述建立在"双重巴文克"假设的根基上。透过范德瑞内、克鲁斯特曼和博尔特的辩论，这一假设近来已然土崩瓦解。有机主

---

[123] Herman Bavinck, *Johannes Calvijn* (Kampen: J.H. Kok, 1909), 17–18. Dutch original: 'Telkens komt in Calvijns geschriffteen de uitdrukking voor: coram Deo, in de tegenwoordigheid Gods. Hij stelt de gansche wereld, alle dingen, inzoderheid den mensch, rechtstreeks met God in verbinding en plaatst hen voor zijn aangezicht. Hij beziet alles in het licht der eeuwigheid en werpt over alle schepselen den glans van Goddelijke heerlijkheid. De gansche wereld in al haar lengten en breedten komt in te liggen, als een organisch en harmonisch geheel, tusschen het voornemen Gods en het einddoel, dat Hij met zijne schepping beoogt. Zij is een instrument, een orgaan, een speeltuig in de hand van zijn wil voor de eere van zijn naam. In dit wereldgeheel neemt ieder schepsel en elke levenskring zijn eigen plaats in, hemel en aarde, plant en dier, mensch en engel, gezin, staat en maatschappij, beroep, wetenschap en kunst. Zij zijn alle krachtens den met wijsheid en naar verkiezing te werk gaanden wil Gods onderscheiden; zij hebben allen hun eigen natuur en wet. Maar zij zijn toch in hunne verscheidenheid één, want zij hebben alle hun oorsprong in denzelfden Goddelijken wil en zijn alle, bewust of onbewust, met of tegen hun wil, ann de verheerlijking van Gods deugden dienstbaar.'

旨属于"现代"巴文克，因此只是他不可调和的内在分离的另一种表征。这一主张已经公然受到质疑。

近来对冯赫夫核心论点的批判至少在初始阶段带来许多益处。在处理该主旨不必假设神学二元性的情况下，依据直接相关的处境，而非历史词源的语境来定义巴文克的有机主旨，是一个很吸引人的主张。巴文克在《基督教世界观》中的重点，凯波尔有机合一的概念，博哈特克对新加尔文有机主义为古典加尔文主义神学之延伸的断言，巴文克用有机词汇描述加尔文的世界观，这些都体现了这种定义法。

因此，有机主旨的有效定义初步形成。这并非直接从德国唯心主义哲学切入（因此代表巴文克自身内在的分裂），所以应使用截然不同的术语来理解有机主旨。

正如在下一章会说明，巴文克著作的许多段落都呈现了三位一体和有机主旨的紧密关系。简而言之，我们发现巴文克提出有机主旨来解释以下陈述的意义：原型的神格（三位一体）合一性成为所有随后被造物中复本的（ectypal）（三一形态）的合一。因此，这一主旨被视为概念上合一的动因；这一概念上的合一以三位一体为基础，并朝三一形态的目标发展。巴文克赋予"有机"一词的含义始于串联合一性和多样性（这根植于三位一体，而非唯心主义思想的一元论）。在这种情况下首先要解释合一性，随后再确定不同的构成部分分享同一理念。这些构成部分永远维持它们多样性中的合一性的形式，而非融合为单元的整齐划一。这种观点也是反唯心主义的。基于这点，我们很难再支持巴文克思想中的有机主旨具有未修饰的唯心主义意义的观点，也很难再认同巴文克因此根据"当时普遍的意义"——若此种概念同类真的存在——来使用"有机"一词。

将有机主旨解读为对三位一体的关注会产生一个显而易见的问题：三位一体是否为产生有机主旨的原因，或反之亦然？第四章将会探讨巴文克对"神为中心论"（theocentrism）的关注，以及为了回应斯霍尔滕对三位一体的漠视，使用三位一体作为所有基督教思想的参照点。第四章尤其会说明，巴文克旨要将三位一体置于首位。

因此，在认为确实只有一位巴文克的情况下，本书剩余章节将尝试发展对巴文克有机主旨的非传统解读。在此情况下，本书乃是基于一个假设：巴文克认为有机主旨是对被造物与三位一体之间的关系强烈深入反思后的成果。正因如此，本书的书名《三位一体和有机体》试图抓住巴文克教理学劳动成果的重中之重：内在的三位一体带来外在的有机体。

第4章 有机主旨和神的教义

一. 前言

本书先前的章节已经阐明了以往规范性"双重巴文克"的诠释，以及此诠释对原先为人所接受的巴文克有机主旨之定义的影响。在这种定义下所产生的关联将巴文克的核心神学身份定性为无法复原的割裂，并认为有机主旨是"现代"巴文克跟随黑格尔、谢林和其他哲学家所带来的产物。本书剩余的章节将要论述对巴文克的另一种解读。在这个过程中，我们试图论证巴文克的基本身份，并说明他的关注点主要在于历史性改革宗正统中根本性的三位一体教义。

"现代"巴文克从唯心主义哲学和伦理神学汲取他对有机的恒久关注；这一主张已然越来越难以成立。因此，我们转而探索另一假设，即巴文克三位一体创造者的神学必然需要将被造物概念化为有机体：内在的三位一体带来了外在的有机体。探索巴文克对创造者的看法如何影响他对被造物的看法，在本质上便是更广泛地探索他以下这句引人注目的陈述："一位深思之人会将三位一体教义置于自然和人类圆满生命的绝对中心……在每个生命存有的形态尚未指向三一神之前，在对三位一体的认信尚未在我们思想和生活中处于显著地位之前，基督徒的心思不会得以满足。"[1]

如是，我们尝试将巴文克描绘成一位心怀双重志向的神学家。鉴于历史处境，他的第一步便是重新赋予神圣三一优先权（相较于斯霍尔滕和亚米纽斯派将三位一体视为次要的）。随之而来的是，巴文克构建一个三一形式世界观的目标是要寻求复杂且内在彼此交织的三位一体遗迹（*vestigia trinitatis*）的网络。从巴文克自己的起点（神的教义）开始，到发展至三位一体自我揭示的普通和特殊的意义之前，我们将会看到他选择了有机主旨来确认三位一体遗迹。

在继续探讨这一假设时，我们在此有意拒绝博库伟的主张：有机观念之于巴文克主要是一种实用性的选择。这一主张意味着这一主旨在神学上并非原则性根基；相反，它只是巴文克认为适用时偶尔使用的图像。[2] 虽然有机主义的意象构成了 19 世纪欧洲思想生活的主要特征这一事实不可

---

[1] Bavinck, *The Doctrine of God*, 329.
[2] Berkouwer, *Zoeken en Vinden*, 62. 格里森支持对有机主旨的此种解释：Ron Gleason, 'Herman Bavinck's Doctrine of the Sacraments of the Church: The Sacraments as Means of Grace,' (unpublished paper), 3.

否认，并且在巴文克身上也反映出他所处环境的审美价值（正如已经论证的，这并非实质性反映），但是博库伟的看法就是指控巴文克具有一种非典型的思想被动性。这会促使我们认为，在选择主旨的背后并无任何神学基本原理。然而，巴文克谨慎地踏步在他认为是理智的神圣根基之上。这根基就是：神的自我启示为三而一（Three-in-One）。

在探讨巴文克著作根本的神为中心论后（因此指出了三位一体遗迹和有机主旨之间的密切关系），上文提及的被动实用主义的指控便不再成立。神格内在合一性与多样性的众多层次为巴文克优先考虑罪与恩典的对立提供了根基。这个对立转而支持"恩典复原自然"范型的综合性特征。下文会论到，包罗万象的新加尔文主义世界观（巴文克为典型代表）根植于丰富的三位一体、大公性且改革宗式的神的教义。诚然，正是这种神的教义的三位一体性没有狭隘的本质，并赋予了新加尔文主义世界观的连贯性和普适性。

二. 巴文克，三位一体遗迹和有机主旨

在明确讲述与巴文克著作有关的三位一体遗迹时，我们必须小心解释该词被援用的意义。虽然自然和历史充斥着三一形态的特征是推动巴文克的信念，但是他并未表现如改教家般避而不用三位一体遗迹的术语。改教家之后的整个改革宗传统反映了他们对该术语的弃用。

> 改教家倾向于不仅要捍卫传统三位一体教义是合乎圣经的，而且要贬低传统三位一体术语的权威，尤其是中世纪经院学者就神格内三位一体流溢（trinitarian emanations）之特性更加思辨性的用语。教父所用的三位一体遗迹的隐喻以及对遗迹之对象的提及，无论是人类身躯内还是整个世界中的遗迹，从未成为改教家教义阐述的主要内容。[3]

---

[3] Richard Muller, *Post-Reformation Reformed Dogmatics: The Rise and Development of Reformed Orthodoxy, ca. 1520 to ca. 1725, Vol. 4: The Triunity of God* (Grand Rapids: Baker Academic, 2003), 151.

最有趣的是，即便巴文克有意将自己定位为宗教改革的后代，他却并未弃用遗迹这一术语。相反，他谨慎地使用该术语，并有趣地将其与有机主旨捆绑在一起。

> 另一方面，这也是由于人依照神形像被造之教义的结果；这一形像延伸至全人。虽然万物显出神的遗迹，却只有人才是神的**形像**……人是神的形像，因为且在于他是真实的人；人是真实的，并在本质上是人，因为且只在于他是神的形像。理所当然地，**正如宇宙是一个有机体**，神的属性在有些被造物中得以更清晰地启示。同样，**在人这个有机体中**，神的形像在有些部分更加鲜明，在灵魂中比在身体中体现得更加清晰，在伦理美德中比在肉身力量中更加明显。⁴

他使用遗迹用语的明确意愿或许在荷兰文文本中更为明显："Alle schepselen vertoonen vestigia Dei, de mensch is imago Dei."⁵

遗迹一词的背景信息解释了改革宗传统中对该词避而不谈的普遍趋势。在教父神学中，我们发现有一种逐渐形成的意识：万物深深地印上了创造者特定的三一本性。然而，这些三一印记该以何种意义来理解就需要谨慎予以限定。例如，奥古斯丁拒绝从父亲、母亲和孩子的共有生命提取三一类比。他反而在心思（mind）这些更为抽象层面的交汇处探索三位一体的标记。⁶ 奥古斯丁相信，我们不应在陈腐平庸的类比中寻获宇宙的三一形态。相反，遗迹的存在将所有实在（reality）扎根于三位一体创造者的先存之中。"然而，这并非完全不同。对于那些不具有神的样式的被造物又如何？根据它们自身的种类和标准，我们看见神造万物都甚好，正因

---

⁴ *RD* 2.555.
⁵ Herman Bavinck, *Gereformeerde Dogmatiek Tweede Deel* (Kampen: J.H. Kok, 1928), 516.
⁶ Augustine, *On the Trinity* (Cambridge: Cambridge University Press, 2002), ed. Gareth B. Matthews, XII.5.5-7.12.

祂自己是至善。因此，只要一物存在，它就是好的，即此物在某种程度上与至善有些相似，即便这种相似性不甚明显。"[7]

然而直到中世纪，三位一体遗迹的进路明显是思辨性的，并常被用于寻找残留的痕迹作为三位一体的"证据"。奥古斯丁对神之形像的三位一体式概念认为，人的心（heart）、心思（mind）和意志（will）的三元组体现了神的形像。[8]一些学者在探讨这一概念时认为，在有限的意义上，自然人仍有能力以三位一体的形式来理解神。[9]

后中世纪欧洲的研究给提供了大量此种研究遗迹之进路的例子。例如在 1620 年，约翰·多恩（John Donne）在一篇讲章中如此评述："我们尽可能在诸多事物中寻见三位一体遗迹（三位一体的印记）是一件令人喜悦和敬虔的事。因此，让我们与圣伯纳德（Saint Bernard）一同思想 *Trinitatem Creatricem* 和 *Trinitatem Createm*，即一个被造的三位一体和一个创造的三位一体。天上的圣父、圣子和圣灵的三位一体在我们的灵魂中创造了理性、记忆和意志的三位一体。"[10]

与多恩同时代的赫里福郡的约翰·戴维斯（John Davies of Hereford）在他的诗歌中也表现了同样的倾向。

> 因此，灵魂内有分别（虽然本质为一），
> 其中有悟性、意志和记忆。
> 这些力量或官能构成一个三位一体，
> 却又是不可分割的同一本质，
> 它是完美的合一性中的三一性，
> （二者同为属灵的和不可见的）

---

[7] Augustine, *On the Trinity*, 70. 丹尼斯·柯林克（Dennis Klinck）如此解释这段内容："世俗的类比不仅是三位一体的说明性对比物，它们还是原型三一模式的体现。" Dennis R. Klinck, 'Vestigia Trinitatis in Man and his Works in the English Renaissance,' *Journal of the History of Ideas*, Vol. 42, No. 1 (January-March 1981), 14.

[8] Augustine, *On the Trinity*, XII, 6.

[9] John P. Dourley, 'The Relationship between Knowledge of God and Knowledge of the Trinity in Bonaventure's De mysterio trinitatis,' *San Bonaventura Maestro*, ed. A. Pompei, vol. II, 4-45.

[10] George R. Potter and Evelyn M. Simpson, eds., *The Sermons of John Donne*, 10 Volumes (Berkley and Los Angeles, 1953-59), III, 144-45. 此处可能是 *Trinitatem Creatum*。

它使灵魂与神如此相似。[11]

三. 三元组与多样性中的合一性

中世纪思想聚焦于三元组模型（triadic patterns），巴文克自身传统则反对这一趋势；所以我们需要仔细评估巴文克对二者的回应。

我们首先要承认，三元组模型在圣经中意义重大。创造依据三重形式被精密构造：天、地并地底下之物；挪亚的三个儿子产生了三个种族；恩典之约以三个时代（dispensations）来到；以色列有三位族长；基督的公开服侍持续了三年；基督有三个职分；祂被钉在三个十字架中的一个之上，并在坟墓中三天；祂与三位特定的门徒尤为亲密；信、望和爱构成了最重要的基督徒美德；诸如此类。[12]

巴文克承认在圣经之外亦有十分显著的数字。他受教于其中的宗教历史学派（History of Religions School）业已在各样异教中发掘三元组模型：挪威的神祇奥丁（Odin）、索尔（Thor）和洛基（Loki）；卡巴拉（Kabbalah）的三棵生命树（Sephiroth）；诸如此类。然而相较于奥古斯丁神学的"逻辑类比"，他视这些为次要的。[13] 就此而论，巴文克在批判中世纪对三元组的嗜好时，反衬了改革宗神学。"中世纪神学以多重方式得出这些观念，遍寻三元组，比如在文法、逻辑（辩证）和修辞中，在逻辑、物理和伦理学的哲学三大分支中，在语法的第一、第二和第三人称中，在主动、被动和关身语态中，在单数、双数和多数中，都可以发现三位一体的类比。这些例子不胜枚举。"[14]

饶有意思的是，巴文克将这一讨论转向了黑格尔和谢林，并认为他们的三元体也是源于此种中世纪的关注，尤其是关于黑格尔的命题-对立-综合（thesis-antithesis-synthesis）。正如巴文克所指出的，这种主要基于三

---

[11] Alexander B. Grosart, ed., *The Complete Works of John Davies of Hereford* (Edinburgh, 1878), 19.
[12] *RD* 2.322.
[13] *RD* 2.323.
[14] *RD* 2.323-24.

元组研究遗迹的进路难以确定范围："难道每个三元组都可以被视为三位一体的类似物吗？"[15]

在巴文克自身的改革宗传统中，频繁援引奥古斯丁支持自己神学的加尔文也在这一点上批判这位主教。"相较于他人，奥古斯丁尤其以过度的修饰推测，为要在人里面构成一种三位一体。"然而，加尔文如此批判时，并未完全摒弃宇宙（尤其是人类）具有某些三位一体的印记。不出所料，他宁愿对此缄默不言也不妄加推测，并留下一句简略扼要的说明："诚然，我承认在人里面的某些事物可以指向圣父、圣子和圣灵。"[16]

加尔文反对推测，特别是将显然的遗迹用于自然神学的框架中，以此明确神圣的三一性。此种反对模式所带来的结果就是不愿使用传统词汇。在这点上，这些词汇与中世纪的进路紧密相联。所以，他采用了更加严谨的基于启示的进路来处理宇宙的三一形态。以上三个方面共同构成了巴文克所处的传统。[17] 下文会说明，巴文克并非反对三元组本身。他实则完全反对思辨，以及自然神学使用三位一体类比作为神三一特性的"证据"。然而，巴文克在三位一体遗迹之观念中确实有关键的发展。他确立了多样性中的合一性的非数值范型（non-numerical paradigm）为三一形态特征的规范（norm）。这不同于中世纪的三元组形式。

在此前提下，巴文克仔细地构建了介于加尔文和奥古斯丁之间的神的教义。总体而言，巴文克比加尔文更大胆地探索了三位一体论的界限：他乐意称人为"三位一体形像"就清楚说明了这一点。[18] 然而他与加尔文一样不愿去推测，并在某种程度上与后期的改革宗正统一样，拒绝以无孔不入的方式搜寻"三元组"。巴文克重复了这一关注点，即便他在批判奥古斯丁一事上更加保留。巴文克却以典型的综合形式拒绝否认三位一体所造的宇宙中存在三元组形式。

---

[15] Klinck, 'Vestigia Trinitatis in Man and his Works in the English Renaissance,' 15.
[16] John Calvin, *Commentary on Genesis*, Gen. 1:26 (CTS Genesis, I), 93.
[17] 对这个传统更完整的概述，请参看 Muller, *Post-Reformation Reformed Dogmatics: The Rise and Development of Reformed Orthodoxy, ca. 1520 to ca. 1725, Vol. 4: The Triunity of God*, 157-65.
[18] *RD* 2.333.

> 被造界到处都向我们显明三位一体的遗迹。这一信念内含许多真理。因为这些遗迹在"人类"中最为清晰可见,所以"人"甚至可以被称为"三位一体的形像",并且"人类"由内在驱使去寻找这些遗迹。一个被造物的完美,一个体系的完整,美的和谐,最终都在一个三元组中得以体现。一个事物在创造次序中的位置越高,它就越渴望这种三元组。我们甚至可以在人类宗教信仰的偏离中感知到这一效应。例如,谢林试图依据三一脉络解释神话,这并非只是一个随意的幻想而已。[19]

巴文克显然是要为奥古斯丁辩护,因为后者认为三位一体遗迹存在于所有被造物之中,尤其在人里面。[20] 我们需要注意的是,奥古斯丁"直认不讳,所有这些比较都是类比或图像;除了相似,它们仍有极大的差异"。[21] 就此而论,巴文克的著作可以被理解为尝试弥补,而非反对奥古斯丁的立场。他确信我们不能以中世纪的过度解读来控诉奥古斯丁。

但是当注意到巴文克在这点上与改革宗传统相异时,我们也不应在此方面把这一传统描述为是完全单义的。加尔文的密友比勒·威勒特(Pierre Viret, 1511-1571)大量使用了教父的隐喻,尤其是奥古斯丁的;他同时也采用了许多中世纪三位一体论的术语。[22] 贯穿改革宗传统的要点似乎是拒绝遗迹作为三位一体的证据,同时坚称有限的人不可能从有限的类比进展至无限。

> 圣经反复告诉我们,人按照神的形像被造;并非我们按照基督的形式被造,而是祂按照我们的样式成了人(罗八 3;腓二 7-8;来二 14)。它又说,我们效法基督的形像,如今再次变得像神一样(罗八 29;林前十五 49;林后三 18;腓三

---

[19] *RD* 2.333.
[20] Augustine, *On the Trinity*, IV, 10; XV, 2.
[21] *RD* 2.326.
[22] Pierre Viret, *Exposition familière de l'oraison de nostre Seigneur Jésus Christ* (Geneva, 1548), 165. 另见 Amyraut, *De mysterio trinitatis* (1661), III, 132, 135-49; and Leigh, *Treatise*, II.xvi (126), cited in Muller, *Post-Reformation Reformed Dogmatics: The Rise and Development of Reformed Orthodoxy, ca. 1520 to ca. 1725, Vol. 4: The Triunity of God*, 159.

21；弗四 24；西三 10；约壹三 2）。因此，我们最好说三一存有（神）是人的原型；与此同时，我们也要尽量谨慎地从心理角度去探索人之存有的三一性组成部分。[23]

之于巴文克，神格三而一（three-in-one）的本性是一个完全独特的概念。虽然巴文克赞成奥古斯丁式逻辑的"高阶"类比（higher analogies），但是他依然确信三元类比数量较少，并必须严格从类比的角度去看。三而一神格的真实本性不可能在任何地方被复制。诚然，多样性中的合一性的非数值原则甚至仅仅是类比性地反射在宇宙之中。依巴文克所言，神圣的多样性中的合一性是"绝对的"。

> 三位一体向我们启示的神是存有的丰盛，真实的生命，永恒之美。在神里面也有多样性中的合一性，合一性中的多样性。诚然，这一秩序与和谐绝对地存在祂里面。就被造物而言，我们只见其模糊的类比。合一性和多样性都不是独立存在。被造物存于时空之中，协同并存，但并非彼此渗透（如同三位一体内的三个位格）。在我们中间，合一性的存在只能借着吸引力，靠意志以及意志的性情；它是一个道德的合一性，是脆弱且不稳定的。何处单一实体的性能之间有更深刻的物质性合一，那里就缺乏独立，这种合一性也就吞噬了多样性。但神里面同时有这两样：**绝对的合一性和绝对的多样性**。一个完全相同的存有由三个实质存在（hypostases）来维系。这带来了一种最完美的共同体（community），一个相同存有的共同体。与此同时，这也产生了最完美的多样性，就是神圣位格的多样性。[24]

这样说来，巴文克发展了一个世界观，其中心概念就是四处皆有三位一体的印记。巴文克修改了这一教义，借此反转了中世纪的规范。中世纪的规范优先考虑一定数量的三元组形式。虽然巴文克并非完全弃绝三元组形式的理论，但是他主要将遗迹置于非数值导向的"多样性中的合一性"

---

[23] *RD* 2.555.
[24] *RD* 2.331-32. 着重点为所加。

的范型。²⁵ 借着抛弃数值的绝对三元组形式的遗迹，转而着重强调三一形态存于最简单的合一多样性（united-diversity）的呈现之中，巴文克相信自己已有了唯一真实的根基，并在这之上寻找三位一体在每个环境中的特征。

> 没有任何物质是可厌恶的或罪恶的。可见世界就如属灵世界一样，都是神华美丰富的启示。祂在两个世界中同等启示了祂的美德。所有被造物都体现了神的思想（thoughts），**都显出了神的脚步或遗迹。但是所有在属灵和物质世界中并排散布的遗迹，集中体现在人里面，并有机相连**，且高度强化了一事实，就是这些遗迹显然构成了神的形像和样式……因此，人构成了物质世界和属灵世界的整体，是整个宇宙的写照，是自然万物的连接环节、纲要和缩影，是一个微观宇宙，正因如此，也就是神的形像和样式，祂的儿子和后嗣，是一个微观的神圣存有（mikrotheos）。²⁶

遗迹的概念主要是非数值性的，这并未忽略宇宙的浩瀚而去寻找艰深晦涩的三元组实例。相反，这一概念允许我们援用并改述凯波尔的名言："在我们宇宙生命的整个领域中，创造万物的全权者，三位一体的神，在每一寸土地上都高呼：'这是属于我的！'"

在这一方面，巴文克的神的教义因着尤为着重神格的多样性和一体性（oneness），成为改革宗传统中一个重要发展的基础。它代表了新加尔文主义对"三位一体遗迹"之概念的救赎。在这个过程中，巴文克显示了一个人可以完全反对自然神学，**又**完全赞成三位一体遗迹。他抛弃了普遍的后宗教改革时期对传统术语的反对；借此，在探索神的三一性对基督教世界观之重要性这一重大问题时，他让这一概念重新焕发光彩。在巴文克的神的教义中，无论何时指向三位一体遗迹，都绝非指向中世纪的意义。相反，这词组被限定为，在巴文克对三位一体和宇宙的理解中，**三位一体**

---

²⁵ 例如，巴文克对神形像中遗迹的理解并不依照奥古斯丁的记忆（memoria）、理智（intellectus）、意志（voluntas）的三元组。相反，他强调人"心灵能力和活动极大的多样性和丰富性"。在这些能力和活动中，"我们可以看见神形像的特征"。*RD* 2.557.

²⁶ *RD* 2.562.

与万物皆不同，但是万物都像三位一体。巴文克始终如一地透过有机主旨来表述对三位一体相似之物的陈述。

本章是为了证明，以三位一体式和加尔文主义来解读巴文克的神的教义以及遍布各处的有机主旨，可以更好地阐述这一主题。

四. 结构的神学和神的教义

《改革宗教理学》的神学架构似乎确保了此种新的、以神为中心的方式解读巴文克。在阐明神学的第一原则（卷一<神学绪论>）后，巴文克的《改革宗教理学》明确以一种以神为中心的模式展开。卷二<神与创造>完全与圣父相关；卷三<罪与基督里的拯救>强调圣子的救赎之工；卷四<圣灵与新的创造>关乎圣灵，就是祂施行一切圣子成就之工。

第一章的结尾部分简略指出了巴文克和卡尔·巴特的一个相似点：借着重新使用教理学的概念，二者回应了他们各自处境中对系统神学的缺乏。不仅如此，他们各自的著作所依循的三一形式的元叙述极为相似：他们的神学方法论都主张借着对救赎历史的三位一体形式的复述得以体现。

巴特的《教会教理学》（*Kirchliche Dogmatik*）以<神学绪论：神之话语的教义>（*Prolegomena: Die Lehre vom Worte Gottes*；CD 1）开始，之后论述了<神的教义>（*Die Lehre von Gott*；CD 2）和<创造的教义>（*Die Lehre von der Schöpfung*；CD 3），以及<和好的教义>（*Die Lehre von der Versöhnung*；CD 4）。最后一部分涵盖了巴特的基督论。在第五卷完成前，巴特就逝世了。第五卷似乎是一部在圣灵论主题下论述救赎的巨著。[27]

有趣的是，二者的教理学著作都与《使徒信经》在结构上有惊人的相似。《使徒信经》的三个段落也是三一形式的。首先，它概述了圣父在创造中的角色[28]，然后描述了基督论和救赎[29]，最后以与教会论和终末的圆满相关的圣灵论结束。[30]

---

[27] 这看来符合巴特<神学绪论>8-18 章中<神的启示>论述的逻辑进展：从 8-12 章的<三位一体的神>进到 13-15 章<道成肉身>，再进入 16-18 章<圣灵的浇灌>。
[28] "我信神，全能的父，天地的创造者……"
[29] "我信耶稣基督，神的儿子，我们唯一的主……"
[30] "我信圣灵……"

同样的格式也见于加尔文的《基督教要义》。帕克论到，加尔文刻意依照《使徒信经》来建构《基督教要义》。[31] 加尔文也引用了马丁路德的《小要理问答》[32] 和三位一体[33] 来搭建该书的结构。然而，这些绝非已然确定的观点。[34] 我们有充分的理由认为，加尔文使用了更加简易、二元的结构性神学：神是创造者，又是救赎者。[35]

虽然《基督教要义》大体上遵循《使徒信经》的神学，但是它们在传承匹配上并非确切一致。例如，在命名第三卷的标题时，加尔文并未提及圣灵。若一个人在逻辑上遵循《使徒信经》，那么复活就应出现在第四卷。然而，加尔文在第三卷处理该教义。这些差异促使使安东尼·莱恩做出如下评述："虽然《基督教要义》和《使徒信经》在结构上的确有许多相似之处，但是若说加尔文刻意以后者为自己著作的基础，那么我们只能说加尔文在这方面做得很差。"[36] 然而帕克又如此辩护，加尔文在结构上参照《使徒信经》从未是死板的阐述或一成不变的复制。在论到《基督教要义》的最后一版（1559）时，他写道："这一版的《基督教要义》并非对《使徒信经》的直接阐述。 其中甚少出现这种情况（例如第二卷，第 16 章），也没有任何章节专门用来详细阐述《使徒信经》……即便《使徒信经》并不明显，但我们应记住，它是触手可及的特质。此外，《基督教要义》也并非严格遵守《使徒信经》中主题的次序。然而，《使徒信经》在《基督教要义》中的地位并非纯粹是形式上的。前者决定了对后者的理解和解释。

---

[31] THL Parker, *Calvin's Doctrine of the Knowledge of God* (Edinburgh: Oliver & Boyd, 1969), 6.

[32] J. I. Packer, 'Foreword', xi, in *A Theological Guide to Calvin's Institutes*, eds. David Hall and Peter Lillback (Phillipsburg: Presbyterian and Reformed Publishing, 2008).

[33] Philip Butin, *Revelation, Redemption, and Response: Calvin's Trinitarian Understanding of the Divine-Human Relationship* (New York: Oxford University Press, 1995), 19, 124.

[34] 有关各样观点的概述，请参看 Charles Partee, *The Theology of John Calvin* (Louisville: Westminster John Knox, 2008), 35-43.

[35] E.A. Dowey, *The Knowledge of God in Calvin's Theology* (Grand Rapids: Eerdmans, 1994), 41-49.

[36] Anthony Lane, *A Reader's Guide to Calvin's Institutes* (Grand Rapids: Baker, 2009), 22.

因此，我们或许可以称这个修订版的《基督教要义》为'信经的'（credal）要义。"[37]

这种解释或许可以帮助我们领会巴文克采用了结构上的三位一体教义（structural trinitarianism）。加尔文的四卷《基督教要义》和巴文克的四卷本《改革宗教理学》显然在数值上也相似。然而，这两部著作的内容进展无疑十分不同。加尔文的认识论只在《基督教要义》的第一卷简略陈明。[38] 与加尔文不同，巴文克将整个《改革宗教理学》的第一卷用于阐述这一主题。《改革宗教理学》以如此方式开始乃迫于彼时的历史和思想处境：在后启蒙运动时期写作，巴文克必须为自己认识论的基础辩护，这是加尔文未曾遇见的。[39] 随后，巴文克所用之内容素材的安排流程显然比加尔文的更贴近《使徒信经》。

帕克所写的加尔文手册呈现了微妙却重要的一点：加尔文在修订《基督教要义》最后一版时更加（尽管并非严格地）贴近了《使徒信经》的轮廓；他将《基督教要义》设计为对神学大公性的深度展示。"在描述《基督教要义》的框架时，我们得悉它的特性。构成此著作的诸教义不再是由一位神学家精挑细选、精心安排的一组教义要点（loci communes）。如今，它们折射了基督教世界最古老且有效的信经的权威。东正教、罗马天主教、路德宗、改革宗、圣公会都承认这一信经。"[40]

之于巴文克，同样的观点或许有更强的共鸣。就其书名而言，巴文克视自己的著作属于某一特定的神学传统；这是宗教改革后代的神学。然而就其特性而言，他的著作无论在微观上还是宏观上，都主张某种更深、更

---

[37] THL Parker, *Calvin: An Introduction to his Thought* (London: Continuum, 1995), 8.
[38] Calvin, *Institutes* I, 1-8.
[39] 但是我们应注意到，巴文克对应以绪论（prolegomena）开始教理学的意识，在 19 世纪晚期改革宗系统神学家中并非得到普遍认同。与巴文克同一历史时期的撒母耳·比埃尔的教理学以神的教义开始，并未包含绪论：Samuel Buel, *A Treatise on Dogmatic Theology*, Vol. 1 (New York: Thomas Whittaker, 1890)。罗伯特·达布尼的《系统神学》以概述近期认识论方面对有神论的挑战为开始。然而，按照巴文克的标准，这并非完全是绪论：Robert Dabney, *Systematic Theology* (St. Louis: Presbyterian Publishing Company, 1871)。就绪论的广度和深度而言，查尔斯·贺智与巴文克最相似。Charles Hodge, *Systematic Theology* (Edinburgh: Thomas Nelson and Sons, 1880), 1-334. 有趣的是，所有这些著作都未展现出如巴文克般在结构上忠于《使徒信经》。
[40] THL Parker, *Calvin: An Introduction to his Thought*, 8-9.

广的大公性。它诠释了于宗教改革一千多年前完成的这份普世性信经。靠着结构性三位一体神学的方式，《改革宗教理学》反映了巴文克早前在坎彭神学院的讲座《基督教和教会的大公性》（*De Katholiciteit van Christendom en Kerk*）的主题。[41] 诚然，我们可以在最近重新编辑的各类巴文克的短文及讲稿中捕捉到改革宗大公性（*Gereformeerde Katholiciteit*）思维模式。[42] 巴文克是秉持革宗大公性之人。[43] "此外，我们不可漠视许多罗马天主教基督教生活和工作中表现出来的伟大的信仰、真实的归信、完全的顺服、以及对神和邻舍炙热的爱。基督徒的生活如此丰富，以至于没有一个单一的形式或单个教会可以呈现出它丰满的荣耀。"[44]

有趣的是，法国改革宗神学家奥古斯特·莱策夫（Auguste Lecerf）正因为这一点而批判巴文克。"一个权威的训导正是我们希望自己的著作所具备的特征。迄今为止，我们都在尝试做到这点，甚至是借鉴了赫尔曼·巴文克。对我们而言，巴文克与我们深思的理想十分接近……《改革宗教理学》的引言部分是对当代加尔文主义真正的概括。巴文克在此走得更远。他概述了知识的原则，包括一般的知识和宗教信仰的知识；他也明确表述了正统更正教知识原则的理论。然而，他认为无需说明教理学必须明确为改革宗的理由。"[45]

---

[41] Herman Bavinck, *De Katholiciteit van Christendom en Kerk* (Kampen: Zalsman, 1888); available in English as 'The Catholicity of Christianity and the Church,' *Calvin Theological Journal* 27 (1992):220-51, tr. John Bolt.

[42] Herman Bavinck, *Gereformeerde Katholiciteit* (1888-1918), ed. Koert van Bekkum (Barnveld: Nederlands Dagblad, 2008); cf. Tangelder, 'Dr. Herman Bavinck 1854-1921: Theologian of the Word,' 14-51; Bolt, 'Grand Rapids between Kampen and Amsterdam,' 267.

[43] 在这方面，冯赫夫对巴文克大公性品格的概括最有帮助：Veenhof, *Revelatie en Inspiratie*, 386.

[44] Herman Bavinck, *The Certainty of Faith* (Grand Rapids: Paideia Press, 1980), 37; 另见 van den Belt, Autopistia, 250-51.

[45] Auguste Lecerf, *Introduction à La Dogmatique Réformée* (Paris : Editions « Je Sers », 1931), 9. "Une discipline canonique : tel est le caractère que nous avons voulu donner à notre travail. Nous avons cherché à le faire jusqu'ici, même par H. Bavinck, qui, à notre sens, s'est rapproché le plus de l'Idéal que nous contemplons… H. Bavinck, dans la partie introductive de sa dogmatique réformée, cette véritable somme du calvinisme contemporain, va bien plus loin. Il donne une esquisse des principes de la connaissance,

在巴文克教理学中恒常出现的一个事实是，基督教正统早于日内瓦和威登堡的神学。巴文克深入全面的知识，还有比如对教父神学的使用，都更加证明了这一点。他经常将自己的立场建立在奥古斯丁、加帕多家教父、特土良等人著作的基础上。"历史有其讽刺之处，但它不能被否定：最普世的新教教理学实际上出现在坎彭，而那里又是以最孤立的形式从事神学。"[46]

巴文克自己对教理学家之目标的评定也支持了这一点："因此，教理学家的任务并非以排他性的方式从自己教会的书面认信中提取教理学的材料，而是要将认信置于他所在教会独特的信仰和生活的整个处境中，然后再置于整个基督教会的历史情境中。因此，他立于先辈的肩膀上。他知道有云彩般的见证人围绕着自己，并愿自己的见证汇入这众水之声中。每一份教理学理应完全响应并有份于历代教会对神的颂赞。"[47]

因此，这里隐含的意思是，巴文克是写给自己的支持者以外的人。他如此行的权柄并非依赖于信经，而是依赖于信经所指涉的内容：圣父、圣子和圣灵。在将整个生命和救赎历史归向三位一体时，巴文克以最通用的（字面意思）词汇来组织自己的思想：通过圣父的神圣创造性（divine creativity）、圣子的救赎之工、圣灵在终末圆满中的荣耀来讲述神的故事。

如是，巴文克表达了他的改革宗传承。加尔文曾写道："行动的起始、万物的根基与源头都归因于圣父；智慧、旨意（counsel）和万物的有序安排都归因于圣子；能力和这一行动功效则源于圣灵。"[48] 加尔文的这一观点在荷兰新加尔文主义的发展中得以延续。凯波尔写道："在每一个由圣父、圣子和圣灵共同所做之工中，**生发**的能力源于圣父，**有序安排**的能

---

tant générale que religieuse, et il formule la théorie des principes du protestantisme orthodoxe. Mais il n'éprouve pas le besoin de montrer pourquoi cette dogmatique doit être spécifiquement réformée."

[46] George Puchinger, cited by George Harinck, 'Herman Bavinck's indrukken van Amerika anno 1892,' in *Documentieblad voor de Nederlandsche Kerkgeschiedenis na 1800*, 47 (December 1997), 27. "Er zit ironie in der gang der historie, maar helt valt niet to ontkennen: de meest oecumenisch protestanste dogmatiek verscheen toch maar in Kampen, waar op de meest isolationistische wijze aan theologie werd gedaan."

[47] *RD* 1.86.

[48] Calvin, *Institutes*, 1.13.18.

力源于圣子，**完善**的能力源于圣灵。"[49] 巴文克也紧随此种观点："圣父是'起始的根源'，圣子是'运行的根源'，圣灵是'终末圆满的根源'……所有的"外展之工"都有**一位**创造者，就是神。然而，这些工作借着**三个**位格合作的方式做成。在创造、救赎和成圣之工中，三个位格中的每一个位格都拥有确切的位置和顺序。万物始于圣父，由圣子做成，圣灵使其完全。"[50] 虽然这些观点并非改革宗神学独创，但是功能论（functionalism）在此与其是一致的。

新加尔文主义系统神学中关键的发展在于，借着重塑教理学来更明显地反映了信经中三一形式的特性。借此，新加尔文主义者立于改革宗传统中。这一传统在历史上已经提出，三位一体是一项根本的信仰条款；就此而言，它对救赎是必要的。[51] "三位一体这一条款不只是理论的，也是实践的；因为它有助于对神的感恩和赞美，就是有助于我们实现以信心和事奉献身于这位向我们自我启示的三一神的目标。同时，它带来安慰，因为我们借此可以知道基督已经真正救赎了我们，并知道我们的救赎已经稳固。"[52]

五. 所有神学都是神的教义

将教理学全面归入圣父（创造）、圣子（救赎）和圣灵（终末圆满）的教义，这突显了在重述巴文克和巴特之神的教义时明显且实践上的复杂性。简而言之，神的教义不亚于神学的全部。

正如上文已经提到，巴文克特意依据三一形式的框架构建他的教理学。在神学绪论中建立知识论的根基后，他的神的教义以一对声明开始；这对

---

[49] Abraham Kuyper, *The Work of the Holy Spirit*, tr. H. De Vries, (Grand Rapids: Eerdmans, 1941), 19.

[50] Bavinck, *The Doctrine of God*, 317.

[51] 亚米纽斯主义者主张，尽管三位一体是一项根本教义，但对基督教信仰毫无实践用处。关于改革宗对此回应，见 W. Brakel, *Redelijke Godsdienst* I.iv.35 (D. Donner, 1881); H. Witsius, *Exercitationes* VI. xxiv (Whitefish, Montana: Kessinger Pub Co, 2009); Calvin, *Institutes*, I.xiii.2.

[52] Turretin, *Inst. theol. elencticae* (1734), III.xxiv.17. Cited in Muller, *Post-Reformation Reformed Dogmatics: The Rise and Development of Reformed Orthodoxy, ca. 1520 to ca. 1725, Vol. 4: The Triunity of God*, 155.

声明可以应用于整个教理学。他提出，整个神学拥有一种内在的神秘特性。基于此，从核心要点（*loci*）到细枝末节，神学的每个细微部分只有一个主题，就是神自己。

之于巴文克，教理学的探险之旅最终完全是关于神的。当认识到这点时，我们会发现巴文克在这一过程中始终依赖有机的词汇、概念和图像来讲述被造物。他显然已经决心"将每一个生命存在形式指向三一神"，为要"使对三位一体的认信可以在思想和生活中居显要的地位"。[53] 当这个宇宙指向三位一体时，巴文克似乎借有机主旨来讲述宇宙（并所包含的），从而一致认信并高举三位一体。因此，我们必须小心考察巴文克对神的理解：其中所包含的规范将作为巴文克确认三位一体遗迹的规范标准。

六. 奥秘的教理学：热血或冷血

"奥秘（mystery）是教理学生命的命脉。"[54]

说完这番话后，巴文克就开始了他对神的教义的重述。他很快就限定 μυστηριον 一词。虽然巴文克排除了"科学性"的定义（并无多做解释），但是他对自己立场的解释主要是与罗马天主教视神圣奥秘为秘传的超自然真理的概念相对立。他对"奥秘"的主要定义出现在<神学绪论>的结尾处。[55]

正如在上文所解释的，利奥十三世（Leo XIII）对新托马斯主义神学的重申是 19 世纪神学的重大发展之一。解读巴文克的神的教义需要考虑到这一历史背景。在这一处境中，巴文克控诉天主教，认为它的教理内容是一种新的诺斯底主义。巴文克在其他著作里也对中世纪天主教教义的看法表达了此种质疑。大马士革的约翰（John of Damascus）正是影响此天主教教义最重要的来源。[56]

巴文克认为罗马天主教的奥秘的概念与神学内容的特定方面有关。天主教认为这一内容在本质上是未知的，不可知的，靠理性是无法改进的。

---

[53] Bavinck, *The Doctrine of God*, 329.
[54] *RD* 2.29.
[55] *RD* 1.616-21.
[56] 在大马士革的约翰的影响下，中世纪的基督论以迦克墩的"两性"教义为奥秘性的出发点。有关巴文克对此的论述，见 *RD*, 3.256.

巴文克对这种立场的批判置于他恒常不变的自然与恩典的辩证之中。他认为恩典完善自然是托马斯主义的核心。虽然在本书其他地方已经论证巴文克的世界观包含了重要的托马斯主义的元素[57]，但是通过明显不同的复原范型，他前后一致地将自然与恩典相联：恩典**复原**（restores）自然，而非**完善**（perfects）或**升华**（elevates）自然。对自然与恩典如此重新梳理之于巴文克的思想尤为重要，以至于许多著作认为这是他整个神学的核心特征。[58]

尽管自然与恩典的这种关系在巴文克的思想中占据显著的核心地位，但是这种中心性必须要小心细腻地予以甄别。作为荷兰新加尔文主义者的象征，巴文克的世界观依循创造、堕落、救赎和终末圆满的脉络而建构。[59] 在巴文克的世界观中，三一形式的荣耀同时是创造和末世的核心。当注意到这点时，"恩典复原自然"显然就是这两点之间的主要特征。然而，我们必须谨慎描述此种核心性的本质，免得它超越了三位一体本身。三一神全然是巴文克神学最核心的内容：<神学绪论>所探讨的就是这一位神，《改革宗教理学》剩余内容的主题便是这位神在创造和护理中的工作。"三位一体是改革宗愿景的核心要点，'恩典复原自然'处于次要地位。"[60]

---

[57] 杜维尔德（Dooyeweerd）对巴文克的批判的核心观点就是，巴文克的罗格斯思辨（logos-speculation）在本质上是新柏拉图主义的、托马斯主义的和经院主义的。Herman Dooyeweerd, 'Kuyper's Wetenschapsleer,' *Philosophia Reformata* 4 (1939):193-232. 亨德里克斯·博科夫（Hendrikus Berkhof）也认为巴文克的信心概念是新托马斯主义的：Berkhof, *Two Hundred Years of Theology*, 114.

[58] Veenhof, *Revelatie en Inspiratie*: 345-6; Heideman, *The Relation of Revelation and Reason in E. Brunner and H. Bavinck*,196.

[59] Albert M. Wolters, *Creation Regained: Biblical Basics for a Reformational Worldview* (Grand Rapids: Eerdmans, 2005), 13-86.

[60] Bolt, 'The Trinity as a Unifying Theme in Reformed Thought: A Response to Dr. George Vandervelde,' 101. 这篇文章反映了博尔特和范德维尔得（Vandervelde）之间就"恩典复原自然"是否为改革宗世界观核心要点的辩论。范德维尔得认为事实就是如此；然而，博尔特主张三位一体是核心（尤其之于巴文克的世界观而言），并认为"恩典复原自然"是缜密的三位一体思想观念的结果。另见 John Bolt, *Christian and Reformed Today* (Vineland, ON: Paideia Press, 1984) and George Vandervelde, "A Trinitarian Framework and Reformed Distinctiveness: A Critical Assessment of Christian and Reformed Today," *Calvin Theological Journal* 21 (1986), 95-109.

就此而论，布里斯特里对巴文克的神学贡献的概括很有帮助。在探讨"恩典复原自然"的核心要点前，他首先指出了巴文克彻底的三位一体主义。"巴文克神学的优点之一就是他对三位一体教义的深刻理解。他发展了所谓的'三位一体方法论'。对巴文克而言，三位一体教义不仅是我们信仰的绝对核心，而且它的意义影响深远……另一个优点就是巴文克对创造教义的强调。他的格言"恩典复原自然"是一个独特的洞见，根植于创造的最初美善。" [61]

在承认"恩典复原自然"对巴文克的重要性时，我们不必讶异他对新托马斯主义"恩典升华自然"（grace elevates nature）所带来的神学后果的强烈不满。这一后果就是一种双层体系："在罗马天主教中，奥秘是不可知的，主要是因为它属于另一个更高的超自然秩序。这一秩序超越了人类的智力。因此，天主教不得不着重于奥秘的不可知性以及对它的保护和持守。" [62]

从这个角度来看，巴文克直接反驳了阿奎那（*Summa Theol.*, I, qu. 32, art. 1; *Summa contra Gentiles*, I, 3; IV, 1）。需要注意的是，在托马斯主义中，μυστηριον 的概念特别关乎神学的实质内容。[63] "它是值得相信的，因为它是荒谬的……诚然，也因为它是不可能的。" [64] 巴文克对托马斯的解读必须要予以细腻的分辨。在托马斯的著作中，两种神圣真理之间存在差异。一种真理可以从可论证的证据出发，另一种则包含了"更高的"真理，需要在信心中接受。[65] 阿奎纳在《驳异教者大全》（*Summa Contra Gentiles*）的前三卷捍卫了自然神学，继而在第四卷写道："根据自然理性透过被造物可以获得神圣之事的知识，我们已经在前文讨论了神圣之事。然而，这一进路并非完美，只符合理性本身具有的能力。因此，我们可以与约伯一同说道：'这不过是神工作的些微。'（伯二十六 14）现在，

---

[61] Bristley, *Guide to the Writings of Herman Bavinck*, 21-22.
[62] *RD* 1.621.
[63] 另见 Vatican Council I, session III, 'De fide,' chap. 4: "因为依它们本性而言，神圣奥秘远超被造的智力，以至于即便透过启示传达并以信心接受，它们仍旧被信心本身所覆盖。只要我们在这必死的生命中远离主，它们就仍被晦涩不明所笼罩；因为我们行事为人是凭着信心，而不是凭着眼见！"
[64] Tertullian, *On the Flesh of Christ*, 5; cited in RD 1.620.
[65] Don McGaughey, 'Thomas Aquinas and the Problem of Faith and Reason,' *Restoration Quarterly*, 6 no 2 (1962), 67-76.

我们必须要探讨以神圣方式启示给我们，让我们相信的神圣之事，因为它们超越了人类的智力。"⁶⁶

巴文克对 μυστηριον 的描述截然不同。从历史处境来看，<神学绪论>之于巴文克如同之于巴特，是对教理学这一艺术的辩护（apologia）。它是在后启蒙运动时期重申以某种明确系统性地处理神学的方式回应神自我揭示是可能且必要的。巴文克的<神学绪论>的结论是："思考的神学头脑的任务就是在一个系统中概括并重述整全的真理。"⁶⁷ 诚然，<神学绪论>以此信念收尾。⁶⁸

虽然巴文克的著作在某种程度上代表了一种将教理去奥秘化的运动，但这并非说他没有在神学中给 μυστηριον 留有余地。恰恰相反，奥秘不亚于神学的"命脉"（lifeblood）。巴文克显然在实质上重新定义了有关神学的"奥秘"。从文法历史的角度而言，他首先将 μυστηριον 置于古希腊神秘宗教和政治[依洛西斯（Eleusis），胜利女神（Samothrance）等]的世界中。⁶⁹ 然而，新约作者赋予了该词不同的内涵。在福音书、保罗书信和《启示录》中，我们发现 μυστηριον 常常用来描述与神国有关的概念。这些概念要么以晦涩难解的方式出现（太十三 11；可四 11；路八 10；启一 20；十七 5，7），要么以隐秘的方式出现。它被用来描述基督对犹太人和外邦人的救赎（罗十六 25；弗一 9；西一 26）和这个救赎出现的方式（罗十一 25；林前十五 51）。在新约语境中，μυστηριον 描述了先前未知、如今已经启示之事。"因此，新约词汇 μυστηριον 并非指在理智上无法理

---

⁶⁶ Thomas Aquinas, *Summa Contra Gentiles* (University of Notre Dame Press, 1991), tr. Vernon J. Bourke, IV.1.
⁶⁷ *RD* 1.618.
⁶⁸ 比较 *RD* 1.38-46 和 1.618-21.
⁶⁹ 依据上下文，巴文克所使用的资料是彼时关于希腊罗马最前沿的研究；*RD*, 1.619. E. Hatch, "The Influence of Greek Ideas and Usages upon the Christian Church," *The Hibbert Lectures*, 1888, trans. A.M. Fairbairn, 7ᵗʰ ed. (London: Williams and Norgate, 1898, 296); Gustav Andrich, *Das antike Mysteriewesen in Seinim Einfluss auf das Christenthum* (Göttingen: Vanderhoeck und Ruprecht, 1894); G. Wobbermin, *Religionsgeschichtliche Studien zur Frage nach der Beeinflussung des Urchristenthum durch das antike Mysterienwesen* (Berlin: E. Ebering, 1896).

解和不可知的信仰真理，而是指从前在神里面隐藏之事在福音中显明了，如今被信徒所知。"⁷⁰

巴文克对神学是"自然的"、"理性的"和"合理的"之强调表明了此种进路。⁷¹ 他批判天主教转化使用与 μυστηριον 相关的托马斯主义原则，认为这依赖某种程度的神学认知的不协调；这并非圣经所要求的。

因此，这产生了各类的问题。若特定的神学内容因此已被去奥秘化（demystified），μυστηριον 在何种意义上仍是神学的绝对命脉呢？难道巴文克的神学概念是枯燥乏味和经院性的吗？《改革宗教理学》中流淌着是冰冷的血液，抑或它是热血澎湃？

七. 单轨的教理学：与神同思

当我们发觉巴文克思想体系中对 μυστηριον 的微妙修订时，这一问题就迎刃而解了。他的教理学并非驱逐了"奥秘"。相反，"奥秘"仍是核心，但是脱离了神学的实质内容。巴文克批判的特定对象是将那托马斯更高的、不可测透的神圣真理的概念奥秘性地转化为"道成肉身、奥秘的联合、圣礼等，后又转化为理性无法证明的'纯粹教义'（articuli puri）。"⁷² 在割裂 μυστηριον 和教理之后，巴文克迅速地把奥秘重新连于神，而非神学的进程。"在神学工作伊始，它所面对的就是不可测透的那一位。祂是神学的开端，因为万物都从祂而来。同样在其他教义上，当神学把注意力转向被造物时，它视万物与神相连，因为万物都是源于祂，借着祂，归向祂。于是，神的知识就是教理学整个领域的唯一教理和独有的内容。"⁷³

---

⁷⁰ *RD* 1.620; cf. H. Cremer, *Biblico-Theological Lexicon of New Testament Greek*, trans. D.W. Simon and William Urwick (Edinburgh: T & T Clark, 1872), s.v. "pronoia." 更多近期对希腊神秘（mystery）宗教的研究支持巴文克所使用资料整体的精确性：见 R. Gordon Wasson, Carl A. P. Ruck and Albert Hofmann, *The Road to Eleusis: Unveiling the Secret of the Mysteries* (New York: Harcourt Brace Jovanovic, 1978); Francis Walton, 'Athens, Elesius, and the Homeric Hymn to Demeter,' *Harvard Theological Review*, 45 no. 2, (1952), 105-14.
⁷¹ *RD* 1.618.
⁷² *RD* 1.620.
⁷³ *RD* 2.29.

《改革宗教理学》这段内容的标题十分显眼：教理学以"直面神圣奥秘"开始。一个微妙却重大的改变出现了，因为奥秘的最重要意义如今属于神自己，而非神学。简而言之，我们无论在哪里找到神，就找到了原型形式的 μυστηριον。因此，巴文克进行了一次有趣的位置置换：虽然教理学本身被去奥秘化，但是它也成为一种再次复兴的神为中心论的学科。

　　巴文克的观点是，用一个更理性的神学取代教义为奥秘性的托马斯主义观念可以在两方面教导信徒。第一，它祛除了先前提及的神学认知不协调的条件。特土良的格言被反转，教理可以被接受主要是因为它的清楚明确。第二，它保留了 μυστηριον，将其用于最恰当的语境：神格。借着这两方面，教义变得卑微，神却被高举。因为神自己成为主要的 μυστηριον，所以信徒被引导去信靠祂，而不是信靠难以测透的变质性（transubstantiated）的弥撒等类。就此而论，巴文克的神的教义显然有新教特性：他的神的教义需要以唯独信心和唯独基督为中心的救恩论。

　　但是我们需要仔细处理巴文克的神圣奥秘的概念。[74] 他在其他地方特别批判了伯麦（Böhme）的著作中的"神秘神智学"（mystical theosophy）。[75] 巴文克对神是奥秘之概念的定义与他随后对神的自存（divine aseity）和自我启示的讨论有关。神的自我启示表明所有启示都是拟人化的，正如神永远是"他者"（other）。简而言之，当巴文克用 μυστηριον 来保护神的"他者性"（otherness）时，他从未用该词减弱神可知性的意义。

　　将信徒对真理和敬畏的理解唯独置于神之中的心愿，推动了巴文克的神之教义的发展。在此基础上，透过神学的"独有主题"（三一神），神学持续与不可测透性相关。"教理学所处理的所有教义，无论它们是关于宇宙、人类、基督等，都是对神的知识这一核心教理的解释。我们要从神的角度来思想万物；万物都伏在祂下面，追溯至祂，以祂为起始。教理学总要且只能思索并描述神，祂的荣耀充满创造和再造，自然和恩典，世界和教会。教理学必须只展示祂的知识。"[76]

---

[74] 诚然，我们已经注意到巴文克对有机思想的使用被无益地描述为"半神秘主义"；Vander Stelt, 'Kuyper's Semi-Mystical Conception,' 186, 190.
[75] *RD* 3.211.
[76] *RD* 2.29.

这一引文突出了前文所提及的简述巴文克的神之教义的实践性困难。在他的神学体系中,所有神学都是神的教义。正如上文已经指出,"教理学家的紧要任务就是以紧随神的方式思想神的思想(God's thoughts),并追寻它们的合一"。[77] 于是,神学家的呼召就是将被造物每个层面都联于它的创造者。作为一个进程,神学是不断与神一同(*pros ton theon*)重新评定万物。

八. 神和有机体

因此,重述巴文克的神之教义的任务无非就是完全重述他的教理学。本章并非要争取完成这一重大任务。确切地说,本章尝试吸收巴文克教理学方法的精髓来研究他的有机主旨。

创造者与被造物之间存在本质上的连贯性(essential coherence)这一原则位于巴文克方法论的核心。若恰当地理解,宇宙定然带有不可磨灭的三位一体创造者的标记。这位创造者的特殊启示也会显明祂自身的存有和本性。在三一神所创造的宇宙中,三位一体的遗迹弥天盖地。

正如前文已论到,巴文克在很多方面都使用了有机主旨:教理学和伦理学"是单一有机体中彼此关联的成分",[78] 宇宙是一个"有机体",[79] 基督是启示的"有机"中心,[80] 有形的教会是一个"有机体",[81] 圣经本身是一个"有机体",[82] 并且它的默示是"有机的",[83] 诸如此类。

在神所创造的世界中,巴文克发现许多神圣自我启示的主要活动都适合贴上有机主旨的标签。为何如此?巴文克的神之教义的哪些方面促使他

---

[77] *RD* 1.44.
[78] *RD* 1.58. "教理学是神之知识的系统;伦理学是服侍神的系统。这两门学科远非彼此独立的存在,而是共同构成了一个单一的体系;它们是一个单一有机体中彼此相联的部分。"
[79] "因着这个合一,世界可以形象地被称为一个有机体。在其中,所有构成部分彼此联系,彼此互相影响。" *RD* 2.436.
[80] *RD* 1.383.
[81] *RD* 4.330.
[82] *RD* 1.83.
[83] *RD* 1.431.

如此频繁地调用有机主旨呢？我们注意到《基督教世界观》[84]中有机思想的原则：合一性和多样性同时是被造次序的标记；合一性先于多样性；有机体的共享生命由一个共同理念精心编织而成；这一共同生命有一个共同的目的。基于此，我们继续探索巴文克的神之教义中有哪些方面形成了这一范型。

在尝试说明在何种精确的意义上巴文克的神之教义支配他的世界观时，本章有一个特别的焦点。当研究《改革宗教理学》时，我们不禁注意到它的内容读起来好像是三一神学和非三一神学之间的持续博弈。巴文克惯常的博弈对手是形态论者、泛神论者、多神论者、无神论者、一元论者等。神的三而一对《改革宗教理学》的影响显然不局限于结构层面。无论是在微观层面还是宏观层面，巴文克的恒常关注就是三位一体。

多样性中的合一性这一主题一直存在于这种对神的描述之中。诚然，当巴文克建构神的教义时，无论在结构上还是在实质上，他都受这一主题的影响。于是，本章将采取一个双管齐下的进路。第一，本章会探讨合一性与多样性作为巴文克神学中与神有关的核心内容。第二，本章会研究巴文克对创造者与被造物之间以基督为中心的本体关系的处理。

因此，巴文克的神之教义就成为随后两章的基础。这两章内容深入探究了他用有机词汇解释三一神的普遍和特殊自我启示之特征的原因。只有以巴文克的神之教义为背景，我们才可以继续探索他更广泛神学中的三位一体遗迹。

九. 第一部分：神格中的合一性与多样性

巴文克对斯霍尔滕神学之批判的核心就是，它不足以表达神之三一性的真实特征。[85]这一缺陷的后果便是错误地借用机械主旨（mechanical motif）作为描述宇宙的最佳方式。

当斯霍尔滕依据决定论的实质原则（认为神的三而一的事实是无关紧要的）解释神时[86]，巴文克定然反其道而言之。巴文克从三位一体的基本

---

[84] *CW* 50-65.
[85] *RD* 2.43.
[86] Scholten, *De leer der Hervormde Kerk*, 18-20.

本性中推断护理性的宇宙秩序（预定）的本质。在此情况下，巴文克再次将自己归属于早期的改革宗正统。例如，斯霍尔滕将因果关系读入神格之中，标志着他背离了先前的改革宗传统。将"因"定义为"使其他事物存在之物"后，赫尔曼·魏韦修斯（Herman Witsius）便认为三位一体内没有存在的赋予。[87]

鉴于此，巴文克思想中神圣主权的本质显然与斯霍尔滕的截然不同。前者谈论预定（predestination），后者所论的是预先决定（predetermination）。事实上，巴文克也发现了这两个词汇之间的张力。当论述斯霍尔滕封闭体系的唯物主义时，[88] 他写道：

> 19世纪对自然、历史和人类的更深研究已经证明自然神论的伯拉纠主义的不可靠性。它衍生了一种泛神论的或唯物论的、更以伦理或更以物质为条件的决定论。当然，尽管此种决定论和预定之教义间有表面上的相似，但是它们有根本性的差异。泛神论和唯物论都没有为神的预旨（counsel of God）留有余地，它们只保留了无意识的命运、盲目的自然、一种非理性的意志。许多哲学家和思想家仍然用这种决定论的意义来理解和解释教会的预定之教义。[89]

为了论证这一立场，巴文克也引述了德国的超验实在论者艾德华·冯哈特曼（Edouard von Hartmann）、施莱尔马赫和斯霍尔滕的老师亚历山大·史怀哲（Alexander Schweizer）。[90]

斯霍尔滕的预定观念包含了对被造物独立本性的全然否定。神的主权透过一种宏大、牢不可破的因果链产生影响，以此决定历史。巴文克呈现了一幅全然不同的图像。他用明显非强制性的词汇表达神主权的运行。神

---

[87] Witsius, *Exercitationes*, VII.iv-vii.
[88] 巴文克主要针对以下著作：Scholten, *Leer der Hervormde Kerk*, especially II, 435-605; Scholten, *De Vrije Wil*, 385 ff.
[89] *RD* 2.369.
[90] *RD* 2.370; cf. Alexander Schweizer, *Die christliche Glaubenslehre nach protestantischen Grundsätzen dargestellt* II, 254 ff.

与宇宙的主权性关系的本质肯定并维护了二者真实独立的存在。[91] "在保守并管理万物时，神维持祂所造之物的独特生命的存在，使万物根据自身的本性发挥功用，保障人的自身个性、理性和自由。神从不强制任何一个人。"[92]

正因如此，巴文克要抛弃斯霍尔滕的机械式、强制性的护理的教义，这反映了更深层地与斯霍尔滕的机械式、强制性的神之教义的背离。之于巴文克，神同时是主权的和非强制的。这个概念根植于三位一体。因此，我们要以这一假设为基础：巴文克所得出的有机宇宙观是他更新后的三一神观的附带结果。

1. 寻求神圣的规范

在将三位一体描述为创造者圣父、救赎者圣子、成圣者圣灵时，巴文克以更大的规模建构了自己的神之教义。然而在此之前，他在《神与创造》的第一大要点中专门讨论了"认识神"[93]和"永活、永远行动的神"（The Living, Acting God）。[94]随后，他继续探讨了创造和护理中神的旨意。[95]

因此，我们在<神和创造>的第一、二部分发现巴文克为神之教义的元叙述（metanarrative）立下了根基。明显的神圣多样性中的合一性的主题位于这些基础的核心。诚然，我们完全可以称它为<神与创造>中的最重要一环。依此而言，第二部分可以被认为是巴文克整卷《改革宗教理学》中最重要的单独内容。在第一部分，他确立了一个事实：这位奥秘的神可以**被认知**。在第三部分，他将会说明这位神在创造和救赎中的**所做之工**。然而，第二部分并非教导如何认识神或神的工作。相反，它回答了巴文克对神是谁、祂本性为何这两个问题。

---

[91] 巴文克限定了宇宙在何种意义上是"独立"存在的："世界并非一个与神同等或与神对立的独立实物（entity）。无论从它的本质（isness）还是性质（whatness）而言，世界并非第二位神，却全然是神的工作。从起初，它被设计的目的就是要启示神。" *RD* 2.104.
[92] *RD* 2.104.
[93] *RD* 2.27-94.
[94] *RD* 2.95-336.
[95] *RD* 2.337-620.

简而言之，巴文克对神最基本的本性描述就是，祂是一个有丰富多样性和完全彻底合一性的存有。这一事实对巴文克理解和转化使用所有被造的实在（reality）有主导性的影响。它也为巴文克把握圣父为创造者（卷二）、圣子为拯救者（卷三）、圣灵为终末圆满者（卷四）的全书架构设定了限定因素。为了准确解读巴文克，我们必须解释透过<神和创造>第二部分的视角所获得的所有内容。

巴文克对神圣多样性和合一性的解释遵循一个特别的、精心设定的次序。有趣的是，他在《改革宗教理学》中先处理了神圣多样性，再是神圣合一性。在呈明神同时是全然不可测透[96]却又亲切可知[97]之后，巴文克解释了一系列可用来描述神的名字，[98]随后才继续描述神的多方面属性。[99]在巴文克的神之教义中最有意思的是，他先处理了神圣多样性，接着在确立神的非整齐划一性（non-uniform）之后，再继续解释神在何种意思上是合一的。

2. 神名字和属性的神圣多样性

巴文克对神圣多样性的讨论以考查神用来启示祂自己的特定名字开始。他赋予了这一主题极大的重要性。诚然，英文《改革宗教理学》中以"神的名字"命名的章节包括了荷兰文版本（*Gereformeerde Dogmatiek*）中的三大重要章节（§§26-28）。

他对神之名的论述以一项大胆的声明开始："我们从神的启示中可以获得的所有对神的了解都是以祂在圣经中的名字命名的。"[100]就词源上而言，巴文克视圣经语言中的"名字"（ονομα 等）根植于"标记"和"显著记号"的概念。一个名字在真实意义上绝不可任意标签。之于巴文克，名字与它携带者的特质紧密相关。有趣的是，巴文克哀叹对**名字**的重塑在现代世界中是纯粹的审美手段。"名字和被命名者之间存有关联，并且这种关联远非任意武断，而是根植于这位被命名者。甚至在我们（现代人）当中，即便名字通常只是无意义的呼声，此种关联仍可感知。名字是

---

[96] *RD* 2.27-52.
[97] *RD* 2.53-94.
[98] *RD* 2.95-147.
[99] *RD* 2.148-255.
[100] *RD* 2.97.

个人性的，有别于一个数字或某个物种中的一分子。当他人拼错或曲解我们的名字时，我们或多或少都会感到不愉快：名字象征着我们的荣誉，我们的价值，我们自身和个人特征。"[101]

虽然这一陈述无疑显明了巴文克自身人格中追求正确性和精确性的一面，但是他也谨慎地说明了他对名字的重视是基于释经的发现。他引述了圣经中亚当受命依据每个动物的本性给他们取名（创二 19-20）以及其他众多例子，借此说明名字带有特定的意义，正如在被命名者品格中所反映的一样。"神的名字也是如此。神与祂的名字之间有一种紧密的联系。根据圣经，此种联系既非偶然也非任意，乃是神祂自己使然。我们并非给神命名，乃是祂自己给自己取名。"[102]

巴文克选择以神的名字开始神的教义，因为他发现这同时是神的自我启示和人神关系的最基本层面。[103] 借此，他不必费时讨论神的多样性中的合一性。"神的**单一**名字包含了祂在自然和恩典中的整全启示，并对于我们而言可分为众多名字。只有如此，我们才能完全窥见祂启示的丰富以及祂名字的深刻意义。"[104] 因此，神的知识始于多，而非一。神借着将祂的自我启示囊括其中的名字使人认识祂。因为神内在的多样性，这个自我启示是多面性的。

在对神的名字分类前，巴文克介绍了俯就（accommodation）和神人同形论（anthropomorphism）双重因素。在他神的教义一开始就清楚显明，巴文克视自己为奥古斯丁[105]和加尔文[106]的继承者。神使用宇宙自身的词汇、概念和图像在其中说话。 在基督里，神不仅用人的词汇传达信息，祂还成为人。巴文克吸引人的一面就是他彻底贯彻俯就的原则："圣经并非只

---

[101] *RD* 2.97.
[102] *RD* 2.98.
[103] "这个'被显露的'名字就成为'求告'的名字。"*RD* 2.99.
[104] *RD* 2.99.
[105] *RD* 2.101-2. Bavinck cites Augustine, *Lectures on the Gospel of John*, tract. 13.5 (on John 3:22-29).
[106] 关于加尔文论俯就的有益探讨，见 David F. Wright, 'Calvin's "Accommodation" Revisited,' *Calvin as Exegete: papers and responses presented at the Ninth Colloquium on Calvin and Calvin Studies* (Grand Rapids: Calvin Studies Society, 1995), 171-190.

包含些许散乱的神人同形论，而是彻底神人同形的。从首页到尾页，它都见证了神就近寻找人类。"[107]

于是，解读巴文克的一个关键公理就是他视所有启示都是神人同形的。神自我启示的任一行动的每个瞬间都俯就人的有限。他在另一处也写道："因为神启示了祂自己，那么祂就是所启示的。"[108] 尽管如此，在巴文克的神学中，神与祂的自我启示之间也有某种程度（非绝对）的差异。举例而言，我们在巴特神学中就不会发现此种差异。巴特确信在启示中，"神的话语等同于神自己"。[109] 这种全方位的神人同形论对一个人如何解释巴文克对创造的论述十分重要。神所启示的一切都表明了祂之**所像**（like），而非祂之**所是**（is）。因此，无论巴文克着眼何处，他都认为俯就是指向神的标志。"但是，并非所有被造物都平等：在受造领域中存在一种层级系统。被造物所占据的位置和级别取决于它们与神之间的亲密度。所有被造物都表现了神存有的某些方面。但是在所有被造物中，人处于顶端。"[110] 因此，当他思考神与祂在宇宙中普遍自我启示的整体之关系时，巴文克的结论是，基于某些原因，宇宙的有机特性类似神存有的实在。

巴文克以两个含蓄的批判开始对神的名字进行分类。第一个是关于谢林、黑格尔等人思想中"抽象的神的概念"；这是巴文克经常提出的批判。[111] 神的教义应建立在启示上，而非思辨上。第二个关于一些人"强调神的某个属性而忽略了其他属性"。正如在后续讨论中可以看见，巴文克坚持认为神的每个属性都等同于神的本质（essence）。圣经从各方面形容神时都采取了不定式和完成式；因此，神并非部分是爱；祂整体就是爱。

巴文克强烈反对以独立于神属性的方式认定神的身份。他指出通过（而非"绕过"）神众多名字和属性的分类来论述神是历史性基督教正统

---

[107] *RD* 2.99-100.
[108] *RD* 2.111. 巴文克在当时的处境中如此陈述正是要反驳将神的"本体存在"与祂的"经世"自我启示严格区分。
[109] Karl Barth, *Church Dogmatics, Vol. I, Part 1* (Edinburgh: T & T Clark, 1975), trs. G. W. Bromily et al., 304.
[110] *RD* 2.103.
[111] *RD* 2.115.

的标记。在这方面,巴文克提到了爱任纽[112],奥古斯丁[113],阿奎那[114]和乌尔西努(Ursinus)[115]等人。按照神的教义中基本的优先层面,《改革宗教理学》立于某种最大公性的传统中。

显而易见,巴文克发现历史上对神的名字的探讨是一件难事。从一开始,神学就探索使神有别于祂所造之物的神圣属性。神之为神是因何种属性?在现代之前,神学依旧在努力寻找答案。大多数改革宗神学家都朝向早期由奥古斯丁[116]和阿奎那[117]设立的动向;借此,他们用神的"自存"(aseity)和"自主"(independence)来解决这一困境。[118]后来,巴文克自己极力捍卫神的自存。[119]然而在此之前,他首先先发制人地抨击了离弃这一立场的各类神学。在这些神学及神学家中,我们发现其中有些是冯赫夫所声称的巴文克有机主旨[120]的源头:黑格尔,谢林,格罗宁根学派,伦理神学家和斯霍尔滕。有趣的是,巴文克主要指责他们的神之教义;他指控黑格尔为"逻辑唯心主义",指控谢林"将神谱进程(theogonic process)引入神之内",指控格罗宁根学派和后来的伦理学派为道德主义,指控斯霍尔滕为"思辨性智性主义和一元性决定论"。[121]

这是一个重要的事实。巴文克认为,黑格尔和谢林的思想中神的自我启示被不当地简化为一种秘传的(esoteric)"存有的名字"。相反,他认为伦理神学家错误地将神的自我启示仅仅转化使用为一个"道德性的名字"。有机主旨作为巴文克思想系统中神的教义最明显的结果,若它真源于唯心主义者和伦理主义者,那么这个主旨就是教理神学史中最费解的事

---

[112] Irenaeus, *Against Heresies*, I, 14; II, 13, 35.
[113] Augustine, *Confessions*; cf. First Vatican Council, *De fide*, ch. 1; Augusburg Confession, art. 1; Gallican Confession, art. 1; Scots Confession, art. 1; Westminster Confession, ch. 2.
[114] Thomas Aquinas, *Summa theol.*, I, qu. 3 ff.
[115] Z. Ursinus, *Tract. theol.*, 46-70.
[116] Augustine, *The Trinity*, V, 2; VII, 5ff; Augustine, *City of God*, XII, 2; Augustine, *On Christian Doctrine*, I, 6.
[117] Aquinas, *Summa theol.*, I, qu. 2, art. 3; I, qu. 3; Thomas Aquinas, *Summa contra Gentiles*, I, 16ff.
[118] *RD* 2.113-14.
[119] *RD* 2, 151-53.
[120] Veenhof, *Revelatie en Inspiratie*, 268.
[121] *RD* 2.115.

件之一。确凿的证据似乎表明了相反的事实。正如巴文克拒绝将神的名字简化为"存有"（谢林）或"道德"（伦理学派）的专有类别，他也抵制与此类神学相符的宇宙论。有机主旨适当描述的世界观出自全然不同的神的教义。

在反对唯心主义和伦理学派之时，巴文克重提先前含蓄的批判：神的属性不应被视为互相冲突，因为"圣经的目的就是要让所有神的完善同等地显出它们的本色"。[122] 他继而重申了奥古斯丁对神的属性和本质之关系的立场。简而言之，每个神的属性都等同于祂的本质，因此也等同于其他任一属性。[123]

当巴文克对神的名字展开讨论时，他处理了各样话题。这些话题主要关于我们如何能以否定的形式（apophatically）和肯定的形式（kataphatically）谈论神，或者说如何用否定、卓绝（eminence）和因果关系论述神。然而，巴文克的回应是优先处理一组辩证关系的要点。因这些要点，神是不可测透的又是可知的，是有名字的又是无名字的；祂是"超越所有肯定和否定的因"。[124]

当讨论神学家分隔神的属性和名字的各类进路时，巴文克的语气相当冷漠。

> 上述所有分隔法看起来彼此迥异，称呼也十分不同。但是它们在实质上并无太大差异。无论一个人谈论实体（substance）的属性是消极或是积极的，不能传递的或是可传递的，静态的或是动态的，绝对的或是相对的，形而上的或是心理的，他实则指向相同的次序（order）；对这些属性的探讨都依循这次序。针对上述所有的排列，我们可以提出几乎相同的反对理由。它们似乎都要将神的存有一分为二。它们似乎都要先探讨神的绝对性，再是位格性；先讨论神的存有本身，再是与所造之物相关的神。它们似乎都暗示了第一组词汇无需

---

[122] *RD* 2.110.
[123] *RD* 2.126-27; 参 Augustine, *The Trinity*, VI, 4, 6; XV, 5, 8; *Homily* 341, n. 8; *City of God*, XII, 18; *Lectures on the Gospel of John*, tract. 13.
[124] Psuedo-Dionysius, *The Divine Names and Mystical Theology*, ch. 2; cited in *RD* 2.131.

借着被造界就可获得，第二组词汇需要从神所造之物获得。因此，神的完善中并无合一与和谐。[125]

巴文克在指出这一错谬后，再重申了先前的公理：首先，神的自存是绝对的，因此所有神的自我启示都是神人同形的。鉴于此，巴文克的出发点就是提醒自己，他的神的知识是真实的、复型的和类比的。这并不会导致他抛弃对神的名字的分类讨论。恰恰相反，他指出："因为神有许多名字，所以我们仍需以特定的次序来讨论它们。"[126]

他的方法就是以一种十分有趣的方式重建相关的历史讨论。巴文克引用了爱任纽早前对神的名字和属性之紧密性的强调，创建了两种类别：第一，神真正的名称；第二，与三位一体的位格（而非神的存有）相关的属性。[127] 借着位格性名字，他聚焦于神是以耳（El）、伊罗欣（Elohim）、以耳撒代（El Shaddai）、雅威（YHWH）、雅威撒巴特（YHWH Sabaoth）和父。[128] 就属性而言，他决定要依据可传递的和不可传递的属性分类来论述。他承认这些词汇的极限，但是认为它们是可供选择的最佳词汇，因为它们防止了泛神论和自然神论。[129] 在神不可传递之属性中，巴文克列出了自主（independence）、不变性、无限性和合一性。在无限性中，我们同时看到了永恒性和无所不在。除了神的主权，他还列出神的理智（intellectual）属性（知识、预知、智慧和可信性）和道德属性（良善、圣洁、公义）为可传递的神圣属性。他始终没有将这些种类进行不必要的分离，避免了让类比性、复型性知识超出它能力的限度。这使他可以立即强调两组属性的综合效应。"所有上述讨论的神之属性总归就是祂的完善。"[130]

这一讨论的关键点就是巴文克仔细地建构了神的教义，并在其中前后一致地强调了与神格相关的丰富内在多样性的范型。[131] 虽然巴文克对各

---

[125] RD 2.133. 参 RD 2.136.
[126] RD 2.135.
[127] RD 2.135.
[128] RD 2.138-47.
[129] RD 2.136.
[130] RD 2.249.
[131] 不太确定的是，巴文克是否想要以名字的多样性引出特性的多样性。

样用于分类神名字和属性的专有词汇的关注似乎是非教理性的，但是他至此为止精心构建的神的教义将多样性的主题编入了最基本的神的概念中。

3. 名字和属性的神圣合一性

在广泛讨论神有极大的内在多样性的意义后，巴文克接着强调完美合一性中的差异性。依据多样性中的合一性建构了神的教义，巴文克有力地指出三位一体遗迹也是如此。在这个意义上，他撇弃了聚焦于数值三元组遗迹的模式；这一模式为中世纪教会和非改革宗后继者所共有。与他们在微观层面上狭隘地聚焦于三一形态（神的形象和各样三重类比）相反，巴文克在宏观层面上探索三一形态：若自然与历史为三位一体的普遍启示，那么作为一个"有机体"，它必然具有神圣创造者的特点。因此，他对三一形态的分类不再强调先前对"三"的执着，转而关注宇宙性多样性中的合一性的实在。

相较于他以长篇幅处理神圣的多样性，巴文克简练地讨论了神圣的一性（oneness）。[132] 对神圣合一的简略阐述双管齐下：神圣合一性首先被定义为数值上的独有（因此三个位格继续在数字上是一），其次是内在的性质（因此众多神圣属性完美和谐）。[133] 巴文克用这一补充论述与他同时代的德国神学家朱利斯·威尔豪森（Julius Wellhausen）进行对话。[134] 后者的观点经由亚伯拉罕·古宁（Abraham Kuenen）传给了巴文克的老师斯霍尔滕。[135] 尽管他在莱顿接受的教育强调以色列有神论的进化模型（从简单到复杂），但巴文克的基本信念仍是以色列宗教并非从多神论进化至一神论。相反，他坚称圣经从起初就设定了三位一体的一神论。值得注意

---

[132] 诚然，这只占据了七页。*RD* 2.170-77.

[133] *RD* 2.170.

[134] Julius Wellhausen, *Die christliche Religion: Mit Einschluss der israelitisch-judischen Religion*, I, IV, 1, 15, in *Die Kultur der Gegenwart*, ed. Paul Hinnenberg, 24 vols. (Berlin and Leipzig: B.G. Teubner, 1905-23).

[135] M.J. Mulder, 'Abraham Kuenen and his successors,' *Leiden Oriental Connections 1850-1940* (Brill: Leiden, 1989), ed. Willem Otterspeer, 10.

的是，巴文克在一种"无机"世界观的旗帜下，借此将宗教历史进路与德国生物学家恩斯特·海克尔（Ernst Haeckel）配成一对。[136]

在批判非三位一体的神圣合一的概念时，巴文克主张泛神论的神圣一性的概念并不令人满意。此时，巴文克在神格合一性和宇宙合一性的本质之间建立了另一种微妙却意义深远的联系："当对独一真实之神的认信减弱或被否认时，当在泛神论中寻获的合一性最终无法满足理智和情感时，世界与人类的合一，宗教、道德和真理的合一就无法维系了。自然和历史也会一同分崩离析。"[137]

巴文克的立场鲜明：若一个人误解了神自身一性的本质，那么对被造实在的每个领域（宇宙的、社会的、灵性的、伦理的、认知的）中的合一性的恶劣滥用就会接踵而至。我们必须要以他的"恩典复原自然"的主题为背景来解读他的"自然分崩离析"的观点：自然维系而非分裂或丢失它的一性（oneness）的关键在于独一真神的合一性。因此，我们必须要学会以深刻的三一形式的方法思考所有此类要素（世界、人类、宗教、道德、真理、自然和历史）。由此我们得出一个假设：为了反对将所觉察的实在分割成块，新加尔文主义者相信我们必须以原型的神格合一性和多样性开始。

4. 神圣三位一体

只有建立神圣合一性与多样性的相连范型，巴文克才能继续论述三位一体。[138] 在长篇探讨教会用三位一体语言所表述的圣经经文后，巴文克指出了 19 世纪哲学对三位一体概念的偏好。彼时的哲学聚焦于谢林，他尝试通过哲学证明神的三一性。[139] 然而，巴文克对此种趋势持极大的保

---

[136] *RD* 2.172. "因此宗教历史的进路产生了一个理论：从远古时期，多神论或多或少依赖于有意识的一神论。根据海克尔的观点，生命的起源无需解释，因为这并非新的物体，而是一些主要已内置于无机世界，事实上内置于所有原子中的物体。这两个方法有些类似。"

[137] *RD* 2.173.

[138] *RD* 2.256-336.

[139] 谢林如此行的目的根植于"神"有三个部分的概念：（1）主体，（2）客体，（3）主客体等同：F.W.J. Schelling, *Philosophie der Offenbarung*, in Werke, II/3 (Stuttgart/Augsburg, J.G. Cotta'scher Verlag, 1856-61), 57ff.

留意见：巴文克坚定地与阿奎那[140]、加尔文[141]和许多随后的改革宗与路德宗神学家[142]站在同一战线，认为通过启示而非哲学思辨，三位一体是可知的。这似乎是说神的三一性是一个全然独特的概念：哲学或自然世界的领域中没有合格的神圣三一性的类比或模型。

鉴于巴文克处于古典加尔文主义传统中，他的立场并不令人惊讶。然而，这种明显的事实引发了一个对本书基本假设的质疑：若在被造界中没有合格的三位一体的类比，我们怎能仍旧坚称三位一体无所不在的"有机"特性根植于神圣的三一形态呢？理解巴文克描述的创造者与宇宙之关系的关键在于，他相信**即便神与万物不同，但是万物却与祂相似**。这一范型与巴文克关于启示的公理紧密相关，即启示完全是类比性的和神人同形的。诚然，这一立场的必然结果就是如此。通过巴文克不满于斯霍尔滕对与世界相连之神（并神圣的三一性）的讨论，我们可以阐明此点。[143]简而言之，斯霍尔滕从世界的角度来解释神。[144]巴文克作品前后一致的倾向却反其道而行之。他从创造者的角度解读宇宙，同时捍卫了神的独特性和宇宙中普遍神圣自我启示的基本事实。

巴文克假定了神里面多样性中的合一性的基本模型是类似的宇宙多样性中的合一性的基础。"三位一体向我们启示的神是存有的丰盛，真实的生命，永恒之美。在神里面也有多样性中的合一性，合一性中的多样性。诚然，这一秩序与和谐绝对地存于祂里面。就被造物而言，我们只见其模糊的类比。"[145]因此，将自然和历史中的多样性中的合一性（正如在有机主旨中所描述的）追溯至它在三位一体中的原型，这实非以穿凿附会的方式解读巴文克。博库伟相信，没有神学议程迫使巴文克使用该主旨。[146]当从上述视角来审视时，博库伟的观点就失去了可信度。对巴文克而言，

---

[140] Thomas Aquinas, *Summa theol.*, I, qu. 32, art. 1.
[141] Calvin, *Institutes*, I.xiii.8; I.xv.4; *Commentary* on Gen. 1:26.
[142] 巴文克引用了哈伯尤斯（Hyperius）、赞祁（Zanchi）、华鲁士（Waleus）、范马斯特里斯特（van Mastricht）、格哈德（Gerhard）、奎恩施特（Quenstedt）、赫拉兹（Hollaz）的著作。*RD* 2.329.
[143] *RD* 2.43.
[144] Scholten, *De leer der Hervormde Kerk*, 18-20.
[145] *RD* 2.331.
[146] Berkouwer, *Zoeken en Vinden*, 62.

宇宙的多样性中的合一性是所有真实三位一体遗迹的来源，并非全部有限的、不确定的"三而一"类比的集合。[147]

5. 相互关联和综合

神圣合一性与多样性之间存在细微的相互影响。巴文克想要将神的教义建立在一种串联的内容上：若神是三位一体，那么非被造的和谐中必然有非整齐划一和一性（oneness）的因素。其中一个方面依赖于另一面的实在。这一串联的内容或许在巴文克神的教义中有显著的重要性。神的教义对他随后的世界观有深远的影响，这会在随后论述巴文克普遍启示和特殊启示神学的章节予以论述。

> 此外，属性的多样性并不会与神的纯一性（simplicity）彼此冲突。因为这种纯一性并非将神描述为一个抽象的普通类别的存有。相反，它将神描述为绝对的生命丰盛。正因如此，神用众多的名字向有限的被造物启示祂自己。神圣本质是如此无限、极度的丰富，以至于没有被造物能够立即领会全部。一个孩子无法描述一枚昂贵的硬币的价值，他只能用更小价值的硬币点数后才稍能领会。同样，我们也不可能描绘神本质无限丰富的图景，除非祂当下以此种或彼种关系向我们显明，或当下从此角度或彼角度向我们彰显。[148]

巴文克选择用于论证此点的例子十分有力：光有色谱；火可以照明、燃烧、点燃火焰；相同的谷粒可以作为种子、食物或水果。有趣的是，巴文克并非这些示例的发明者。它们分别直接取自奥古斯丁、摩西·迈蒙尼德（Moses Maimonides）和巴西流（Basil）。[149] 创造者和被造物中合一性与多样性之间的范型的紧密关系是显而易见的：在宇宙范围的一体性和差异性的相互关联中，神既以宏观方式又以微观方式自我揭示。诚然，巴文克明确说明了这一平行对比："在这一联系中，我们必须谨记神带着如

---

[147] 当然，我们必须小心，莫要让"多样性中的合一性"的范型成为黑格尔式指导思想，同时强加于创造者和被造界身上。
[148] *RD* 2.127.
[149] *RD* 2.127.

此众多不同的特性行事，并有如此众多不同的名字，因为祂与祂所造之物之间有一亲密关系。若此亲密关系不存在，那么所有名字都不再真实。但是如今，神所造之物的内在类似于祂自己的内在特性。"[150]

十. 第二部分：创造者与被造物之间以基督中心的、本体的关系[151]

在描述神格和宇宙中的多样性中的合一性的平行类比时，我们继续探究巴文克的普遍启示神学。然而在此之前，神的教义和创造的教义之间必须要建立一座概念性桥梁：创造者与被造物如何会遇？

这一桥梁以巴文克用在神、被造物、人类和道成肉身的基督身上的各样本体分类的形式存在。在列出这些分类后，我们可以着手去理解巴文克所说的基督是"历史的中央……是有机中心"的意思。[152]

诚然，我们几乎不会降低巴文克世界观中精心设定的本体论界限的重要性。尽管"有机"主旨全面渗透巴文克的著作，但是它依旧是一个主旨。它反映了更深层的、诱发性的因素。在分别探究神和宇宙的本体论时，我们会谈及始终推进巴文克有机语言、概念和意象的深厚力量。

巴文克从一开始就创立了独特存在的三个基本类别：神的存在，宇宙的存在，人的存在。根据巴文克的观点，它们各自的本体如何相连将会构建一个人世界观的整体。"所有科学和哲学都致力于研究神、世界和人这三个实在。我们对它们的理解，以及我们对它们彼此关系的定位决定了我们世界观和人生观的特征，这就是我们宗教、科学和道德的内容。"[153]

巴文克的本体论以"存有"（being）和"成有"（becoming）的命名法和分类提出；前者指不变性，后者则指可变性。正如第 5 世纪用本性（nature）、存有（being）和特质（hypostasis）的语言构建本体分类，当

---

[150] *RD* 2.127.
[151] 本文早前一版发表为 James Eglinton, 'To Be or to Become – That Is the Question: Locating the Actualistic in Bavinck's Ontology,' *The Kuyper Center Review Volume Two: Revelation and Common Grace*, ed. John Bowlin (Grand Rapids: Eerdmans, 2011), 105-25.
[152] *RD* 1.383.
[153] *PR*, 83.

前的争论则用实动论（actualism）、本质论（essentialism）和本体论来构建；19 世纪在自己的语义领域里辩论。因此，我们发现巴文克选择"存有"和"成有"是十分典型的就地取材。巴文克与黑格尔等人采用了相同的词汇（如同相同的有机词汇一样），尽管赋予这些术语的意义截然不同。[154] 此处顺带一提，巴文克在《基督教世界观》<存有和成有>的一章中描述了上文定义有机主旨时所列的四点；[155] 这一发现耐人寻味。显而易见的是，这种三一形式有机世界观随后影响了对存有和成有的理解。

黑格尔式的概念认为，存有处于恒定的成有状态。在反驳这种概念时，巴文克严格地将"存有"应用于神圣的，将"成有"应用于非神圣的。巴文克为神的形像的双重使用（人类的创造和随后的道成肉身）设计了一种本体论分类的方式，这很好地阐释了他根本的基督中心论。他认为神是"存有"，宇宙是"成有"，人类与道成肉身的耶稣（在祂里面创造者与被造者会遇）是"存有**和**成有"。在如此论述之时，巴文克显然发现将基督教世界观描述为内在有机特性是最为恰当的（凭借所展示的令人惊叹的合一性与多样性）。借着联合阅读《改革宗教理学》卷二和《启示的哲学》的不同段落，我们可以获取大量有关巴文克处理成有和存有的内容。

1. 巴文克和存有

巴文克主要在《改革宗教理学》卷二的第 1、2 部分（认识神；永活行动的神）处理了存有的问题。在<认识神>这一部分的一开始，他就用以下表述讨论了神的不可测透性：

> 但是当我们勇于论说神时，随即产生的问题是：我们如何才能论说？我们是人，祂是主，我们的神。在祂与我们之间似乎没有亲密关系或相交，以至于促使我们能合乎真理地说出祂的名字。神与我们之间的距离是无限与有限之间、永恒与时间之间、**存有和成有之间**、万有和一无所有之间的深渊。

---

[154] 反驳以下观点："凯波尔和巴文克使用了当时普遍意义的'有机体'和'有机'的概念。" Veenhof, *Revelatie en Inspiratie*, 268.
[155] *CW*, 'Zijn en Worden', 37-68.

> 无论我们对神的认识是多么微乎其微，即便是最模糊的概念也暗示了祂是一个无限超越所有被造物的存有。"[156]

在如此描述时，巴文克陈列了神与宇宙之间的范型关系。这一范型可以简化为两个要素：（1）神圣存有；（2）创造者和被造物之间绝对的区分。

虽然巴文克继续肯定神的可知性，但是以下几种深渊塑造了他的神学：神与人的深渊、无限与有限的深渊、永恒与现世的深渊、存有之物与成有之物的深渊。这些并非对同一梯度的不同看法。巴文克将他们表述为两个极端：创造者处于这一极，被造物处于另一极；二者之间有极大的深渊。"这两种类别之间不存在任何居间物：一个鸿沟将神的生命（being）与所有被造物的生命（being）隔开。"[157] 必须注意的是，巴文克在两个神学范畴中探讨创造者与被造物关系：**本体**和**经世**（economy）。他在此处是从本体的角度讨论。巴文克断言，神在救赎的经世中与宇宙建立关系，但这是与他们基本本体关系不同的议题。

巴文克的本体论范型的两个根本要素彼此紧密相关。诚然，巴文克将其中一个要素（创造者与被造物的差异）建立在另一个（神的存有）之上。被造物在本体上与神不同，因为祂存有的状态全然独特。[158] 因此之于巴文克，神不能是万物（泛神论），因为祂的存有只属于祂自己。泛神论在本体论上是不可能的。

显然，本体论位于巴文克神学的中心。神圣存有是巴文克本体论系统的核心。那他又是如何定义神的存有呢？

在讨论神圣自主时，巴文克探讨了与神有关的"自主"和"自存"两个词汇的发展。神圣自存突显出神是绝对的存有。神的存在不依赖宇宙；反之乃是真理。此外，神的存在不依赖于祂自己。祂也非自为成因（self-caused）；相反，祂从永远到永远。之于巴文克，被造物真正的自主中有神存有之自主的对应部分，这对立于泛神论以及斯霍尔滕世界观中宇宙性

---

[156] *RD* 2.30. 着重点为所加。
[157] *RD* 2.158-9.
[158] "此外，考虑到泛神论将神的存有等同于宇宙的存有，最重要的是强调一个事实：神拥有属于祂自己的本性，祂是独立的存有，祂的本质与宇宙的本质有霄壤之别。" *RD* 2.111.

自主的缺失。在这一背景下，巴文克写道："但是正如'自存'一词所显明的，神唯独源于祂自己，这并非作为自为成因（being self-caused）的意思，而是祂就是从永恒到永恒那一位之意，祂是存有而非成有。"[159]

当从巴文克在莱顿所受的教育背景来思考时，这一出发点饶有兴味。在莱顿，斯霍尔滕始于宇宙的因果关系，并从这一点推导出一切（包括神、宇宙和人类）。因此，斯霍尔滕的神的教义反映了他决定论式的宇宙论。他的神观着重于解释一个决定论式的宇宙的必要因素（主要是明确神为初始之因和决定者），同时允许削弱神的教义中似乎不太"有用的"元素（例如三位一体）。然而，巴文克彻底撇弃了此种方法。他对神的描述将因果关系置于真理的层级中较低的位置。我们不应为了人所认为"有用的"而抢夺神格，并在此基础上认定神圣的价值。相反，巴文克主张我们必须接受神之所是（God as he is）。神是神学的起点，而非绝对性因果关系的实质原则。为要强调此点，巴文克关注这一事实：神并非自为成因。

于是，他对神圣自主的讨论直接带来了对神圣不变性的讨论。在这一方面，巴文克进一步概述了创造者与被造物关系动态的运作方式。"若神并非不改变，那么祂就不是神。祂的名字是'存有'，这个名字是'一个不可更改的名字'。"所有改变之物都不再是它之所是。但是真正的存有属于不改变的祂。会改变之物"曾是（was）某物和将是（will be）某物，但并非**今是**（is）某物，因为它是会改变的"。然而，神为今是（is），不会改变，因为任何改变都会削减祂的存有。"[160]

巴文克的基本信念就是，神在祂的本体存在（祂的"真实"存有）上不能改变。正因如此，巴文克将存有和成有作为两个分开、彼此排斥的本体范畴予以讨论。成有并非存有，因为前者处于改变的过程。相反，存有并非成有，因为存有是不可变的。[161]

---

[159] RD 2.152.
[160] RD 2.154.
[161] 在这点上，巴文克认为自己是奥古斯丁主义的。（"每个有理性的被造物都会本能地想到有一位不会改变、不能朽坏的神。"Augustine, The Trinity, V, 2）。

他的起点是：成有（to become）是被造性的，存有（to be）是神圣性的。[162] 巴文克主要用非实动论（non-actualistic）的词汇构建神的本体论。

2. 巴文克和成有

在探究巴文克的被造物的神学时，有两个引文尤为重要。"成有是被造物的一个属性，是时空中一种改变的形式。但是神就是祂之所是，永远超越时空，凌驾于任何被造物之上。"[163] "唯独神是永恒不朽者。唯独祂超脱于成有和改变的进程。相较之下，**万物**皆有起始和终结，都会有改变。"[164]

巴文克对神和神与被造物之差异的基本定义可以在被造层面的本体论中找到平行对比的形式。[165] 神圣的本体论聚焦于神的自主、不受时间限制的存有状态；这是一个与宇宙的本体论完全不同的本体论。相反，被造物的特征是它的依赖性、时间性的成有状态，是它与神圣存有本体上的差异。

被造物本体论在创造和末世的框架中发挥效用；在停止存有（ceasing-to-be）和形成存有（coming-to-be）之间有一些特定的瞬间，宇宙始终处于这一停止和形成的过程中。被造物的存在状态是一种持续改变。巴文克将被造领域理解为属于永久的成有。这种思想可见于贯穿巴文克著作的各类元叙述。

创造、堕落、救赎和终末圆满的重大主题主导了《改革宗教理学》；这一主题特别表明了宇宙正在持续改变。宇宙在创造时是无罪的，随后堕落、悖逆创造者。三位一体的神显明了救赎宇宙的恩典。救赎在基督的位格中成就，如今由圣灵施行；圣灵正在预备宇宙迎接它最后的圆满

---

[162] "神不改变性的教义对于宗教信仰极为重要。创造者与被造物之间的差异取决于**存有和成有之间的鲜明差异**。所有被造之物都在成有的过程中。它们是会改变的；它们不断努力发展，追寻安息与满足，并只能在**完全存有、毫无成有的**祂里面找到安息。" *RD* 2.156.
[163] *RD* 2.158.
[164] *RD* 2.417.
[165] "被造物本体论"的概念在此处用于解释一个技术性含义。巴文克借此含义解释了（可变性）存在的创造状态。

（consummation）。这正是巴文克透过整个启示、自然和历史所看见的故事。这个故事的本质就是被造物内在可变性的因素。

巴文克在批判机械世界观时说到，此世界观否定了将宇宙的成有解读为发展的可能性。"机械式的世界观内绝无发展。物体之间无论有何等差异，最终都是偶然的和量性的。无物**成有**，因为无物**需要**成有，无物**必须**成有；不存在目标或出发点。然而发展预设了二者。它描述了从一方到另一方的路径……机器或工具没有发展；发展只存在有机存有中。" 166

正如在上文已经指出，恩典复原自然的观念在巴文克著作中形成了一个重要脉络。"恩典并非超越于我们，亦非凌驾或紧邻自然。它乃是渗透并全然更新自然。因此，被恩典重生的自然得以恢复其最高的启示。" 167 自然可以被复原，这意味着它经历了停止存有（在它堕入罪时），现处于形成存有的过程（在靠恩典被恢复的过程中）。巴文克在各处的复原自然中发现恩典。这是护理之工的根基；借着护理，神正在引导历史前往一个确定的终末圆满的终点。

宇宙的可变状态也处于巴文克对有机全然认同的核心。与斯霍尔滕相反，巴文克主张宇宙并非一个完整、一元的机器，由单一的无尽因果之力驱动。相反，宇宙尚未完结；它正在扩张和发展至预先所定末世高峰的那一刻。历史就是进入末世之可变性的历险记。宇宙有机体的目的性驱动力也预设了它内在的可变性。

他也用了有机的比喻来描述神与宇宙之间的经世关系，因为他们各自的本体是如此迥异。巴文克相信，若一个人坚持创造者与被造物的实在，那么他也必须主张存有和成有、不变性和实动性（actualism）属于不同的本体范畴。然而，巴文克所观察到的它们的正确次序至关重要。"万国中历世历代延续至今的哲学分为两种趋势。或与芝诺（Zeno）一样，'成

---

166 *CW*, 58-59. Dutch original: "In de mechanische wereldbeschouwing is er voor ontwikkeling in eigenlijken zin gene plaats. Alle verschillen tusschen de dingen, hoe groot ook, zijn ten slotte accidenteel en quantitatief. Er wordt hier niets, omdat er niets is dat behoeft te worden, dat worden moet. Er is geen doel en geen uitgangspunt. En ontwikkeling onderstelt juist beide: zij beschrijft den weg, die van het eene naar het andere leidt... Ontwikkeling is er dus niet by machines en instrumenten, maar alleen bij organische wezens".

167 Herman Bavinck, 1888 address at the Kampen Theological School (cited in John Bolt, 'Editor's Introduction' in *RD* 2.18).

有'让位于'存有';或与赫拉克利特（Heraclitus）一样，'存有'让位于'成有'。事实上，这两种趋势我们都可避免，因为'成有'预设了'存有'。若主体没有特性和延续性，那么改变就不再是一个问题。"[168] 在巴文克的次序中，存有为首要考虑。成有的概念中就已假定了存有的实在。正是靠着这个恒定因素，成有得以自我重新定义。

由此可知，巴文克不愿偏离此种创造者与被造物的区分。诚然，巴文克在这一点上十分接近加尔文的"有限无法领受无限"（*finitum non capax infinitum*）；这给巴文克的神圣本体论烙上了明显的改革宗记号。这既非路德宗式的描述，亦非罗马天主教的论述。确切地说，巴文克依据加尔文式的道之全在性（*extra-Calvinisticum*）明确表述了神圣的本体论。这指向了 20 世纪早期改革宗传统中两个重要运动的重大转移：新加尔文主义和新正统派。在后者中，巴特使拣选紧密联于神圣本体。在前者中，巴文克认定神的本体不同于拣选。根据巴文克的观点，神并非定意要让终极的本体实在（就是祂自己）成为存有（to be）。[169] 因此，虽然神的旨意对万物是决定性的，但是祂的本体仍不同。麦科马克有益地描述了巴特和加尔文在这点上的差异："我们在加尔文与巴特的碰撞中所看见的，并非简单的两种拣选**程度**观点的冲突。在最根本的层面上，这是一位采用我们所说的'本质'（essentialist）本体论的神学家与另一位采用'实动'（actualistic）本体论的神学家之间的冲突。"[170]

在采用麦科马克的分类后，我们清楚发现巴文克与加尔文一样，是"一位采用本质本体论的神学家"。巴文克的短篇著作《约翰加尔文》（*Johannes Calvijn*）也清楚显明，他认为加尔文是在这些本体论范围内去论述的："【加尔文】从被造物攀登至创造者，从现世攀登至永恒，从有

---

[168] *PR*, 97.
[169] *RD* 2.152.
[170] Bruce McCormack, 'Grace and Being: The Role of God's Gracious Election in Karl Barth's Theological Ontology,' in *The Cambridge Companion to Karl Barth*, ed. John Webster (Cambridge: University Press, 2000), 97.

形攀登至无形，从成有之物攀登至那一位存有，从可变的历史攀登至主不变的预旨（council）。"[171]

然而正如在下文会看到，巴文克对神的形像的论述十分独特。与巴特一样，巴文克承认传统的加尔文式的道之全在性努力调整以迎合这一事实：神在以基督为中心的自我启示中必须以某种方式进入"成有"。下文将会说明，巴文克尝试将此点设在神的形像中（人类中一般性的神的形像和道成肉身基督中完全的神的形像）的做法并非没有问题。最不幸的是，就这一点而言，巴文克的建设性神学很难带来互动。他解决现代神学对加尔文式的道之全在性问题的方案（下文会说明），集中于一种不寻常的基督论–人论（Christological-anthropological）的神形像的创新。他以一种令人不安的、潜在为非正统的方式，将这些概念聚拢在一起。诚然，我们要以宽容的态度来解读他的解决方案，从而视其结论属于正统的界限之内。遗憾的是，他在这方面的著述不够清晰，这限制了他对这一辩论的贡献。然而，我们不能完全轻视他尝试提供解决方案；这包含了一些潜质，因此被纳入这一讨论中。

3. 一位"非实动"之神的可知性

之于巴文克，创造者并非被造物，被造物亦非创造者。这就引人发问：巴文克的神比自然神论的神是否更加可知呢？巴文克写道："自然神论在神和祂的被造物之间创造了极大的深渊，泯灭了他们彼此的关联性。它将神简化为一个抽象实体，一个纯粹的存有，仅仅是单调和整齐划一的存在。自然神论既无法满足人的思想，也无法满足人的心灵，因此毁灭了宗教。"[172]

巴文克的系统也设定了"神和祂的被造物之间有极大的深渊"。巴文克的系统在何种意义上能实现创造主和宇宙之间的彼此关联性，并阻止神被简化为一种以呆滞的整齐划一而存在的抽象存有状态？

---

[171] Bavinck, *Johannes Calvijn*, 15. Dutch original: "Hij klimt uit het schepsel tot den Schepper, uit het tijdelijke tot den Eeuwige, uit het zienlijke tot den Onzienlijke, uit het worden tot den Zijnde, uit de wisselende historie tot den onveranderlijken raad des Heeren op."
[172] *RD* 2.331.

在本体和经世的层面上，巴文克构思了三位一体神的教义。[173] 当巴文克论述神与宇宙之间根本的本体区分时，这并非他的神之教义或神可知性之教义的全部。正因为巴文克的神是三位一体的，所以他并非一位自然神论者；这位三一神的本体存有在启示和工作中向外显现。[174]

之于巴文克，三一神本体上的本质保持不变不会阻碍经世三位一体在宇宙中的外展工作。巴文克认为，真实的存有是成有的起因；二者彼此相连。但是，这个成有的发生独立于真实的存有。神的存有是宇宙成有之因。因此，即便这完全是本体论层面的差异也不会产生不合一。巴文克明白，一个可变的宇宙仍旧紧密（有机）连于一位不可变的神。"在祂的存有中，毫无成有的迹象。相反，正是神设定了被造物，永恒设定了时间，无垠设定了空间，存有设定了成有，不变性设定了改变。"[175]

巴文克如何构思上文提及的神与被造物，尤其是神与人类之间的"相互关联性"呢？当探究创造者与被造物之差异在巴文克著作中的应用时，我们发现存有和成有在两个特例中结合。这两个特例出现于神在宇宙中表现祂形像的两个例子：第一个是人的创造，第二个是耶稣基督的道成肉身。唯独在这两个教义要点中，巴文克同时描述了存有和成有。

4. 巴文克论存有和成有

巴文克在《启示的哲学》中写道：

> 每个人都活在他自己的时间中，出生然后死亡，出现然后消失。他看来只是整体的一部分，一个过程的一瞬间。但是，每个人都会将时代（ages）存记于心。在他的精神生命中，他驻立于历史之上，站立在历史之外。他活在过去，过去也活在他里面，因为正如尼采所说，人是不会忘记的。他也活在将来，将来也活在他里面，因为他内心怀揣着不可磨灭的盼望。因此，他可以在过去、现在和将来的彼此联系上发现端倪。因此，他同时是历史的缔造者和认知者。他将自己归

---

[173] *RD* 2.318.
[174] "经世的三位一体反射了本体的三位一体。" *RD* 2.318.
[175] *RD* 2.158.

属于历史，然而他又驻立于历史之上；他是时间的孩子，却又属于永恒；他同是**成有**（becomes）和**存有**（is）；他逝去，又存留。[176]

若人类是被造的，为什么他不同于在其他层面普遍存在的创造者与被造物的本体差异呢？巴文克将人类的独特本体追溯至他被造为神的形像。

人类是被造的，所以他具有被造的特性。可变性是人类存在的不变特征：人的出生和死亡。然而，由于人类的地位是神形像的携带者，所以巴文克认为他也表现了不可变性的记号。在群体和个人两个独特的意义上，巴文克视人类的地位为神的形像。人类个体为身体与灵魂的身心联合。正因如此，他便是有形和无形的汇合之处，融合了天与地。他向成有的层面表现了存有的层面，反之亦然。

巴文克也特别强调人类所拥有的集体性的神的形像。他主张整个三一神性就是人类的原型。作为一个种族，人类超越每个瞬间。个体生来死去，但是种族生生不息。在集体意义上，人类将意义赋予现在，而现在又与已被理解的过去和所盼望的将来相连。与他们的创造者一样，人"将时代存记于【他们的】心"；知识代代相传。诚然，知识是整个人类的集体财富。

人类集体性地拥有知识的概念是荷兰新加尔文主义的共同特征。凯波尔在1908年《我们本能的生命》（*Our Instinctive Life*）的演讲中使用了这个概念。

> 所有年代都致力于扩大缓慢增长的科学整体。无人曾凭借个人的首创精神或极度努力不可思议地超越我们这一代所取得的成就水平。人类的知识和技能是所有人集体拥有的财富。这个财富在一代代的努力下，并在一个无形力量的引导下不断发展，逐渐形成。其结果就是我们所说的人类在各个领域所做努力的**进展**（progress），而所获的成果也远超动物的知识和技能。[177]

---

[176] *PR*, 140.
[177] Abraham Kuyper, 'Our Instinctive Life,' *Abraham Kuyper: A Centennial Reader*, 258.

请注意对《传道书》第三章的引用。这似乎说明，凯波尔和巴文克都认为这种集体性知识与集体性人类所拥有的神的形像有关。与他们的创造者一样，集体性人类能积累超越即时的知识。

宇宙性的历史布满元叙述。人类成有，可是他们又存有（are）。对人类此种本体性定义产生了一组耐人寻味的问题；当我们试图将巴文克的人论与迦克墩基督论相联时，更是如此。无论是否有意，巴文克将人类为神之形像的教义，与基督是道成肉身之神的神学进行对比。他对前者的论述将人的存有描述为反映了两个截然不同的本体实在的一个人（one person）：神圣的本体实在（**存有**）和被造的本体实在（**成有**）。

在表面看来，这呼应了用于解释基督神性和人性之实在的正统信经的公式：祂完全是神，完全是人，一个位格中有二性。巴文克所构建的人论似乎通过明显相似的范型（一个位格中有二性）来描述人，像是从人类作为神形像的地位获得了这一范型。在反思这点时，我们作出几个评论。

第一，有趣的是，巴文克在这里选择历史和末世前护理的领域，而不是在个体性或宇宙性的末世论中强调人的永恒性。即便没有讨论末世论，人类集体成功超越了瞬间。人类的过去与他们的将来一样，同等解释了人类的永恒。然而正如我们在上文所指出的，这并非巴文克独有的着重点。

第二，当我们仔细探究基督和人类（圣经都将二者描述为神的形像）中共存的可变性和不可变性的明显对比时，各样问题浮出水面。巴文克在何种精确的意义上定义人类本体稍微有些模糊。（他著作中这一段落缺乏清晰，的确异常。）我们很难明确看出他是否认为人有两个不同的本体（可变的和不可变的），或者人是一个结合两个本体的双重本体（两个本性的本体）。正如在下文会看到，未能解决这个问题导致巴文克思想的一个重要层面出现了不易察觉但并非不重要的歧义。

若本体上为人（神的形像）是要拥有两个本性（存有和成有，反映神性和被造性），基督成为人的意义就需慎重处理。一种"一个位格三个本性"的基督论——基督将神的可变性与不可变性联于神圣的罗格斯（Logos）——与大公性基督论多少有些不一致。或者说，若巴文克只是试图论证人在某种意义上同时是可变的和永恒的，并且这与耶稣为神和人（*thanthropos*）相呼应，那么他所做的贡献就更容易符合信经的传统。[178]

在各类正统神学的教义要点中，基督论或许最难有所创新。在过去二千年里，教会已然用极为专业的精确性建构了基督论。创造性的基督论无异于要极度小心并全然服从早期教会伟大的基督论文献。当援引正统基督论的语言和范型去处理其他神学主题时，我们需要缄默并要严格缜密地解释，在处理神学人论时更是如此。比起巴文克在《启示的哲学》的即时语境中所做的解释，将一个神学主题与其他主题相联时需要更清楚的解释说明。虽然巴文克在《改革宗教理学》中对基督论的论述是正统的、清晰的，但是他对基督论和人论的比较留下了多种尚未解决的难题。

按照《改革宗教理学》中存有和成有而言，巴文克意识到新约使用的动词 *egeneto*（源于 *ginomai*，意为"成有"）与道成肉身的神的儿子有关。诚然，新约中最深邃的基督论陈述便是"道成了肉身"（约一 14）。他也强调基督主张存有的独特性："还没有亚伯拉罕就有了我。"（I am；*ego eimi*；约八 58）

关于道成肉身，巴文克写道："若没有让自己受制于时空，服从成有之律（the law of becoming），【基督】就不会与我们在凡事上一样……道成肉身是存有（*ego eimi*；约八 58）和成有（*sarks egeneto*；约一 14）的合一。"[179] 关于人类，《改革宗教理学》分享了《启示的哲学》中所发现的人类同为存有和成有的范型："这一差异回应了亚当必须成有的（had to become），而非亚当曾经存有（was）的问题。"[180]

显而易见的是，巴文克意识到并委身于对基督本性和位格的迦克墩式的理解。诚然，他控诉中世纪、罗马天主教、路德宗和现代基督论（主要是康德、施莱尔马赫和立敕尔）偏离了迦克墩的基本立场。[181] 尽管如此，上述提及的《启示的哲学》的内容稍有模棱两可，但是《改革宗教理学》清楚显明了巴文克衷心相信耶稣神性和人性的完全实在。因此，我们必须

---

[178] 巴文克的创造预设并预备了道成肉身之思想，这稍微缓和了这一张力。这种解读并非不负责任，尤其是基于以下陈述："更具体而言，按照神的形像创造人可以推断并准备了神的道成肉身。" *RD* 3.277.
[179] *RD* 1.380.
[180] *RD* 2.550; *PR* 140.
[181] *RD* 2.253-74.

假定在巴文克并未有意抵触或离弃迦克墩基督论。在这点上，卷三<罪和基督里的救赎>中的"神人联合"、"本性"和"位格"都运用了全然正统的基督论。[182]

迦克墩会议避免将基督的位格定义为混淆或混合了神性和人性。当从本体层面探索基督的人性和神性时，巴文克尝试照样而行。神人（theanthropos）基督拥有两个明显不同的本性：祂同时是神和人。基督论的核心就是两个本性的合一（其中一个是不可变的，另一个是可变的）。

巴文克的基督论本身就是无可挑剔的正统基督论；对此我们不必惊讶。问题并非关于他的基督论，而是在于他明显调用基督论范型来表述神学人论。不可否认，圣经在神的形像方面设定了基督与人类之间的紧密关系（创一 26；西一 15）。然而它也清楚说明，除了成为一个真实的人，耶稣同时是真实的神圣三位一体的第二位格。简而言之，耶稣是神圣的实体（substance）；这个实体并非亚当的后裔。无论他自身的永恒性以类比的形式所反映的神圣性有多少，这个实体永久存在。

若一个人要批判巴文克，无非就是他带来了一个与众不同的发展，却没有完全探究其所产生的重大意义。我们将巴文克解读为赞同迦克墩基督论，因为他尝试说明无论人类在复型层面（在可变性和永恒性方面）所显示的是什么，基督原型的、实质的神性和人性都超越了这一切。只有在这种情况下，巴文克道成肉身的类比（incarnational analogy）才可以作为一个初探性的方法。

然而，我们不得不在这一点上解读巴文克，并希望他曾澄清上述所提的一些问题。上文已经说明，我们必须承认这一讨论中尤为棘手的概念和术语的性质。通过本体论来论述基督论必然会有内在的问题。正如约翰·麦奎利（John Macquarrie）有益地指出："虽然新约本身几乎没有哲学术语，但是我们不可能在不借助本体论的情况下神学性地反思新约对耶稣基督的论述。"[183] 为了达此目的，巴文克处理了不同时代的争论（第5世纪迦克墩基督论的论战和 19 世纪晚期哲学论战）。它们借着截然不同、高度处境化的语言讨论了一个相同的议题。此外，当将巴文克与同时代的争论相联时，我们必须将第三个术语分组（本体论，实动论，本质论）囊

---

[182] RD 3.298-308.
[183] John Macquarrie, *Jesus Christ in Modern Thought* (London: SCM, 1990), 7.

括其中。我们可以猜测,巴文克的著作看似未清楚阐明此点内容,这只是反映了这一争论的性质。

然而应要予以说明的是,在未理解巴文克设定的不可变性与可变性之间、创造者与宇宙之间巨大深渊的情况下,他的基督论仍旧晦涩难懂。再者,按巴文克的想法,成为人(to be human)是一个奇妙奥秘的特权。若不能把握存有和成有在其他方面的互斥性,读者就会无视这一事实。

当从不可变性和可变性的角度来看时,巴文克的道成肉身的耶稣的概念就呈现出一个不同寻常的定义。在一个破碎的宇宙中,基督成为完全的人,一个本体意义上的人。透过祂独特的中保身份,在其他方面因本体和伦理上深不可测的巨大差异而被分割的事物,在基督里面完美相会。若说我们只有抓住巴文克的本体论关切才能领会基督作为整个启示的"有机中心"的意义,这并非言过其实。[184] 在巴文克的思想中,在其他方面本体互斥的事物在基督里完美相会,祂是存有和成有的合一。当我们观察到这点时,基督以某种方式将众多不同事物集合在一起的思想就呈现了一个令人惊叹的焦点。之于巴文克,道成肉身的耶稣使终极本体的不可能成为可能:罗格斯成了肉身(the *logos* is *ensarkos*)。

然而,即便巴文克承认神的儿子在道成肉身中成有,他却并未在此基础上将存有延伸至圣父和圣灵;单一神圣本质保持不变。因为巴文克持守古典的内在和经世三位一体的分类,所以他没有将基督行动中的存有(being-in-action)用于圣父与圣灵,而是与基督的道成肉身和中保的身份相连。巴文克将存有和成有一同(或许有人称其为包含本质论和实动论的本体论)定位于神的形像之中,尝试将古典基督论与更为现代的侧重点相结合。在稍微澄清和修订后,此种进路具有一定的潜质。但是最为不幸的是,巴文克探究此概念时所缺乏的清晰度给这一进路裹上了一层疑云。

十一. 结论:巴文克是一位"世界观"神学家

"神的合一带来了世界的合一。"[185]

---

[184] *RD* 1.383.
[185] Bavinck, 'Christianity and Natural Science,' 99.

多样性中的合一性在巴文克神的教义中处于重要地位，并伴随着宇宙有机体中三位一体遗迹的多样性中的合一性。在认识到这点后，我们必须询问巴文克在何种程度上有意整合这些因素。显然，这个程度将影响相关的重要因素，借此我们可以论述有机主旨与三位一体遗迹的彼此联系。

在这点上需要适当说明的是，虽然巴文克神学的目标在范围上总具有充分的大公性，但是他相信这种大公性的神学最纯粹的表达存在于改革宗传统中。在这个改革宗潮流中，巴文克当然在荷兰新加尔文主义运动中声名鹊起。正因如此，我们应根据新加尔文主义特有的"世界观"来解读巴文克。

> 当进入20世纪之际，宗教改革对世界观的反思产生了特有的形式。这明确具体地出现在亚伯拉罕·凯波尔、赫尔曼·巴文克、赫尔曼·杜维尔德和德里克·福伦霍恩（D. H. T. Vollenhoven）等荷兰先驱的著作中。透过神学、哲学和其他学科，尤其是透过源于深切渴望在各个生活和公共事业领域顺服圣经的文化和社会行动，他们为更加深邃和清晰地理解圣经的世界观做出了贡献。[186]

可以被称为广义的新加尔文主义的世界观，以创造、堕落、救赎和终末圆满为轴心点来运作。这种救赎历史的诠释学为新加尔文主义者带来了对圣经与众不同的解读，以及对身处世界的自己不同的理解。例如，巴文克的侄子约翰·赫尔曼·巴文克（Johan Herman Bavinck）就以这些要点为核心，提出了一个新加尔文主义宣教学的典范。[187]

凯波尔的斯通讲座《论加尔文主义》也宣称，加尔文主义完全是一个"生命体系"。[188] "加尔文主义者从未认为宇宙的观念贮存于由御旨（decrees）松散联合而成之集合体的神的预定（foreordination）中，但是

---

[186] Wolters, *Creation Regained*, 1-2.
[187] "宣教是教会的活动。在本质上，它无非是基督透过教会的活动。借此，末日被延缓，教会在这短暂的时刻中呼召世人悔改，信靠基督，从而他们成为祂的门徒，通过洗礼进入那些等候天国来临之人的团契中。" Johan Herman Bavinck, *An Introduction to the Reformed Science of Missions*, tr. David Hugh Freeman (Grand Rapids: Baker, 1960), 62.
[188] Kuyper, *Lectures on Calvinism*, 9-40.

他们始终坚称全部御旨构成了一个有关整个被造界和整个历史的有机计划。"[189]

在这个背景下，巴文克引用了乔治·班克罗夫（George Bancroft）的观点来支持自己的主张。班克罗夫认为，加尔文主义"拥有本体论、伦理学、社会幸福、人类自由的理论，而这些理论都源于神"。[190] 最有趣的是，当凯波尔详尽阐述这个源自神圣合一性的世界观的概念时，他频繁地采用了有机主旨。[191]

巴文克的斯通讲座《启示的哲学》在本质上确实是他先前的著作《基督教世界观》的扩充阐述。在这本书中，巴文克认为神的教义是一个连贯一致的世界观的根基：

> 基督教世界观竭尽全力反对自治和混乱无序。它秉持的观点是，人并非自治，而总是处处受到律（laws）的制约。这些律并非人所造，乃是神为生命设立的准则。在宗教和道德中，在家庭、社会和国家中，到处都有凌驾于人之上的观念（ideas）和规范（norms）。**它们自身构成了一个整体，它们源于宇宙的创造者和定律者（Lawgiver），并在祂里面得以延续。**这些规范是交托于人类的最珍贵的财富，是所有社会制度的基础……这些神圣的观念和律是根基和规范，是财产和宝藏，将所有被造物彼此相连，并成为他们的模型。在最根本上与神儿子的形像一致就意味着，在心思意念、思想和行动上依照这些规范而活。这是人的理想和目标。[192]

巴文克清晰论到并确信，对于贯穿他一生的对世界的一致解读而言，神为中心论不但是可能的，更是必要的。在 1904 年首度出版并由斯通讲座扩展阐述后，《基督教世界观》在 1913 年再度出版。这本著作也在巴

---

[189] Kuyper, *Lectures on Calvinism*, 115.
[190] George Bancroft, *History of the United States of America* (New York: Appleton, 1890), 405.
[191] 相关例子，见 Kuyper, *Lectures on Calvinism*, 16, 33, 59, 65, 79-80, 82, 89-96, 113, 115.
[192] Gordon J. Spykman, 'Sphere Sovereignty in Calvin and the Calvinist Tradition,' *Exploring the Heritage of John Calvin*, ed. David E. Holwerda (Grand Rapids: Baker, 1976), 181-82. 引用并翻译自《基督教世界观》。着重点为所加。

文克去世后于 1929 年第三次出版。巴文克恪守新加尔文主义对世界观的强调，其中最明显的就是他认为神圣的合一表明**世界观**的概念是正当的，也是必要的。神的教义赋予了实在（reality）基本的一致性，因此他用基督教有神论将整个生命汇聚在神的教义之下。

哈林克先前已经说明，对于巴文克而言，这确实如此。

> 有趣的是，【巴文克的】改革宗信念并未妨碍他与所生活的世界建立联系。在他的生活圈中，尤其是在分离主义者和现代主义者的群体里，许多人相信前者应要与后者脱离，要么是由于敬虔主义对世界缺乏自信，要么是由于将正统等同于狭隘思想和发展不足的观点。关于我们当今对改革宗信念和现代性之关系的反思中，巴文克的灵修（spirituality）极其重要。**他的起点是神的合一性**，这说明了一种大公性的基督教信仰；这个信仰属于所有时代，所有地方。[193]

因此，对巴文克的此种另类解读尝试以他自身的起点为开始：神的教义。我们在这个教义中已经发现了丰富的内容。它们支持这一假设：尽管巴文克的有机主旨语言映射了他的时代，他却未以"彼时普遍的意义"来使用这个语言。[194] 相反，我们可以极力主张，巴文克对多样性中的合一性和不同元素彼此相连（这是构成有机主旨核心的观念）之主题的范式关注源于他的神的教义。诚然，若这个神的教义平移至普遍启示和特殊启示中，那么这些主题将处处清晰可见。因此，后续章节对相关领域有机主旨的探讨将尝试进一步建构此种解读。

---

[193] Harinck, '"Something that Must Remain, If the Truth Is to Be Sweet and Precious to Us": The Reformed Spirituality of Herman Bavinck,' 260-61. 着重点为所加。
[194] Contra Veenhof, *Revelatie en Inspiratie*, 268.

第 5 章
有机主旨和普遍启示

第五章 有机主旨和普遍启示

一. 前言

"整个三位一体在被造界中向我们启示。"[1]

"此刻,我们很难否认世界是神自我启示之剧院的事实。"[2]

本书到目前为止已经论证了许多有关巴文克的著作中所采用的基本诠释法(有人称此为"双重巴文克"假设)确实是有缺陷的。在指出近期巴文克研究的发展时(尤其是在克鲁斯特曼和博尔特的著作中),对巴文克神学一种崭新且一致的解读已然确立。当然,本书特别关注巴文克频繁使用的有机主旨。在说明冯赫夫特别使用"双重巴文克"模型对该主旨做了极具影响的处理后,本书提出了对有机观念的一种新解读:这个新假设就是,神的三一性是这个广泛深入之主旨的终极源头。

正如前一章所论证的,巴文克神学中的神的教义提供了丰富的素材,可用以支持这个假设。之于巴文克,三位一体就是具有无比深奥的多样性中的合一性的神格。这一事实对于非神性事物有直接影响:"三位一体的神在祂自己里面向我们显明了全然完美的系统,这是所有其他系统的源头、类型、模式和形像。"[3] 然而正如先前所论,神圣三一性的三而一(three-in-one)以一种全然独特的性质存在:它不能被复制。依巴文克所言,它以类比的方式,按一般的多样性中的合一性的非数值特定形式的模式予以启示。若我们将古典三位一体遗迹用语插入巴文克的著作中,那么三位一体的特征就与中世纪神学贫乏的"三元组"无关。相反,神会在时空连续体的有机单元中得荣耀。由此得出的基本论点就是:通常情况下,当巴文克发现三一形式的宇宙性多样性中的合一性时,他就会援用有机意象。本章会指出巴文克是在改革宗传统中写作,因此他坚持神自我启示的一般范畴和特殊范畴的基本事实。本章要探讨与有机主旨相关的一般神圣启示的特性。

这一研究的主要文献是<神学绪论>的第四部分[4](启示:外在基础;§§ 9-10)和《启示的哲学》。虽然后一部著作在《改革宗教理学》10 年

---

[1] Augustine, *City of God*, 353.

[2] *RD* 1.56.

[3] Herman Bavinck, *Kennis en Leven* (Kampen: J.H. Kok, 1922), 59. "Hij, de Drieëenige, toont ons in zich zelven het gansch volkomen systeem: oorsprong, type, model en beeld aller andere systemen."

[4] *RD* 1.283-322.

后出版，但是它发展了先前在《改革宗教理学》中已铺定的同样主题。我们将会看到，巴文克的生活处境促使他对神圣自我启示之正当性有一生之久的坚持。

二. 处境中的巴文克的启示之教义

正如在第一章已简单提到，巴文克的一生都处于整个欧洲的思想战争之中。在巴文克出生前的第 6 年，斯霍尔滕的学术辩论伙伴奥普佐梅尔就建议荷兰政府从大学里移除神学院。[5] 虽然这个建议并没有立即被执行，但是它设定了巴文克出现的历史背景。

在 19 世纪中叶，欧洲处于大变革之中。纵然荷兰地区没有革命，但周遭国家所发生的事件极大地影响了荷兰的国民生活。由于担心自己的王国会陷入反对君主制度的暴行，荷兰国王威廉二世命令约翰·鲁道夫·托尔贝克（Johan Rudolf Thorbecke）修订国家宪法。这一宪法修订的影响就是巩固了威廉二世的地位，并在很大程度上削弱了他的权力。议会民主制得以引进，选举权扩散。因此，尽管阿姆斯特丹没有暴力革命，但是革命的世界观在荷兰地区成为主导性的，威廉二世成了实际上的诸侯王。

作为新宪法的首要制定者，托尔贝克产生了重大影响；该宪法反映了他的自由政治倾向。有趣的是，托尔贝克学的是"国家为有机体"的理论，因此这也反映了 19 世纪广泛的"有机"关注。"1848 年的宪法保障了这个架构；这个宪法的缔造者托尔贝克将现代国家想象为一个复杂的、由动态且相互依存的部分构成的整体。作为有机国家理论的研究者和法国中央集权政府传统的批判者，托尔贝克思想的根本就是市政府、省政府和国家政府阶层'有机'或'自然'的相互依存。"[6]

1849 年，托尔贝克升迁至内政部长，因此实际上就成了荷兰第一任首相。在他的治理下，罗马天主教的主教教区尝试恢复原状，这导致了 1853 年的四月抗议运动。作为回应，托尔贝克被迫辞职。然而在 1862 年，

---

[5] Herman Bavinck, 'Theology and Religious Studies: Appendix B,' *Essays on Religion, Science and Society*, 281.

[6] Bernard O'Sullivan and Denis Linehan, 'Regionalism in the Netherlands,' in *Regionalism in the European Union*, ed. Peter Wagstaff, (Bristol: Intellect Books, 1999), 88-9.

他再度就任内政部长，这又引发了对荷兰国民生活重心的革命价值的讨论。这一冲突的核心层面就是，我们如何将教育连于新宪法的原则。在托尔贝克重新任职不久后，中学教育就与宪法保持一致。虽然托尔贝克于1866年逝世，但是他所引发的势头仍旧继续发展。正值学院世俗化完全实施之际，巴文克进入了高等教育的领域。

1868年，首相阿布拉罕姆斯提出，由于新宪法中教会与国家分离的原则，牧者的训练应归属于教会的神学院而不是大学。然而，他的继任者哥尼流·福克（Cornelius Fock）在随后一年说到，神学依旧是一门正当的学术科目。1874年，首相约翰·赫尔曼·吉尔特塞马（Johan Herman Geertsema）就已正式成立了荷兰第一个宗教研究系。不久之后，吉尔特塞马被希姆斯科克取代，后者再度成为首相。[7] 希姆斯科克不多久就重新开始他先前废除荷兰大学神学院的运动。他认为这些学院应要关闭，并由文学院管辖下的宗教研究课程取而代之。

希姆斯科克的提议激起了各种反响。当极端阵营出现时，它们要么支持彻底废除神学，要么全力支持神学。大多数中间人士也出现，他们认为将神学转变为文学系的隶属部分是不恰当的。因此，众人探寻一个调解性的立场，这促使了宗教研究系的成立。1876年，当巴文克还是莱顿大学的本科生时，《高等教育法案》正式通过。此法案高度反映了，就神学在学院和教会中地位一事而言，国家和荷兰改革宗教会之间普遍缺乏共识。最后应温和的自由主义政治家阿尔伯特斯·范艾姆内斯（Albertus van Naamen van Eemnes）的要求，决定在新创立的宗教研究系中保留其先前神学院的名称。

巴文克后来对此中间路线的回应十分悲观。"议会保留了神学院的名字，实际上却引进了宗教研究系。这样，一个怪异的科系开始在国立大学出现：虽称为神学院，实则是宗教研究系。这样，神学遭受重创，并被剥夺了其核心和生命。这个不可思议的科系包含了杂乱无章的科目。"[8] 巴文克于1892年表述的这个观点反映了巴托尔德·范朱特法斯（Barthold

---

[7] 杨·希姆斯科克·阿布拉罕姆斯（Jan Heemskerk Abrahamszoon）担任了两届荷兰首相（1874-1877和1883-1888）。

[8] Bavinck, 'Theology and Religious Studies: Appendix B,' 283.

Jacob Lintelo baron de Geer van Jutphaas）对此更加即时的回应，[9] 以及巴文克将来的同事凯波尔随后的批判。[10]

巴文克"杂乱无章"的嘲讽似乎基于他在莱顿本科学习和博士研究的经历。虽然莱顿神学院强烈坚持自己需要转变成宗教研究系，但是在巴文克的记忆中，这是一些尴尬笨拙的原则和方法的汇合："其结果就是产生一种互不相容事物的混合，缺乏概念的整合与统一。一些授课科目使人想到古老的神学教育，另一些则显然属于宗教研究的领域。这种不如人意的发展也将那些必须要在这些系里面授课的教授置于艰难的处境。"[11]

巴文克以约翰·荷马努斯·胡宁（Johannes Hermanus Gunning）为这类教授的一个例子。胡宁于 1889 年接任莱顿大学的教席。他刚开始视自己为"有信仰的"神学家，可以从一个开放的基督徒视角教导宗教哲学。[12] 胡宁的立场很快就发生了改变：他不再相信可以作为一位"有信仰的"教授参与宗教研究的课程。哥尼流·柏图斯·提勒（Cornelius Petrus Tiele）接管了胡宁的宗教课程，同时胡宁转而教导历史神学。

在这种不确定的处境中，我们发现年轻的巴文克在 1874 年令人惊讶地离开了他父亲所在的位于坎彭的保守性的神学院，前往莱顿追求"更加科学性的训练"。[13] 他在这段时间里的私人通信表明了他自己宗派里其他人的担忧。在《高等教育法案》通过的几个月里，他的朋友多斯克表达了对巴文克身处这一剧变之中的担忧：为什么巴文克要去莱顿学习？在现代主义的大本营中，他的正统信仰仍旧刚强吗？[14] 巴文克后来与他的同学赫洛涅的通信，以及他决定想在基督教改革宗教会内按牧，都证明他与莱顿学派的彻底决裂。[15]

---

[9] Barthold Jacob Lintelo baron de Geer van Jutphaas, *De wet op het hooger onderwijs* (Utrecht: Bijleveld, 1877), 147.

[10] Abraham Kuyper, *Onnauwkeurig?* (Amsterdam: J.A. Wormser, 1889), 9.

[11] Bavinck, 'Theology and Religious Studies,' 53.

[12] Johannes Hermanus Gunning, *De wijsbegeerte van den godsdienst uit het beginsel van het heloof der gemeente* (Utrecht: Briejer, 1889), and *Het geloof der gemeente als theologische maatstaf des oordeels in de wijsbegeerte van den godsdienst*, parts I-II (Utrecht: Breijer, 1890).

[13] Bremmer, *Herman Bavinck en zijn Tijdgenoten*, 20.

[14] H. E. Dosker to H. Bavinck, December 23, 1876. H. Bavinck Archives, HDC.

[15] Bavinck to Snouck, November 24, 1880, in *Een Leidse Vriendschap,* eds., de Bruijn en Harinck, 75-76.

从这个历史处境来看，我们发现巴文克的神学生涯具有与众不同的形式。在 1881 年和 1911 年间（亨德里克森的巴文克小传将这些年描述为"重大活动的时间段"[16]），巴文克构思并阐述了一种对改革宗信仰的重新解读，以回应他的老师斯霍尔滕的解读。当如此行之际，他利用各样重要机会讲授并论述了同一主题：启示。之于巴文克，神圣自我启示的实在是解决"神学与宗教研究对战"的关键因素；他正是生于这一冲突之中。神的言说（*Deux dixit*）不仅赋予神学之可行性，而且使神学完全成为"众科学的皇后"（the queen of the sciences）。[17]

在巴文克人生最重要的时刻，这个持守一生的坚定信念开始涌现。1881 年，巴文克在法兰内克的弗里西亚（Frisian）镇开始牧养教会。他在那里的时间短暂，仅一年后就成了坎彭神学院的教授。巴文克在那里（极度保守并持分离主义的教会神学院）的第一个 10 年主要是广泛阅读，反思自己在坎彭的经历，仔细思考"神学或宗教研究"的争论。简而言之，他的结论是：神圣的自我启示使神学成为必然，因此神学属于科学性的大学，而不属于私立的教会神学院。

在巴文克的生涯中，这个观点促使了他在多个重要场合讲题的选择。1892 年，在坎彭经过 10 年研究后并在发行《改革宗教理学》第一卷不久前，巴文克发表了极为重要的一篇文章：《神学和宗教的科学》（*Godgeleerdheid en godsdienstwetenschap*）。[18] 这篇短文为他的代表作《改革宗教理学》的许多内容立下了根基：卷一<神学绪论>便是与启示的教义密切相关。巴文克撰写系统神学回应《高等教育法案》对启示的否定这一说法绝非只是推断：他在<神学绪论>的开始几个章节中就有两次提到这个法案[19]，并在讨论普遍启示时也有相关论述。[20] 就此而论，他于 1892 年发表的文章为《改革宗教理学》这一更大的著作提供了历史处境的介绍。

---

[16] William Hendriksen, 'Translator's Preface' in Bavinck, *The Doctrine of God*, 1.
[17] *RD* 1.54.
[18] Herman Bavinck, "Godgeleerdheid en godsdienstwetenschap," 197-225. 本文已经译成英文：'Theology and Religious Studies' in Herman Bavinck, *Essays on Religion, Science and Society*, 49-60.
[19] *RD* 1.36, 49.
[20] *RD* 1.306.

在 1901 年完成《改革宗教理学》的最后一卷后，凯波尔说服了巴文克前往阿姆斯特丹自由大学。他对坎彭的学生做出了以下最后赠言："我是分离运动的后代，我希望自己永远都是。"[21] 在阿姆斯特丹的生涯中，他所做之事体现于以下两个方面。

第一，巴文克于 1902 年在阿姆斯特丹自由大学的教席就职演说取题为《宗教和神学》（*Godsdienst en godgeleerdheid*）。[22] 我们再一次发现他专注于此反复出现的主题：神的自我启示意味着神学必须要在学院中研究。

第二，在阿姆斯特丹任教 6 年后，巴文克受邀到普林斯顿神学院主讲斯通讲座。他选择的讲题就是《启示的哲学》。此系列讲座的内容用同样的名称分别以英文、荷兰文和德文出版。在生涯发表决定性的著作和演讲的 20 年后，斯通讲座展示了它与巴文克 1892 年的序曲不间断的连续性。借着指向神启示的实在，巴文克始终尝试要解决他生命中出现的这一重大争论（神学和宗教研究何为正当合理）。

正因如此，在解读巴文克之际，我们不应假设巴文克是在相对平静的处境中撰写神学著作。当思考巴文克的整体神学著作时，我们对他的历史处境要有敏感性。他的坚定信念是在挣扎中形成的。巴文克的启示的教义对这一坚定信念产生了决定性的影响。"神使神被人认知"（God making God known）令巴文克鼓足勇气从事教理神学；或许有人会说，他别无选择。在 1934 年，巴特以坚定的"否"回应自然神学看低（基督中心性）启示。以类似的方式，巴文克以一生之久的"否"回应《高等教育法案》对启示的否定。

所以本章开篇就承认，巴文克对启示的委身意味着必须要从事神学。然后，我们继续探索了这一启示的基本特性，为要查明这种由启示驱动的神学到底是如何的。若此神学以三位一体为中心，那么它有怎样的框架？

启示构成了巴文克著作中核心元叙述的其中一个。因此，我们会查看这个启示是否以某种方式在性质上也是"有机的"。显然，启示是巴文克的中心思想之一。理解启示与有机主旨相连的方式将会为本书对巴文克神学的解读方法增色不少。

---

[21] Bremmer, *Herman Bavinck en zijn Tijdgenoten,* 192: "lk ben een kind der scheiding en dat hoop ik te blijven."

[22] Bavinck, *Godsdienst en godgeleerdheid* (Wageningen: Vada, 1902).

三. 何为启示？

巴文克发现他自身处境中缺乏对启示之教义的统一看法。"在决定启示的本质和概念的众多努力中，充斥着极大的混淆。"[23] 在他看来，这种混淆的起因是相关术语仍旧保持不变，但术语的本质在各个方面已然彻底变更。"虽然旧有词汇的延续使用证明启示的概念反映了一个被众多基督教神学圈以外的人士所认可的价值，然而它助长了误解和混淆。'启示'定然不是一系列空洞的声音，不是一面可以包罗万象的中立旗帜；它乃是传递一个特定概念的话语。"[24]

巴文克认为，混淆启示之性质的核心因素是后宗教改革时期的教会分裂。"若基督教内彼此合一，并且不存在其他立场的信仰，那么认识基督教的真理就容易多了。但是基督教不断地分裂，支离破碎。作为中世纪乡村和城市之中心的教会如今彻底被摧毁；众多宗派层出叠现，每一方都主张自己是基督教真理最纯粹的表达，然后继续内部分裂，数量也不断增加。"[25]

在他当时的处境中，巴文克觉察到此种教会的嘈杂，并伴随着现代哲学和神学著作中那些模糊不清的定义。巴文克自己对启示之理解的一个简明概括出现在《我们合理的信仰》中。[26] 巴文克将他启示的观念解释为神的自我揭示。无论此种自我启示以普遍形式还是特殊形式出现，他认为启示总有三个特征。

第一，"它总是源于**神祂自己**，这位自由而行的神。"[27] 启示总是一个主权性的神圣行动。第二，"源自神的每一个启示都是**自我**启示。神是启示的源头，祂也是祂启示的内容。"[28] 第三，"源自神又以神为内容的启示也以神为目的。这种启示属于祂，借着祂，并归向祂……因此，启示的最终目的并非在人里面；在某种程度上，启示越过人，升到人之上。"[29] 这使巴文克的启示的教义与他更广的世界观完全一致：三一神的荣耀是万

---

[23] *RD* 1.295.
[24] *RD* 1.295.
[25] *PR*, 203. 参 Avery Dulles, *Modes of Revelation* (New York: Orbis Books, 2002), 6-8.
[26] Bavinck, *Our Reasonable Faith*, 34-6.
[27] Bavinck, *Our Reasonable Faith*, 34.
[28] Bavinck, *Our Reasonable Faith*, 35.
[29] Bavinck, *Our Reasonable Faith*, 36.

事万物的起始和终点。正因如此，若三位一体自我启示的基本特性以合一性、多样性、关系性、结合性和互联性的脉络发展，这也就不足为奇了。所以，我们会期待启示有一种内在的有机特性。

我们到目前为止已经确认，随着巴文克生涯的进展，他对启示的理解基本保持不变。可以这么说，他各样的出版物和演讲在本质上都在扩展详述了一个坚定不移的核心命题：启示就是神圣的揭示。这一事实是所有宗教、哲学、自然、历史、人类经验、文化和未来盼望的根基。万物都以某种方式通过启示与神相连。"这已显然：若我们要认识神，神必须要启示祂自己……这个研究并非关乎'人性'（humanness）的知识；这个知识可以借着科学研究、解剖学、生理学和心理学获得。这个研究涉及人类起源和命运，我们与神的关系，我们因罪而有的悲惨，我们对救赎的需要，我们对天堂的记忆，以及我们对将来的盼望。这一切所属的领域是科学无法触及的，但可以靠着启示被人发现。"[30]

对于这一看似重要的主题，巴文克在《改革宗教理学》中只用了相对较少的篇幅论述普遍启示。[31] 在仅仅二十页里，他用五节内容论述了这一主题：自然与超自然启示，所有启示皆为超自然，普遍启示并不充分，普遍启示和宗教的普世性，普遍启示和基督徒的门徒身份。[32] 在此之后，巴文克在论述普遍启示和特殊启示的章节中再次讨论了这个主题。[33]

有人指出博库伟批判巴文克时代与普遍启示有关的趋势潮流：对普遍启示的过分强调产生了非基督中心性的一般性的宗教。[34] 难道巴文克仅仅是一位被动回应性的神学家吗？无论是否有意，他不够重视普遍启示难道只是为了回应过分强调吗？对巴文克更加细致入微的解读或许会暗示，他小心谨慎地罗列了神圣启示的原则（从广义使用和狭义使用的角度），并适宜地精心准备他的素材。

---

[30] *RD* 1.287.
[31] 然而我们发现，巴文克的《我们合理的信仰》包含了他对普遍启示和特殊启示之立场的有益概括。见 'General Revelation' (32-43), 'The Value of General Revelation' (44-60), 'The Manner of Special Revelation' (61-72), 'The Content of Special Revelation' (73-94).
[32] *RD* 1.302-22.
[33] *RD* 1.353-85.
[34] Gerrit Berkouwer, *General Revelation* (Grand Rapids: Eerdmans, 1955), 13.

四. 巴文克对自然启示的否定

当我们要探索巴文克对启示的处理时，需要注意他所置身的概念上的争论。在论述启示对所有宗教都是必要的之后，[35] 他继而描述了 18 世纪自然神论理性主义的重大发展。[36] 有趣的是，对自然神论的这一梳理再次支持了启示是哲学和神学的知识源头的观点。然而，巴文克选择借助先前改革宗对普遍范畴和特殊范畴中的启示的区分来定义自己的立场。

从历史神学的角度出发，巴文克透过爱任纽[37]、特土良[38]、奥古斯丁[39]和大马士革的约翰的著作，发现了教父对启示的"自然"和"超自然"范畴的研究发展。[40] 随后，他批判了这种神学运动的内在是二元论的，中世纪罗马天主教神学的发展尤其如此。为了解释其罪论和人论的独特性，宗教改革彻底重新定义了启示的这两个范畴。"改教家诚然认为自然中有神的启示。但是人的心思因罪变得太昏暗，以至于人既不能正确认识，也不能正确理解这个启示。因此，以下两件事是必需的：（1）神在特殊启示中再次囊括了那些本身从自然就可知之事；（2）为要再次在自然中察觉到神，人首先要被神的灵光照。"[41]

所有启示在本质上都是超自然的这一信念是巴文克坚决否定自然启示的根基。为了支持这个观点，他提出了一个有趣的释经要点：圣经使用了相同的词汇（*apokaluptein, phanerouv* 等词）来描述被称为"自然的"和"超自然的"事件（雅十二 22；三十三 16；三十六 10；罗一 18, 19）。[42] 饶有趣味的是，斯霍尔滕对 αποκαλυτρειν 和 φανερουν 的定义有些不同。在《改革宗教会的教义》一书中，他主张这两个词分别指向主观的（内在的）和客观的（外在的）光照。[43] 巴文克发现这个定义在释经上尤为薄弱。[44]

---

[35] *RD* 1.284-87.
[36] *RD* 1.2.
[37] Irenaeus, *Apology*, II, 8, 10, 13.
[38] Tertullian, *Apology*, II, 18.
[39] Augustine, *Confessions*, V, p. 5; VIII, 26.
[40] John of Damascus, *Exposition of the Orthodox Faith*, I, ch. 1, V.
[41] *RD* 1.304.
[42] *RD* 1.307.
[43] Scholten, *De Leer der Hervormde Kerk*, 163 ff. Also see Johannes Scholten, *Dogmaticus Christianae*, 2nd ed., (Lyons: P. Engels, 1858), I, 26.
[44] *RD* 1.325.

正因如此,他认为自己理当拒绝斯霍尔滕的立场和宗教改革前对自然启示和超自然启示的区分。

五. 狭义与广义的普遍启示

巴文克认为普遍启示在有效性上本身就是有限的。基督论的焦点对此观点至关重要。"因此,对于有罪的人而言,普遍启示是不充分的;他们对恩典和赦免一无所知。"[45] 事实上,他随后断言:"普遍启示最多传达了一些真理,但是没有表述事实、历史,因此并未改变生命的存在。"[46] 正因如此,普遍启示不能将人带到基督面前,而基督正是整个自然和启示的"有机中心"。

虽然巴文克在《改革宗教理学》中对普遍启示的专注讨论相对简略,并且他首先着重强调普遍启示的狭窄、有限的用途,但是他普遍启示的概念同时又是十分宽泛的。

> 神外在的工作始于创造。创造是神的首个启示,是所有后续启示的起点和根基。圣经中启示的概念根植于圣经中创造的概念……借着祂的话创造世界,并借着祂的圣灵赋予其生命,神已经描绘了所有后续启示的基本轮廓……在真正的意义上,所有已然和将要发生之事都是神的工作;对于虔诚之人,这些都是神属性和完善的启示。这便是圣经看自然和历史的方式。创造、维护、治理共同构成了一个单一、强有力的持续性的神之启示。[47]

因此,纵使巴文克对普遍启示理论的论述相对简略,但是他对此理论的应用几乎贯穿始末。简而言之,我们必须总是在神圣自我揭示的主题下解读他有关自然和历史的著述。普遍启示概念的核心就是神圣的超越住在所有神的工作之内:"若神的居所在遥远之地、世界之外,若祂的超越被理解为祂离弃了被造之物、如今立于这个世界现实之外,那么我们就失去

---

[45] *RD* 1.313.
[46] *RD* 1.313.
[47] *RD* 1.307.

了祂，不能维持与祂的交通。祂的存在对我们而言便不能成为真实，除非我们可以将祂想象为不仅超越于世界，而且就祂本身而言是在世界之中，因此也就内住在祂所有的工作中。"[48] 之于巴文克，神不会在远处自我揭示。神必须要么"居住于"（inhabit）祂的启示中（启示则由整个自然和历史构成），要么完全抑制自我揭示。[49]

六. 作为创造（自然）和护理（历史）的普遍启示

正如在第六章会看到，巴文克采用了一个非静态性的特殊启示观。凭借**有机默示**，圣经既是"神所吹气的"（breathed），也是"神正在吹气的"（breathing）。[50] 当我们指出他相似的非静态性普遍启示的定义时，普遍启示和特殊启示各自性质之间的类比就变得明显了。在这两个方面，巴文克将启示同时描述为一个行动和一个工作：特殊启示**曾是**（was）且**今是**（is）默示的；普遍启示既**曾是**（在创造的行动中）又**今是**（在护理的工作中）启示的。[51]

巴文克并未将普遍启示限于创造的主题。在创造的行动中自我彰显的神继续在对被造物的护理维系中自我启示。[52] 过去式形式的创造行动无法准确刻画三位一体的普遍启示。相反，普遍启示贯穿整个护理的工作。

---

[48] *PR*, 21.
[49] 诚然，在解读神"居住于"祂的工作中这一概念时，理应想到巴文克对泛神论的全然反对。
[50] *RD* 1.440："相似的，圣经是一个活泼有效的话语，能'辨明'心中的思念和主意。它不仅**曾是**（was）默示的，如今仍是'神所吹气的'和'神正在吹气的'。正如默示的行动前必然先有许多准备（所有圣灵在自然、历史、启示、重生中的活动），默示的行动之后也必有许多事发生。默示并非一个孤立的事件。在默示的行动之后，圣灵并非脱离了圣经，任其自生自灭，而是维系并赋予其生命力，用各种方法将它的内容带给人类，带到他们的内心和良心中。"
[51] 尼古拉斯·亨德里克·古特哲思（N. H. Gootjes）指出，巴文克的普遍启示和特殊启示的概念以一种独特的相似性相连，尽管他并未解释这个类比：N. H. Gootjes, 'General Revelation in its Relation to Special Revelation,' *Westminster Theological Journal* 51 (1989), 367, footnote 27.
[52] Berkouwer, *General Revelation*, 292.

为了尝试根据历史处境来解读巴文克，我们注意到他写作是为了反驳莱顿一类的有神论。正如已经所论的，巴文克依据三位一体的脉络重述了神的教义：巴文克的神因祂非武断性的属性来实行主权，而不强制。

他全然拥护启示和超自然主义，这充实了巴文克在私人信件中提到的背离反启示、反超自然的莱顿神学。[53] "那些想要从宗教、继而从祷告和与神相交中剔除超自然因素的人，正在扼杀宗教本身。"[54] 事实上，我们很难不将此陈述解读为是对斯霍尔滕式之基督教的回应。在《自由意志》（De Vrije Wil）一书中，斯霍尔滕依据改革宗和亚米纽斯派之间的辩论探讨了祷告和超自然主义。在夸张地将这两个阵营描述为分别代表决定论和非决定论后，[55] 斯霍尔滕主张的改革宗式祷告操练的标记就是敬虔的顺从，即神的旨意将会成就。祷告的唯一目的就是使基督徒的意志顺服预先决定的神圣计划。

他将向神祈求超自然护理的基督徒完全归类为自私的恳求者（egoïstische bidder）。[56] 这种护理（神圣的普遍启示）的概念与斯霍尔滕的神的教义一致：是任意的、死板的、预先已决定的和持续预先决定的（predetermining）。然而，这与加尔文和巴文克所持的神的教义和护理的教义步调不一。

七. 加尔文、斯霍尔滕和巴文克论神和护理

此刻，我们必须稍作停顿，以重述本书的核心要旨。第三章指出，博哈特克认为荷兰新加尔文主义者从加尔文继承了他们独特的"有机"范型；正如巴文克自己所说，加尔文在本质上是持有机世界观的。[57] 尽管如此，巴文克和凯波尔无疑在某种程度上反映了他们那个时代对有机意象的嗜好。

---

[53] Bavinck to Snouck, November 24, 1880, in *Een Leidse Vriendschap,* eds., de Bruijn en Harinck, 75-76.

[54] *RD* 1.308.

[55] "De Gereformeerden verweten aan de Remonstranten, dat door hun indeterminisme het gebed doelloos werd, in zover het gebed van de overtuiging uitgaat, dat God op het willen der menschen invloed uitoefent." Scholten, *De Vrije Wil,* 257.

[56] Scholten, *De Vrije Wil,* 261.

[57] Bohatec, 'De Organische Idee in de Gedachtenwereld van Calvijn,' 153-64; 362-77; Bavinck, *Johannes Calvijn,* 18.

本书质疑冯赫夫的"双重巴文克"以及关于有机主旨"在彼时普世一致的意义"[58]的信念。与此同时，本书承认在 19 世纪中叶和 20 世纪初之间发生了一个广泛、跨学科性背离 18 世纪机械论的运动。[59] 除了"双重巴文克"的根基，对冯赫夫著作另一主要批判就是他并不足够关注一些独特的改革宗、三位一体的影响因素；这些因素塑造了巴文克的有机主义。因此，虽然巴文克以 19 世纪晚期的审美典范来写作可被认可，但是我们必须探究博哈特克的信念，即新加尔文主义有机表述的本质与生俱来根植于加尔文自己的神学。

我们已经描述了巴文克的有机主旨在反对他的老师斯霍尔滕的核心要点的大背景下的发展。涉及神和宇宙时，斯霍尔滕持机械论，因此神是一元性而非三位一体的，同时他也严格地以决定论解读护理。在这些方面，巴文克在非机械论的、三位一体的神里面寻找起点，从而产生了以三位一体的方式将护理重新解读为非强制性的。所以，他所选择的有机意象应在此行动中予以解读。

当寻索一个与斯霍尔滕和巴文克之间就机械论和有机主义的争辩对等的例子时，加尔文与放纵派（Litertines）表面上是涉及护理的辩论（关于普遍启示的"历史"因素），但主要是关于神本性的辩论；这可以作为一个很好的历史先例。

虽然历史处境说明加尔文在文体风格上不太可能是"有机的"，但是博哈特克和巴文克主张的核心是，新加尔文主义有机主旨所表述的实质已经出现在加尔文的神学中。若然，我们会期望这在加尔文自身对神与护理的论述中是显而易见的。正如加尔文在牛顿物理出现前著述，他显然不是回应机械论的、后启蒙运动形式的决定论。然而，他的确讨论了一种哲学形式的决定论。虽然这种决定论基于非科学性、前启蒙运动的原理，但也需要使用神和护理的教义予以回应。

加尔文的护理的教义在他一生中不断发展。在 1536 年的《基督教要义》中，护理只出现了零星几次。在之后的 20 年里，各样的争议辩论（包括与放纵派、斯多亚派、伊壁鸠鲁派和占星家的辩论）促使加尔文大

---

[58] Veenhof, *Revelatie en Inspiratie*, 268.
[59] See, for example, N.O. Lossky, *The World as an Organic Whole* (Oxford: University Press, 1928), tr. Natalie Duddington; John Bascom, *Aesthetics, or, the Science of Beauty* (Boston: Crosy and Nichols, 1862).

规模地详述了此教义。然而，正是在与放纵派的冲突中，我们发现加尔文回应了决定论式的护理的概念，因此也回应了决定论式的普遍启示的概念。[60]"驳放纵派的专著包含了加尔文对决定论最强烈的反驳和他对次级因果关系（secondary causality）最有力的辩护。"[61]

加尔文对"放纵派"的反对还有些令人困惑。"放纵派"成为之后由阿米·裴林（Ami Perrin）所领导之团体的诨名，而裴林反对加尔文将教会和民事治理紧密结合。[62] 但是加尔文所著的小册子的内容似乎显明，这个专著并非直接针对裴林和他的跟随者。相反，加尔文是写给昂姑勒美的马格蕾（Margaret of Angoulême），就是下纳瓦尔的女王（the Queen of Lower Navarre），关于她对另一个也称为放纵派之团体的支持。加尔文与第二个放纵派团体的争辩乃关于神学问题，而非民事问题。简而言之，他控诉这些人持反律法主义（antinomianism）和（泛神论式）决定论。[63] 这些控诉源于他们的信念：居住于万物中的单一圣灵是万事万物的起因。[64]

这个 16 世纪的争辩与巴文克有机主旨研究的关联在于，它证明了加尔文对决定论的批判，并解释了加尔文所持的观点。此决定论可恰当地被视为与斯霍尔滕立场相近的前科学性的对等物。下文会说明，巴文克在根本上延续了加尔文对斯多亚派决定论的回应，以此回应科学性决定论。这转而强有力地支持了这一假设：他的有机主旨是历史性改革宗正统的延续，与后者对神与启示之特性的观点有关。

对加尔文的一个大众刻板印象就是借着他反对"自由意志"的对立性，来解读他所持"预定"的内容。然而，当我们细想他在《基督教要义》中

---

[60] John Calvin, *Contre la Secte Phantastique et Furieuse des Libertines qui se Nomment Spirituelz, Joannis Calvini Opera Quae Supersunt Omnia,* Vol. VII; *Corpus Reformatorum* Vol. XXXV (Brunswick: CA. Schwetschke et Filium, 1868),145-248.
[61] Schreiner, *The Theater of His Glory*, 18.
[62] Johnathan Zophy, *A Short History of Renaissance and Reformation Europe: Dances Over Fire and Water* (New York: Prentice Hall, 2003), 226.
[63] 这说明，这些放纵派是他在《基督教要义》第一卷第九章所抨击的对象。
[64] Calvin, *Contre la Secte des Libertines,* Ch. XIII.

第五章 有机主旨和普遍启示

坚决拒绝斯多亚派的决定论时,这一夸张性描述就显得不太适当了。[65] 在这一小册子中,他控诉放纵派决定论的各种错误。

首先,该派将神解释为罪的始创者;其次,它摧毁了人的良心;最后,它使道德判断变得无益和无意义。[66] 这三个重大结果的核心就是,斯多亚派的决定论与双重的神的知识和人自己的知识并不一致。这两个知识"由许多纽带彼此相连"。[67] 我们立即发现巴文克和加尔文之间的明显相似之处:二者都认为充分解释不同事物彼此之纽带、联系和联合十分重要。在巴文克的著作中,此联系层面对于有机主旨至关重要。

先前对于加尔文而言的斯多亚派形式的决定论,以及之后对于巴文克而言的科学形式的决定论,并不足以表达神、人类和他们之间的实在。加尔文相信,放纵派的决定论依赖于一位拥有专制性意义的无所不能的神。"相较于放纵派所认为的神圣之灵专制性的无所不能,加尔文所选择的并非'侥幸'或'运气'或彻底的非决定论。相反,加尔文的选择是神如父亲般的持续关怀,或者说护理。"[68]

这一小册子的第十四章或许是与加尔文回应决定论相关内容最重要的信息来源。在这一章中,他用三种方式区分了预定和预先决定。

首先,加尔文论述了"自然的次序"。[69] 神并非通过远程因果关系的处理方法施行对被造界的主权。相反,创造者始终紧密地与被造界相联。就此而言,神的自由要在祂父亲般的关怀中来理解;祂仁慈地维护被造界的每一个部分,从而使被造界持守其自身的本性。[70] 就关于宇宙中神圣护

---

[65] Calvin, *Inst.* I.xvi.8 and *Defensis Sanae et Orthodoxae Doctrinae de Servitute et Liberatione Humanii Arbitrii Adversus Calumnias Alberti Pighii Compensis, Johannis Calvini Opera Quae Supersunt Omnia,* Voi. VI, *Corpus Reformatorum,* Voi. XXXIV (Brunsvigae: C. A. Schwatschke et Filium, 1867), 257.
[66] Calvin, *Contre la Secte des Libertines,* Ch. XIII, 186.
[67] Calvin, *Institutes* I.i.1.
[68] Allen Verhey, 'Introduction' in John Calvin, 'Treatise Against the Libertines,' *Calvin Theological Journal* 15 no 2 N 1980, trs. Robert G Wilkie and Allen Verhey, 200.
[69] 此外,尽管加尔文在何种意义上视宇宙为有序的成为加尔文学者激烈争论的主题,但是自然"有序"的重要性在加尔文和巴文克的著作中显而易见。之于巴文克,自然的有序性的确是他有机主旨定义的核心特征:虽然被造的实在是充满多样性的合一性,但是此多样性并非杂乱无章。相反,各种不同的部分靠着一个共同的理想(ideal)运作。参 *CW*, 50-65.
[70] Calvin, *Contre la Secte des Libertines,* Ch. XIV, 187.

理的神之本性而言，加尔文和巴文克之间有惊人的相似之处。前者写道："这种宇宙性运作并未彻底阻碍每一个天上或地上的被造物拥有或保持它自身的特质和本性，也没有阻碍它遵循自身的意愿。"[71] 对这两位神学家而言，神慈爱的护理显然是维系和复原自然，而非颠覆自然。巴文克写道："在保守并管理万物时，神维持祂所造之物独特的生命存在，使万物根据自身本性发挥功用，并保障人的自身个性、理性和自由。神从不强制任何一个人。"[72]

其次，巴文克论述了"特殊"护理的行动。若加尔文始终反对决定论和侥幸，他如何处理神圣意志特定的外展工作呢？加尔文和放纵派在这方面最关键的区分是关于人类存在的真正实在。与加尔文相似，放纵派的激进决定论强烈反对"自由意志"。加尔文宣称，放纵派却使人类变得与石头一样，不具有真正的意志。加尔文的回应是要肯定人的存在及意志，并主权性神圣意志的共同事实。人类一向依据他们的本性做出真实的选择；神在这些行动中并透过这些行动工作。神始终让宇宙自由存在，但祂绝不被此自由所限制。鉴于他语言处境的特色，加尔文并未用有机词汇表述护理的教义。尽管如此，他建构此教义为了排除神意志的机械式的运作，因这种运作贬低了被造物独立存在的价值。在这个意义上，巴文克似乎继承了加尔文护理的教义，并透过"有机主旨"处境化地表述。

最后，加尔文处理了护理的圣灵论层面。简而言之，使人重生的恩典并不除掉人的自由。纵使信徒始终根据他堕落的本性行事，并选择犯罪，但圣灵仍努力作成他的救恩。作为神的形像，神的自由是祂自身的特征。

阿伦·维希（Allen Verhey）对加尔文反驳放纵派最后的评述如下：

> 加尔文在本专著中的立场抵制了决定论，但拒绝非决定论（in-determinist）的进路。在我看来，这一巧妙的选择取决于某种神和人之自由的观点；我已在上文试图描述此观点。我们必须意识到，在重建一个人的思想时，建构性的解释说明也会出现。我们也必须意识到，问题显然仍旧关于预定。一个常见的观点——加尔文是一位决定论者——已受到质疑，

---

[71] Calvin, *Contre la Secte des Libertines*, Ch. XIV, 187.
[72] *RD* 2.104.

同时加尔文的神圣主权和人之责任的立场的线索也随之被发现：*神的自由和主权的能力并不否定、忽视或摧毁人的自由或人的责任。前者创造、维护并实现了后者。二者并非彼此矛盾，以至必须用吊诡的方式解决；与神的知识和我们自己的知识一样，它们"由许多纽带彼此相连"。*[73]

在不同的历史处境中，巴文克和加尔文都在竭力对付决定论。二人都认为基于决定论无法表述神自身的特性和祂与被造物的关系，因此否定前启蒙运动和后启蒙运动形式的决定论是合宜的。二人都借着重新论述神的教义来回应决定论；该教义自身的神圣规范排除了创造者与宇宙之间机械式的联系。有趣的是，这种神的教义也根除了非决定论：神的三一性同时杜绝了决定论和非决定论。

尽管斯霍尔滕夸张地将加尔文描述为决定论者[74]，但加尔文对预定的理解全然不同于预先决定。他们的差异在护理的教义上得以体现；该教义的特征以神的本性为根基。与巴文克一样，加尔文将"宇宙性的护理"（包括自然和历史）和普遍启示紧密相连。[75] 两位神学家都赞成神"父亲的手"的形像，而不是一种专制的整体因果关系，来引导护理之道。[76] 诚然，预先决定和预定的名字就已经暗示了他们相异的本性。在加尔文和巴文克看来，预定的焦点本就是目的性的：它将责任置于一个永恒设定的**命运**中。尤其在斯霍尔滕的反超自然主义的意义上，预先决定断然是非目的性的。它不变的焦点是因与果的即时作用；它关注瞬时而非终末。

在《基督教世界观》中，巴文克明确将目的论与有机主旨相连。"因此，有机世界观根本就是目的性的，而非是理性主义的意义（认为人的心

---

[73] Allen Verhey, 'Introduction,' 205. 着重点为所加。
[74] "De Gereformeerden verweten aan de Remonstranten, dat door hun indeterminisme het gebed doelloos werd, in zover het gebed van de overtuiging uitgaat, dat God op het willen der menschen invloed uitoefent." Scholten, *De Vrije Wil*, 257.
[75] Calvin, *Contre la Secte Phantastique et Furieuse des Libertines*, 187.
[76] 比较巴文克的表述——"我们正是从神父亲般手中领受万物"（*RD* 1.321）——与加尔文在 *Contre la Secte Phantastique et Furieuse des Libertines* (186, 187, 190) 多次提到的神的"手"。

智是万物的基准和目标），而是更高的意义，就是圣经要我们去认识的……这个目的并非靠着因果关系，乃与机械式的哲学相冲突。"[77]

在加尔文和巴文克世界观中，有如下几个不变的要点。（1）神的主权被确立。（2）凭借此主权，神已经预先命定了教会和宇宙的目的。（3）神将教会和宇宙带至末世的工作（护理）完全符合：（a）内在的三位一体关系；（b）宇宙的实在和本性。

因此，神"父亲的手"以非机械式的护理方式运作：祂牧养宇宙，使其达致预先命定的永恒结局。这种对护理的非决定论式定义使得巴文克始终主张，恩典维系并完善自然，而非颠覆自然：在护理的预定工作中，"神从未强制任何人"。[78] 巴文克对放纵派批判的核心要素就是，一旦自然被赋予预定的绝对力量，它就被神化了。[79] "在一段令人想起加尔文与斯多亚主义之争的陈述中，加尔文认为自然并非统治万物的女神，因此这种管理只用于指向神的旨意。"[80] 我们或许可以同样批判斯霍尔滕，后者对决定论的偶像化以神的三一性为代价。

调转至16世纪，与加尔文主义相比，斯霍尔滕与放纵派人士似乎更契合。从神和护理（被视为神的普遍自我启示）之教义的角度来看，巴文克是用极强的语气给书命名《改革宗教理学》（以反对斯霍尔滕）。

八. 有机主旨的消失与重现

在巴文克看来，这种机械式地处理与护理相关之启示的进路在本质上是无生命的。那么巴文克是否有提出一个具有生命的可替代选择呢？为了回答这个问题，我们必须聚焦于同时是广义和狭义的普遍启示的概念。虽

---

[77] "De organische wereldbeschouwing is daarom ten slotte ook door en door teleologisch, niet in den platten zin van het rationalisme, dat den verstandsmensch als maatstaf en doel van alle dingen beschouwd, maar in dien verheven zin, welken de Schrift ons kennen doet...De teleologie is niet met de causale, maar wel met de mechanische beschouwing in strijd". *CW*, 65.

[78] *RD* 2.104.

[79] Calvin, *Contre la secte phantastique et furieuse des Libertins*, 186.

[80] Schreiner, *The Theater of His Glory*, 18.

然巴文克概括的普遍启示理论很简短，但是毫不夸张地说，对此观念的应用如同宇宙一样广泛。

> 正是作为基督徒，他们借着信心，比从前更好、更清楚地看见了神在自然中的启示。属肉体的人无法明白神在自然和历史中的言说。**他们搜遍了宇宙却没有发现神。**但是基督徒戴上圣经的眼镜，在万物中看见神，也在神里面看见万物……这个普遍启示的结果就是，他们在世界中宾至如归；他们正是从神父亲般手中，在自然的处境中领受了万物。[81]

请注意巴文克在此明显参考了加尔文。[82] 他相信若要恰当地理解普遍启示，就需要特殊启示。在透过圣经解读之前，普遍启示的使用极为有限；在圣经中，它呈现了更广泛的用途。正因如此，若缺乏矫正的启示眼镜，宇宙只有些许明显的三一形式的特征。然而，当我们通过圣经的镜片重新解读世界时，自然和历史共同成为三位一体之荣耀的全面舞台。"根据圣经，创造和护理也展现了神三重存在的痕迹。但是这些痕迹只能凭着信心的眼睛看见，并且明显有别于我们眼前源于圣经的清晰画像。"[83]

在这个讨论中的一个有趣问题是：巴文克在何处开始频繁透过有机主旨描述普遍启示（自然和历史）呢？在《改革宗教理学》中，最初论述普遍启示的章节极少使用该主旨。唯一明显提及"有机"的地方出现在批判自然科学"从无机推导出有机"的做法。[84] 在此处，巴文克几乎不使用该主旨来进一步发展他自己的观点。在建构普遍启示的理论时，有机主旨先突然消失了。然而，当我们尝试在这一点上理解巴文克时，必须谨记他透过圣经的眼镜解读普遍启示的改革宗原则。

正如上文所述，正当巴文克说明普遍启示无力向罪人充分启示神时，他的"有机"措辞开始销声匿迹。然而，这不应用作证明普遍启示的真正特性无非只是有机性。事实上，这支持了以下观点，即普遍启示在性质上是真正"有机的"。但是，只有当巴文克继续通过圣经来解读自然和历史时，这才会变得明显。正是在这个时刻，有机意象突然折回。因着信心，

---

[81] *RD* 1.321. 着重点为所加。
[82] 参 Calvin, *Institutes*, I.vi.1.
[83] *RD* 1.342.
[84] *RD* 1.316.

巴文克"搜遍整个宇宙"并发现神无处不在。此时，宇宙"在它有机的相互关联性中"得以被理解。[85] 这一刻，他的世界观要"发现凝聚并联合万物的和谐，这和谐是神创造之意念的结果。神的意念所要的并非等同性或整齐划一，而是多样性中的合一性。"[86]

因着普遍启示的实被恰当理解，"在有机世界中发挥效用的力量（force）并非源自无机方面"。[87] 一个假设因此得以提出：当普遍启示被正确解读时，它提供了始终存在的神圣三位一体的指示性标记。正因如此，当巴文克在有限用途上描述普遍启示时，他避免使用有机主旨，对此我们不必感到惊讶。除非有圣经的帮助，否则普遍启示最明显的三一形式的特性就不会被关注。事实上，一个合理的推断是，若巴文克使用有机主旨描述狭义的普遍启示，那么"内在的三位一体，外在的有机体"的假设会在很大程度上会被削弱。然而，有机主旨在巴文克透过三位一体的特殊启示解读祂的普遍启示前消失，在解读之后又出现。这有力地支持了以下主张：该主旨在本质上是三位一体特性的。

当一个人很好地解读普遍启示时，该启示的神圣创造者的特征将会贯穿始末。因此，我们期待用巴文克最普遍使用的神为中心论的比喻来暗示此点。据此，有机体是他选择的比喻。

九. 普遍启示的有机特性

巴文克显然认为有机主旨之于普遍启示是合宜的。在最基本的层面上，宇宙连同它广泛展现的多样性中的合一性，似乎就是有机意象的题材。我们发现，这种主张在 19 世纪广泛的"有机主义的"关注中是司空见惯的。然而，巴文克试图将有机主旨在普遍启示上的独特转化使用置于神学根基之上。简而言之，他发现普遍启示作为一个连接性概念的角色对它的性质至关重要，因此使其适于有机的概念化。

---

[85] *RD* 1.346.
[86] *RD* 1.368.
[87] *RD* 1.346.

在普遍启示一章的结尾部分，巴文克做了延伸论述，描述了将普遍启示应用于基督徒的门徒身份。[88] 我们必须再次以斯霍尔滕对基督徒敬虔的机械式、反超自然的叙述为背景来解读这个论述。正是在这里，巴文克有效利用了先前提及的"圣经眼镜"的类比，[89] 解释了透过特殊启示重新解读普遍启示的需要。在这情况下，基督徒看见神是永久存在的。"整个三位一体在被造界中向我们启示。"[90]

巴文克作出了一个有趣的声明：对以圣经为视角的普遍启示的领悟，在宇宙中创造了一个新的生命经历。"此普遍启示的结果就是，他们在世上宾至如归；他们正是从神父亲般的手中，在自然的处境中也领受了万物。"[91] 同样的概念也出现在加尔文的普遍启示神学：普遍启示为基督徒提供了存在于宇宙中的一个新基础。

> 加尔文相信，这个被造界是基督徒活动和沉思静观的场所。之于加尔文，对救赎的需求并未任由信徒自行分析自己的状况；因信称义和预定释放了他们的能量，并将他们朝外地导向世界。透过与基督联合所经历的对救赎的确信，使基督徒可以与恶者搏斗，并可以阅读在被造界中环绕他们身边的自然之书。基督徒要积极参与建立社会的次序、建造教会、与魔鬼争战以及研究自然。这并不是因这个世界可以提供救赎或满足，而是因为这些活动呈现了神在祂所造次序中的荣耀。[92]

与加尔文一样，[93] 巴文克将普遍启示和护理的教义要点紧密结合。两位神学家对这种搭配都补充了普遍恩典的因素。"此外，在普遍启示中，基督徒有一个坚实的根基，他们在其上可以会遇所有的非基督徒。在普遍启示中，他们与所有被称为"人"的，都有一个接触点。"[94]

---

[88] *RD* 1.320-22.
[89] *RD* 1.321.
[90] Augustine, *City of God*, 353.
[91] *RD* 1.321.
[92] Schreiner, *The Theater of His Glory*, 122.
[93] Calvin, *Contre la Secte Phantastique et Furieuse des Libertines*, 187.
[94] *RD* 1.321.

因此，普遍启示的宇宙性使其成为一个贯穿人类的连接性概念。虽然"只有信心之眼才能在被造界中得见神"，但是普遍启示赋予了人类一个最基本的多样性中的合一性的形式。巴文克著作中的这段内容充满了对加尔文的暗指。巴文克的陈述——"神圣的言说临到每个人；无人能逃避普遍启示的能力"[95]——与加尔文的名言如出一辙——"为了阻止任何一个人以无知为借口得以逃脱，神已在所有人里面植入了对祂神圣威严的某种理解。在不断更新他们记忆的过程中，神再三地给予些许新的光照。"[96]

巴文克的普遍启示为一种统一性力量的观念，在《改革宗教理学》第十章的结尾达到顶点：

> 最后，普遍启示将自然与恩典、创造与再造、现实世界与价值世界不可分割地联系在一起。普遍启示的丰富意义在这一事实中显露无遗。若无普遍启示，特殊启示就会失去它与整个宇宙性存在和生命的连接性，将自然国度与天国联合的纽带就会消失……一言以蔽之，恩典就会阻挡自然。在此情况下，我们就可以与伦理现代者（ethical moderns）共同一致假设，良善的能力和自然的能力之间有一个根本性的破裂。道德观念和人的本性完全割裂。在这一假设下，我们最终会面临拜火教或摩尼教的复苏。相较之下，普遍启示维护了自然与恩典的合一，世界与神国的合一，自然次序与道德次序的合一，创造与再造的合一，道德观念和人本性的合一，美德与幸福的合一，圣洁与蒙福的合一，并在这一切中维护了神圣存有的合一。普遍启示中的神并非未给人留下自己的见证者，特殊启示中的神则使人认识祂是恩典的神；祂们是同一位神。因此，普遍启示和特殊启示交相辉映。[97]

虽然普遍启示只能透过特殊启示的眼镜被察觉，但是自然和历史处处都启示了三而一之神格的合一性。然而，这并非以中世纪经院主义的三元组方式被人所知（正如上文已说明）。相反，巴文克发现普遍启示（自然和历史，或创造和护理）充满了三位一体，因着它可以类比性地表述神圣的本性。这促使巴文克放弃了对三元组形式的探索，并支持在宏观和微观

---

[95] *RD* 1.321.
[96] Calvin, *Institutes*, I.iii.1.
[97] *RD* 1.322.

层面对多样性中的合一性之范型的强调。在有限的方式上，宇宙启示了三位一体，因为它并非一个单元体。

除此之外，普遍启示（作为一个神学概念）在"有机相连的"自然和恩典的概念之间形成了纽带。这一陈述论证了普遍启示对巴文克的世界观无比重要。正如之前已经详细论述，恩典与自然的（有机）关系或许就是巴文克著作中独一无二的核心主题。在这个主题里，我们必须强调普遍启示是阻止恩典与自然对立的因素。为了进一步限定这个观点，我们可以如此表述：普遍启示可以如此行是在于它反映了神圣存有的合一。神格自身的多样性中的合一性之范型以复原的方式将恩典与自然相连。

同时代的新加尔文主义者凯波尔，与巴文克共有内在三一形式的普遍启示的概念。二人都认为一个共同的合理理由遍及被造的实在，即三一神的荣耀。凯波尔写道，神已经在宇宙"印上了宗教性的表述方式"。对于"整个无意识的自然"而言亦然。[98]

在新加尔文主义运动一个世纪前，极为相似的思想也出现在美国加尔文主义者约拿单·爱德华兹的著作中。与巴文克相似，爱德华兹以多样性中的合一性的词汇来建构神的教义。圣洁、美和爱的复杂交织表达了神的本质。[99] 神的三一性对普遍启示的巨大影响在巴文克、凯波尔和爱德华兹的思想中显而易见。他们著作的共同背景就是加尔文的宇宙为"神荣耀的剧院"的概念。[100]

第六章将会探究特殊启示明显的有机性质。因此，以下引文可以很好地承上启下："但是作为神心思的伟大揭露，特殊启示远超普遍启示；后者是让我们知道祂意念的能力。普遍启示引至特殊启示，特殊启示回溯至

---

[98] Kuyper, *Lectures on Calvinism*, 45.
[99] "神的圣洁正是存在于祂对自己无限的爱中。作为被造物，圣洁融入爱中，正如圣经所教导我们的。因此，神自己的圣洁存于祂对自己无限的爱之中。神的圣洁是无限的美和祂本性的卓越，并且神的卓越性存于祂对自己的爱中，正如我们已经所注意到的。" Jonathan Edwards, "An Essay on the Trinity," *Treatise on Grace and Other Posthumously Published Writings*, ed. Paul Helm (Cambridge and London: James Clarke, 1971), 110.
[100] Kuyper, *The Work of the Holy Spirit*, 514-15. 有关凯波尔与爱德华兹在此点上的一个有益对比，见 John Bolt, 'Trinitarian Beauty and the Order of Common Grace,' *A Free Church, A Holy Nation: Abraham Kuyper's American Public Theology* (Grand Rapids: Eerdmans, 2001), 212-23.

普遍启示。它们彼此互相需求；若缺其一，另一个就不再完美，变得难以理解。它们共同宣扬了神在创造和救赎中展现的诸般智慧。"[101]

---

[101] Bavinck, *Philosophy of Revelation*, 28.

第6章 有机主旨和圣经

第六章 有机主旨和圣经

正如先前所论，他坚守默示的教义。但是他并不惧怕所有对圣经的批判性的攻击。这些攻击都是可预期的，"因为先知和使徒的著作在历史领域之中，而非之外完成……在进入一个人时，圣灵就使用了他的风格、措辞和知识素养。"因此，圣经既有多样性，又是有机一体。罗格斯在肉体中道成肉身和圣灵在话语中道成肉身的对比在巴文克神学中十分明显。[1]

一. 前言

根据圣经，创造和护理也展现了神三重存在的痕迹。但是这些痕迹只能凭着信心的眼睛看见，并明显有别于我们眼前源于圣经的清晰画像。在自然之工中，最多就是创造者圣父借着话语（罗格斯）和圣灵向我们说话。但是在恩典之工中，神在圣子完全独特的意义中以圣父的身份临到我们。因此作为圣父，祂借着这位圣子向我们启示祂自己，更确切地说，是借着在基督里成了肉身的圣子并借着这位基督所领受的圣灵。因此在启示的主题中，普遍启示和特殊启示之间的联系和差异显露无遗。[2]

至此为止，本书的动向首先是质疑了常用于解释巴文克的一般原则（不可调和的二元论），之后批判此原则在冯赫夫处理巴文克神学中对有机主旨的应用。不同于冯赫夫以"双重巴文克"来理解该主旨，我们已提出以下观点：除了概述三位一体独特的三而一的本性，巴文克的神的教义也尤为强调神圣多样性中的合一性的非数值导向的范型。所有启示皆为类比性和神人同形性的观念使巴文克远离了以下思想：三位一体遗迹仅存于有限数量的三元组形式中。相反，他对多样性中的合一性的一般原则的关注使整个自然和历史成为包含整个被造界的有机单元，并被置于反射性的三一形态所影响的范围之内。

---

[1] Dosker, 'Herman Bavinck,' 23.
[2] *RD* 1.342.

由于有机观念是巴文克在描述这种宇宙的多样性中的合一性时所选择使用的主旨，所以我们可以进一步提出以下假设：内在三位一体的神学带来了外在有机体的宇宙论。在前一章，巴文克论述普遍启示时使用有机主旨的形式说明了，三位一体启示地越清晰，巴文克就越来越多地使用有机词汇来论述。借着这种使用形式，当巴文克解释普遍启示的有限性时，他便很少使用有机主旨；直到透过圣经的视角解读普遍启示后，他才又频繁地提及这个主旨。然而，前一章以巴文克的宣告结尾：普遍启示引至特殊启示，特殊启示回溯至普遍启示。它们彼此互相需求；若缺其一，另一个就不再完美，变得难以理解。它们共同宣扬了神在创造和救赎中展现的诸般智慧。"[3] 正因如此，在论述巴文克神学中的普遍启示之后，我们必须要同等关注他在特殊启示神学中对有机主旨的使用。

二. "双重巴文克"假设和圣经

我们必须在本章伊始就指出，"双重巴文克"的假设极大地左右了有关巴文克神学中圣经教义的争论。正如这一假设被用于将无法调和的二元论读入巴文克思想的其他各个层面，它也成为以下主张的基本原理：巴文克的圣经的神学（theology of Scripture）并非切实可行，并且最终不能把握它的整体。那些透过"双重巴文克"的视角解读巴文克的人，总是在他圣经的教义中发现大量的素材用于支持此夸张性的描述。

正如在前章中看见的，亨克·弗儒姆（Henk Vroom）写道："巴文克圣经观底下埋藏着一颗定时炸弹。他结合了两个相对立的路线：一方面是绝对的权柄与广泛、不可动摇的确信（certainty of faith），另一方面是探寻文本真实意义过程中的开放性与文本在现代生活中的正确应用。由于这个缘故，后人会选择一条巴文克的路线去追随。在巴文克的学生中，一些人选择了其中一条思想路线，其他人选择了另一条。"[4]

---

[3] *PR*, 28.
[4] Vroom, 'Scripture Read and Interpreted: The Development of the Doctrine of Scripture and Hermeneutics in Gereformeerde Theology in the Netherlands,' 363.

有关这一议题，亚纳尔论道："巴文克内在有关圣经和理性优先权的矛盾，呈现了一幅近于精神分裂者的图像。"[5] 杰克·巴特利特·罗杰斯（Jack Bartlett Rogers）和唐纳德·麦肯（Donald K. McKim）对巴文克的圣经教义的论述也明显依赖于"双重巴文克"的假设。在《圣经的权柄和默示》中，他们寻求更"激进的"巴文克的支持。[6] 与此同时，荷兰地区归正教会对圣经的教会会议研究《神与我们同在》以类似的方式描述了与圣经有关的"双重巴文克"。[7]

这一研究的内在主张是，巴文克的圣经教义呈现了如此互不关联的互斥性，以至于只给读者留下了一个二元论的选择：跟随双重巴文克的其中一位，要么坚守圣经的权柄，要么找到圣经在现代世界的意义和应用。用亚纳尔所选择的十分不当的形容词来说，我们很难、也不愿跟随一位患有精神分裂的人。

然而，正如本书到目前为止都尝试通过一个不同的诠释视角——特别是关于有机主旨——来解读巴文克，将这一处理进程延续至神特殊启示的领域也是合乎逻辑的。在最基本的层面上，我们当前的主张是，在巴文克的世界观中，所有生命（在它的合一性与多样性中）都以神的合一性为中心。我们从一开始就断言，巴文克的神观具有高度的内在一致性，这使巴文克自身的神学自我认识具备一定程度的一致性。简而言之，本书考虑了一个可能性：在转化使用巴文克的著作时，我们需要强调他争取合一整体（unity）的努力，而不是所谓他在分裂中的挣扎。事实上，本书的信念是：我们应总是选择强调趋向合一性的进展，这乃是由于离开莱顿后的巴文克并未完全陷入神学身份的危机。在论证这一点时，神自我启示的本质与随之而来的有机主旨就变得尤为重要。鉴于此，我们必须进而讨论三一神的特殊启示以及巴文克在当时处境中对该主旨的使用。

正因如此，本章并非试图全面回顾有关巴文克论圣经的争议。如今不足为信的"双重巴文克"假设在鼓励他人将巴文克与他自身对立之时，很

---

[5] Yarnell, *The Formation of Christian Doctrine*, 51.
[6] Jack Bartlett Rogers and Donald K. McKim, *The Authority and Inspiration of the Bible: An Historical Approach* (San Francisco: Harper and Row, 1979).
[7] Gereformeerde Kerken in Nederland, Generale Syonde, *God met ons: over de aard van het Schriftgezag* (1979). English version: *God with Us: On the Nature of the Authority of Scripture*, trans. Secretariat of the Reformed Ecumenical Synod (Grand Rapids: Reformed Ecumenical Synod, 1982).

可能促成了当下的事态；仅仅指出这一点就足矣。然而，当不用此议程来解读巴文克时，有机主旨的合一本质是否可以赋予巴文克的圣经教义一定程度的一致性仍留待了解。直到目前为止，他的圣经教义在很大程度上仍被忽视。因此，本章将范围缩小至巴文克神学中圣经默示的"有机"本性。

三. 作为有机的圣经

"圣经是一个有机原则，是种子，是根，从这里长出了教理学的植株。因此，机械式地使用圣经将彻底被杜绝。教理学并非一卷文本或引证文本的集合。相反，信徒在智性和学术方面形成的意识所吸收并详细阐述的，正是圣经本身的真理；信徒在科学领域也认信并持守这真理为自己坚定的信念。"[8]

在论述巴文克有机默示的概念时，博库伟提供了如下金玉良言：

> 显而易见的是，按照"有机"一词本身的用法，即借助器官或工具，并未使这个讨论变得明朗。器官的观念甚至在通常所说的"机械式"默示中也有一席之地。人类"中介"（mediation）的观念，人自身的活动和合作的观念，直观地与当今的"有机"一词相连，这与神恩独作式的默示形成对比。这并不意味着有机的每一个方面都必然以类比的方式应用于默示，例如该词在生物学中所发挥的作用一样……鉴于此，借着将"有机默示"与19世纪关于有机体的观点相连，而认为"有机默示"是不合适的；这种做法会使人产生误解。[9]

博库伟所关切的显然是，我们在这一点上解读巴文克时要完全承认，他并非用"彼时普遍的意义"来使用"有机"一词。[10] 略显异常的或许是，

---

[8] Herman Bavinck, 'Confessie en Dogmatiek,' *Theologische Studiën* 9 (1891), 258-75, 267.
[9] Gerrit Berkouwer, *Holy Scripture* (Grand Rapids: Eerdmans, 1975), 154; tr. Jack B. Rogers; Dutch original: *De Heilige Schrift* (Kampen: J.H. Kok, 1966-67).
[10] *Contra* Veenhof, *Revelatie en Inspiratie*, 268. 参 W. Maurer, 'Das Prinzip des Organischen in der evangelischen Kirchengeschichtsschreibung des 19. Jahrhunderts,' *Kerygma und Dogma* (1962), 265.

博库伟并未清楚描述巴文克涉及圣经时使用的有机主旨是否不同于该主旨在他神学中的广泛使用。"该词的确常常以一种更广泛联系的方式被使用，正如在巴文克论述'有机'世界观或人类的'有机'互相依存中的使用，并且凯波尔也用圣经的'默示性有机体'对抗任何一种原子论。然而，圣经教义中的真实意图是关注人在神启示中特有的和有意识的功能。"[11]

我们需要注意的是，巴文克的世界观中对该主旨的基本广泛使用是为了联合各种不同的方面，结合神和人在撰写圣经时的角色，这很难表明对该主旨的应用是不一致的。

四. 初始差异

我们从一开始就需要注意，巴文克将此主旨应用于圣经的神学的过程中存有差异。在大局上，他将圣经描述为一个单一的**有机体**，涵盖了在大范围上彼此联合的作者、体裁、最初及以后的读者、神学的从属情节和语言的多样性。诚然，这个有机体结合了神作为创造者圣父、救赎者圣子、使人成圣之圣灵的各样自我启示。正因如此，巴文克解读圣经时预设了它整体的合一性。惊人相异的组成部分共同以单个活的有机体运行。

> 圣经不能以原子的形式来构想，好像神以它们彼此分离的方式启示了每个字和每个字母，每个字和字母都有各自的意义，都有自身的神圣内容。**默示必须以有机的方式来构想，以至于最微小的部分也有其地位和意义，即使它比其他部分更远离中心。**只有一位圣灵，透过祂，整卷圣经流经众作者的心思（minds）。诚然，相同的生命内蕴并活跃在身体的不同部分的方式各有不同。恩赐各式各样，在圣经中也是如此，但圣灵是同一位。[12]

---

[11] Berkouwer, *Holy Scripture*, 154.
[12] *RD* 1.409. 着重点为所加。对该主旨极为相似的应用方式可见于巴文克将其应用于有形教会的合一性先于多样性："因此，蒙拣选者的聚集首先不必以个体和原子的方式来构思……教会是一个有机体，而非一个集合体；在教会这个例子中，整体先于部分。"*RD* 3.524.

然而，他将该主旨应用于圣经的神学还有第二层意思。巴文克并不利用有机主旨反驳"原子论"的诠释学，而是援用该主旨将圣经的神圣作者（divine authorship）与人性作者（human authorship）相联合。在这个意义上，有机主旨便被用于**"有机默示"**一词中。

需要注意的是，有机主旨同时在宏观层面和微观层面被用于特殊启示。令人惊讶且使人失望的是，非统一性始终成为对巴文克著作中对这方面讨论的标记。或许更甚于巴文克著作的其他方面，对他圣经之教义的讨论清楚说明了"双重巴文克"模型的限制性。对经常出现的有机主旨的不够重视和完全彻底的误解，早已构成近来与巴文克对圣经的论述相关之争辩的不和谐之音。

除此之外，不同于专注巴文克自身的处境，我们发现把他的立场引入近期的神学纠纷这一做法塑造了与巴文克论圣经相关的争辩。借着试图将巴文克定义为对阵旧普林斯顿神学家沃菲尔德（B. B. Warfield），罗杰斯和麦肯开启了这一趋势。对近期在罗杰斯和麦肯推动下发表的著作的研究肯定了这一点。[13] 当前，麦高云或伽芬对巴文克与沃菲尔德的相似性的讨论是否正确的问题倒是次要的。主要一点就是，研究巴文克圣经之教义的规范被置于旧普林斯顿的次要事件的背景下，而不是巴文克在莱顿学习的背景。

诚然，只有从巴文克的老师斯霍尔滕和古宁前后的荷兰神学中的圣经教义来思考"有机默示"的发展，我们才能理解他援用该主旨的必要性。[14]

五. 莱顿的圣经研究：斯霍尔滕和古宁

本书先前已经说明，后启蒙运动神学在荷兰有点滞后。[15] 正如康德、黑格尔、费希特、谢林和施莱尔马赫的著作花了很长的时间才在荷兰知识

---

[13] 见 McGowan, *The Divine Spiration of Scripture: Challenging Evangelical Perspectives*; Gaffin, *God's Word in Servant-Form: Abraham Kuyper and Herman Bavinck on the Doctrine of Scripture*.

[14] 我们可以发现，巴文克在处理有机默示的概念时，的确未参考同时代或历史上在此方面的发展。见 Donald Bloesch, *Holy Scripture: Revelation, Inspiration and Interpretation* (Downers Grove: InterVarsity, 1994), 122;

[15] 第一章。

分子中产生影响，快速发展的批判性圣经研究领域起初在荷兰才取得小小的进展。主要因着巴文克在莱顿的老师斯霍尔滕和古宁，这种情形才发生了改变。尤其是在评述古宁的出现时，德弗里斯（De Vries）认为："在彼时诸国中，荷兰似乎最不可能产生有名望的学者。法国和德国的发展在荷兰几乎不受待见；与英格兰一样，荷兰在反批判的传统主义的控制下。在几个世纪前，荷兰作为最杰出的学术中心，久负盛名……但如今，圣经研究在一段时间内处于萧条的状态。"[16]

一般而言，在斯霍尔滕和古宁之前的荷兰神学，对现代神学就圣经文本提出的问题不感兴趣。[17] 但是在 1850 至 1860 年间，这一情形骤变。随着斯霍尔滕的莱顿学派的发展，应带着完全批判的自由来研究圣经文本的观念也越被强调。对莱顿神学家所接受的圣经的教义而言，斯霍尔滕自身的神学发展至关重要。

在《改革宗教会的教义》中，斯霍尔滕认为圣经是改革宗信仰的"形式原则"。[18] 他圣经的教义将"神的话语"区分于圣经本身。之于斯霍尔滕，前者包含了后者，尽管二者并不等同。人的理性构成了人可以判断圣经中何处内容为真理的基础。[19]

在此方面，范德琅讽刺地批判了斯霍尔滕研究圣经的进路："我们在此找到了真实的斯霍尔滕。从自然和人升至神的理性论述是他思想体系的核心。诚然，正是'理性和良心'供应了他的神学，而圣经只是肯定、表述了神学。"[20]

鉴于斯霍尔滕"在观察【自然世界】的基础上（bespiegeling gegrond op waarneming）反思【神和圣经】"的方法论，范德琅的批判有它的优点。[21] 斯霍尔滕的方法论导致了如亚米纽斯式的判断，视三位一体为不必要且无用的教义。虽然斯霍尔滕主要是一位系统神学家，但是他在新约研

---

[16] De Vries, 'The Hexateuchal Criticism of Abraham Kuenen,' 32.
[17] J. Nat, *De studie van de Oosterche talen in Nederland in de 18^e en 19^e eeuw* (Purmerend, 1929); H. Oort, "Kuenen als godgeleerde," *De Gids* (1893), 524-27; M. Beek, 'Abraham Kuenen,' *Vox Theologica*, 7 (1935-36), 150.
[18] Scholten, *De leer der Hervormde Kerk*, i., 59. "De Heilige Schrift de eenige kenbron en toetssteen der Christelijke waarheid."
[19] Scholten, *De leer der Hervormde Kerk*, i., 114.
[20] Vanderlaan, *Protestant Modernism in Holland*, 33.
[21] Scholten, *De leer der Hervormde Kerk*,i,lxi.

究领域亦有出版著作。1855 年，他出版了一部早期著作，代表了荷兰地区接受德国高等批判的坚定信念。[22] 似康拉德·布什肯·休伊特（Conrad Busken Huet）的《论新约之书简》（*Brieven over de Bijbel*；1858）推广了斯霍尔滕对德国高等批判研究文本之进路的支持。1864 年，斯霍尔滕的《约翰福音》（*Het Evangelie naar Johannes*）概述了他对基督生命中超自然层面的拒绝。[23]

无独有偶，古宁也推广了相同的研究旧约的进路。在 1851 年完成博士研究后，古宁随即成为斯霍尔滕的同事，并与斯霍尔滕共事直至后者于 1881 年去世。鉴于古宁最初被聘任教导新约，他之于旧约研究的重要性更引人注意。在 1885 年之前，他同时教导旧约和新约研究。然而，他对旧约的高度关注以及接连出版的一系列著作，最终使荷兰政府于 1871 年为古宁创立了旧约批判学的教席。在 1876 年的《高等教育法案》面世后，他的影响力进一步扩大。这个法案导致的一个结果就是，在职的莱顿旧约教授鲁特格斯（A. Rutgers）被认为不适合在实则为新的宗教研究系留任。因此，鲁特格斯离职，古宁晋升。[24] 与斯霍尔滕一样，古宁坚决拒绝圣经包含超自然启示的概念。相反，他认为圣经只是肯定了我们可以理性地借观察推断的内容。[25]

古宁在荷兰有巨大的个人影响力。"从狭义的角度来解释，古宁学派由他在莱顿的学生和同事、以及其他关系紧密的支持者组成……古宁有八位学生的博士论文属于旧约领域，他们全都采用了古宁的批判法。在宽泛的定义上，古宁学派也包括了阿姆斯特丹的左翼人文主义者，以及乌特勒支和格罗宁根的右翼温和人士；因为他们都一丝不苟地采用了古宁的科学

---

[22] Johannes Scholten, *Kritische inleiding tot de Schriften des Nieuwen Testaments* (Leiden 1855).

[23] 有趣的是，斯霍尔滕在一年前出版了一本书，反对勒南（Renan）的《耶稣的一生》（*Vie de Jésus*），理由是耶稣是人类宗教理想的具象：Johannes Scholten, *Het level van Jezus door Ernest Renant. Toespraak bij de opening der akademische lessen* (Leiden, 1863).

[24] M.J. Mulder, 'Abraham Kuenen,' *Abraham Kuenen (1828-1891)*, eds. P.B. Dirksen and A. van der Kooij (Leiden: Brill, 1993), 3.

[25] Abraham Kuenen, 'Hugo de Groot als uitlegger van het Oude Verbond,' *Verslagen en mededeelingen der Koninklijke Akademie van Wetenschappen, Afdeeling Letterkunde* (1883), 48.

性原则（即使并非总采用他的神学预设），并接受了他底本学说的几个要点。"26

毋庸置疑，古宁是极具个人魅力的一个人。正如多斯克指出，年轻时期的巴文克甚是喜爱古宁。事实上，结合巴文克对古宁研究圣经之进路的不认同，他对古宁的这种个人性喜爱在当时并非没有产生难题。"他在莱顿经历了痛苦的挣扎。因着他的'纯洁之心'，在众多教授中，古宁尤其是他的偶像。我记得他在那段时期的信件，描述了重大的怀疑、质问和斗争，但是所有这些挣扎只是试验并净化他的信心。"27

大量的传记以及这些传记常有的圣徒传的特征，进一步强调了古宁庄严的个人气质。28

六. 巴文克就圣经对莱顿和格罗宁根的回应

对巴文克自身系统性地阐述圣经的直接背景的一定了解，尤其是关于他在这点上对有机主旨的使用，是我们整体一致地把握巴文克的思想必不可少的因素。巴文克出身于敬虔主义运动；该运动并不关注斯霍尔滕和古宁等人对圣经文本所提出的问题。尽管如此，巴文克并未立即否定他的老师。

正如第二章所指出的，当巴文克还是学生时，受到了斯霍尔滕和古宁的影响。然而，他对赫洛涅说明，他一离开莱顿后，就远离了那里的现代主义。

---

26 De Vries, 'The Hexateuchal Criticism of Abraham Kuenen,' 54.
27 Dosker, 'Herman Bavinck,' 15. 古宁对"格拉芬假说"（Grafian hypothesis）争议的回应证明了对巴文克"纯洁之心"的测试。在这个案例中，古宁的其中一个观点是，利未律法（Levitical law）和相关的摩西五经的内容直到犹大国沦陷后才完成，摩西五经直到以斯拉的改革之后才被视为权威。备受赞誉的格拉夫（K. H. Graf）推广了这一观点，尽管该模型是属于古宁的。然而，古宁显然并不自傲，直到格拉夫逝世四年后，当他在一篇期刊文章中捎带指出自己在这一假说形成过程中的作用时，才评论了这一观点；见 W. van der Vlugt, *Levensbericht van Abraham Kuenen* (Leiden, 1893), 114.
28 菲利普·威克斯蒂德（Philip Wicksteed）的古宁传记或许是最奉承的；Philip Wicksteed, 'Abraham Kuenen,' *The Jewish Quarterly Review*, Vol. 4, No. 4 (July 1982), 571-605.

与我在斯霍尔滕和古宁的强烈影响下相比，在离开莱顿之后，现代神学和世界观里的许多东西对我而言都不再一样了。我在莱顿受益匪浅，但没学到的也很多。后者或许对我有些负面影响。我现在开始越来越正视他们。我们年幼时的坚定信仰被强烈批判的时光已经结束了。如今重要的是忠实于我们现在所拥有的坚定信仰，并用我们所拥有的兵器来捍卫它。[29]

有趣的是，当反思他离弃他老师的神学时，巴文克就圣经教义有如下提醒：

> 除了他们对圣经的看法，古宁和斯霍尔滕对我没有太多的影响——如果你用"影响"指我丢失了信仰并追随他们。但准确地说，他们的确影响我接受那些真理的能力和方式。正如你所知，那种天真如孩子般的信心，就是借此而无条件相信已被灌输的真理，已经丢失了。这十分重大。在这方面，他们的影响十分巨大，尤为强烈。如今，我知道我再也不能重获那种信心了。我是说，丢失了那种信心是好的，是值得感恩的。在那种天真无邪中，有许多不合真理的方面需要被净化。然而，仍存留某种天真（我无法用更好的词汇表达）的方面，它是好的，是一个安慰。如果真理对我们而言依然是甜蜜、珍贵，那么它必须要保留。[30]

---

[29] Bavinck to Snouck, November 24, 1880, in *Een Leidse Vriendschap,* eds., de Bruijn en Harinck, 75-76.

[30] *Een Leidse Vriendschap*, eds., de Bruijn and Harinck, 81. Dutch original: "Kuenen en Scholten hebben op mij (behalve in de Schriftbeschouwing) niet veel invloed gehad, als ge daaronder verstaat het verliezen van geloofswaarheden en het aannemen van andere, van de hunne. Maar zij hebben wel (hoe kon het anders) invloed gehad op de kracht en de wijze, waarmee ik die waarheden omhels. Het naive van het kinderlijk geloof, van het onbegrensd vertrouwen op de mij ingeprente waarheid, zie, dat ben ik kwijt een dat is veel, heel veel; zoo is die invloed groot en sterk geweest. En nu weet ik wel, dat ik dat nooit terugkrijg. Zelfs vind ik het goed en ben ik er waarlijk en oprecht dankbaar voor, dat ik heb verloren heb. Er was ook in dat naive veel, wat onwaar was en gereinigd moest worden. Maar toch, er is in dat naive (ik week geen beter woord) iets, dat goed is, dat wel doet; iets dat blijven moet, zal de waarheid ons ooit zoet en dierbaar wezen."

虽然巴文克颠倒了斯霍尔滕的"基于观察之原则"——借此"在观察自我启示三位一体之神的基础上思考宇宙"——的方法进路，但是他自离开莱顿后，明显不同于莱顿学派强调深入探寻关于圣经文本人性因素的问题。无论巴文克在多大程度上失去了去莱顿前认识圣经文本儿童般的信心，这种"纯真"已不复存在。有趣的是，巴文克并不认为失去了诠释上的"纯真"为坏事。相反，他视其为有益的。[31] 他的确批判前现代神学未能认真对待圣经真实的人的作者身份。[32] 在表述这一批判时，他概括地说道，这方面的成果在现代之前十分有限。然而，这些尝试的不足之处导致了一种倾向机械论的默示观。"改革宗认信几乎都有某个条款是关于圣经的，清楚表述了它的神圣权柄。毫无例外，所有改革宗神学家都有相同的立场。我们偶尔会发现有一种无力的尝试要去发展一个更加有机性的圣经观。"[33]

因此巴文克承认，早期改革宗传统中存有一个尚未完全发展的概念，即圣经并非简单地"从天而降"。然而，随着时间的推移，对圣经人性层面之解释的普遍尝试变得机械化：圣经的人类作者变成了工具，被圣灵征用。[34] 所以，巴文克见证了现代神学开始以强调圣经的人性层面来回应前现代神学在此议题上未充分的讨论。

除了这个历史背景，巴文克有一个次要的原因去重新探究圣经的人类作者身份：他必须找到普遍启示和特殊启示两个概念之间某种程度的对称性。他之前已有论到，普遍启示在自然和历史的双重范型中发生。因为神施行普遍的自我揭示，祂将时间和空间结合成一个连续统一体。[35] 在尝试

---

[31] "值得注意的是，分离主义者巴文克即便批判性地审视他的学生生涯，他依然认为莱顿学派是**有益的**。他没有遗忘现代神学以及它对正统信仰所提出的批判性的问题（他尤为关注对圣经的思考），但是这从未令他满足。" Harinck, '"Something that must remain, if the truth is to be sweet and precious to us": The Reformed Spirituality of Herman Bavinck,' 252.

[32] *RD* 1.381. "早前的神学几乎使启示与神圣默示完全一致，都是圣经的礼物。它只偶尔提及启示，且对其构思过于狭隘。其结果就是，圣经变得完全超然自立并孤立地存在，好像突然从天而降一般。"

[33] *RD* 1.415.

[34] *RD* 1.415.

[35] "巴文克赞同奥古斯丁的概念，世界与时间同时被造，而非世界在时间中被造。万物还未存在时，亦无时间和空间。" Chris Gousmett, 'Bavinck and Kuyper on Creation and Miracle,' *Anakainosis*, Vol. 7, No. 1-2 (September/December 1984), 6.

直面普遍启示的历史层面后，巴文克如今必须同样处理发生在历史中的特殊启示的历史层面。

> 圣经清楚教导这个启示具有历史特性，它的内容历经多个世纪才逐渐展开。现代神学比以往的神学更敏锐地发现并认识到这个事实。"启示的历史"是近期才有的学科，值得认真探究。它向我们证明了特殊启示与自然和历史中的普遍启示相似，尤其是在世上其他宗教中体现的普遍启示。然而，特殊启示在本质上与它们不同，并被它自身的观念所激发和引导……神的道成肉身是特殊启示的核心事实，就是照亮它整个领域的事实。[36]

然而，我们不应将巴文克追问圣经人类作者身份的意愿解释为认同斯霍尔滕和古宁的大局世界观。虽然巴文克认为现代神学"正确区分了神圣启示和圣经"，但也说明现代神学很快"堕入了另一个极端"。[37] 纵使圣经和启示应予以区分，但是巴文克从未设想二者应要分离。他对二者分离的回应就是批判他那个时代两个主导性神学阵营：莱顿学派（斯霍尔滕和古宁）和格罗宁根学派（豪斯德学派）。

在回应格罗宁根的神学家时，巴文克援用各样体现他们思维模式特征的标语："弃文字而求圣灵"，"弃圣经而求基督的位格"。这两句话指的就是豪斯德学派的标语"弃教义而求生命……弃教义而求这位主"（*"Niet de leer, maar het leven ... Niet de leer, maar de Heer!"*）。[38] 根据巴文克的观点，格罗宁根学派选择启示凌驾于圣经之上的问题在于，若无圣经，我们事实上对耶稣毫无所知。"因此，随着圣经被削弱，整个启示也被削弱了，基督的位格也就被削弱了。"[39] 正因如此，巴文克相信在将我们置于教义的对立面时，我们无法捍卫对生命和这位主的关切。

巴文克对此种生命与教义二分法的反驳扎根于他对二者加尔文式关系的理解："之于【加尔文】，神不仅是一位远处的神，也是近处的神。他

---

[36] *RD* 1.343-44.
[37] *RD* 1.381.
[38] *RD* 1.381.
[39] *RD* 1.382.

感知神的同在。他行在神的荣面之前。他以自己整个灵魂和身体为祭献给神，融化在他的顺服之中。之于他，教义和生命为一。[40] 他愿基督徒的生命如此。话语必须要在基督徒里面行动，教义必须活出来，信心必须要变为行动。"[41]

巴文克也相似地批判了莱顿学派；后者高度重视教义（它的确想要以迄今为止无比的科学可信性来研究圣经），并将教义与这位主分离，且否定了超自然的实在。

> 两个学派都是片面的：一个为了圣经之故未能公允对待启示，另一个为了启示之故未能公允对待圣经。在前一个学派中，神圣启示未被认可；在后一个学派中，神圣默示未被认可。在前一个学派中，人们拥有圣经却无经文；在后一个学派中，人们有经文却无圣经。前者（格罗宁根学派和前现代神学）忽略了历史，后者（莱顿学派）蔑视道（the Word）。前者陷入了正统的智性主义，后者则堕入了重洗派属灵主义的危险。正确的观点应是，圣经既非与启示等量齐观，亦非与启示分离或置于启示之外。[42]

因此，巴文克的圣经教义的背景是遗留未解之问题的故事。第一，整体前现代神学未能充分解释文本的人性层面，这在巴文克敬虔主义的背景中延续。第二，在格罗宁根学派人士中，他们对文字话语的贬低和支持一种与基督经验性的会遇，未能尊重在历史中撰写而成的文本。第三，在彻底拒绝超自然之时，莱顿学派以及它重新评估文本只是人类观察的记录，

---

[40] 在巴文克 19 世纪的荷兰，这个观点与豪斯德学派神学家所强调的形成了有趣的反差。这些神学家的主旨就是"弃教义而求这位主"（*niet de leer maar de Heer*）和"弃教义而求生命"（*niet de leer, maar het leven*）。James Hutton Mackay, *Religious Thought in Holland during the Nineteenth Century* (London: Hodder and Stoughton, 1911), 50-57.

[41] Bavinck, *Johannes Calvijn*, 18. Dutch original: "Voor hem was God niet alleen een God van verre, maar ook van nabij. Hij gevoelde zijne tegenwoordigheid. Hij wandelde in het licht van zijn aanschijn. Hij wijdde zijn gansche ziel en lichaam Gode ten brandoffer, en verteerde het in zijne gehoorzaamheid. Leer en leven waren bij hem één. En zoo wilde hij, dat de Christen leven zou. Het woord moest in hem daad, de leer leven, het geloof werk worden."

[42] *RD* 1.382.

试图弥补前现代神学的过失。但是在这个情况下，斯霍尔滕和古宁忽略了文本神圣作者的身份，因此在根本上误解了圣经的神人特性。

简而言之，这是种不必要的对立、二元论和对抗的图景。这里的核心问题就是：圣经在何种意义上既是人性又是神性的呢？巴文克所观察到的趋势总是二者择其一。鉴于这个处境，巴文克追寻某种综合性的模型似乎是显而易见的。借着这个模型，我们可以肯定圣经是神圣作者和人类作者共同的作品。

然而，这随即带来了一个问题：基于在处理默示的概念时并未有最初的多样性中的合一性的范型，主张这种双重特性变得十分困难。正如在上文所见，巴文克的世界观建立在源于神格合一性的原则上：内在的三位一体带来外在的有机体。同时捍卫人类作者身份和神圣作者身份的默示神学正是在特质上为有机的。

巴文克论述圣经的教义显然主要不是为了将自己区分于（或等同于）旧普林斯顿神学家。[43] 相反，如果我们采用弗儒姆的意象，那么巴文克对以有机方式论述默示的关注就是被先前一直藏在圣经教义中、随时会被引爆的定时炸弹所激发的。除非多样性中的合一性的原则被带入争论中，否则永远都会有丧失圣经本质特性的危险。

七. 圣经的有机默示

在巴文克论述有机默示之前的语境如下：他以典型的方式分开论述了一元论和有神论。前者以两种形式存在：泛神论和唯物论。二者在本质上都是一元论的，因它们都竭力主张将所有的力（forces）、物质和律（laws）简化为单一的力（force）、物质和律（law）。与之相反，基督教有神论宣告宇宙的多样本性。在这个语境下，巴文克将宇宙描述为一个"有机的世界"，并论道："超自然启示与此世界观若合符节。毕竟在此世界观中，自然一刻都未独立于神而存在，却住在祂里面并在祂里面行动。

---

[43] 关于凯波尔圣经的教义，同样的现象也有出现：见 Harriet A. Harris, 'A Diamond in the Dark: Kuyper's Doctrine of Scripture,' *Religion, Pluralism and Public Life: Abraham Kuyper's Legacy for the Twenty-First Century* (Grand Rapids: Eerdmans, 2000), ed. Luis E. Lugo.

在自然中发挥作用的力源于神，并依据祂在自然中所安置的律来运作。神并非站在自然之外，亦非被律（laws）的篱笆隔绝，乃是在自然之中，用祂大能的话语维持它。祂在自然的内部工作并产生新的力（forces）；这些力在本质和运行上有别于现存的力。"[44]

巴文克由此继而辩护了神迹乃基督教有神世界观本质组成部分的可能性。"此外，自然（宇宙）仍旧经常被构想成一部已经制造好的机器，如今被一个单一的力驱动，并总在单一律的管理下运行。"[45] 巴文克认为，宇宙远非一个已作成的产品。相反，它在本质上具有目的性，因此它处于持续不断成有的过程中；在护理下，它朝着预定的末世高峰前进。"然而圣经教导我们，启示的目的是为了再造已被罪败坏的被造之物，使它们进入神的国度。在这里，启示在世界的计划中占据了一个完全相称且具有目的性的地位；这个计划由神制定，并在历世历代中实现。"[46]

神迹的存在本质上符合一个有机世界观。相反，缺少神迹在本质上属于一个机械世界观。据此，巴文克有力地反驳了斯霍尔滕和古宁的反超自然主义：

> 但那些否定"神迹"之人，就是那些不但否定某个特定的神迹而且否定神迹的可能性的人，实则限制了神，并将祂与自然捆绑在一起。在原则上，他们断言神自身并不能以有别于世界的方式适当存在。因此，他们也必须否定创造、神的护理、祷告的回应、神人之间的直接团契，因这些都是神迹。此外，他们缺乏相信神国将来的得胜、在世界历史中运行的目的论的所有根基，因此以泛神论或唯物论的自然主义告终。[47]

巴文克对"祷告的回应"的评述的确应以斯霍尔滕在《论自由意志》中对祷告的教导为背景来解读。[48] 巴文克从这点出发来讨论道成肉身、语言和圣经。他这段论述对于正确理解他默示的神学至关重要。有两点对于理解和解释下文的内容极为重要：他对圣经和基督之间的对比；默示的持

---

[44] *RD* 1.370.
[45] *RD* 1.372.
[46] *RD* 1.372.
[47] *RD* 1.375.
[48] Scholten, *De Vrije Wil*, 259-60

续、整全有机的性质。这是他发展论述的根基，也是衡量他在下文陈述的标尺。

关于上述类比，他最重要的表述可能就是："圣经是启示的仆人形式。"在指出"人类理想美物的承载者就是语言"时，他承认神俯就了这一事实。"为了能完全进入人类的生命并为了让人完全拥有它，启示取了圣经的样式和方式。"[49] 这段内容的关键发展就是对比神迹性特殊启示的两个分支：圣经的道成肉身和基督的道成肉身。

八. 神圣和人性的平衡因素

在建构一种圣经默示的教义来回应他那个时代"正统"和"现代主义"群体的混乱时，巴文克的默示神学不能轻率地被划入自由派或基要派的阵营；对此我们不必诧异，他不属于这两个阵营。巴文克并非一位机械式的圣经主义者，忽视或勉强地承认圣经的人性层面。他也不是一位现代主义者，纯粹因情绪因素而固执地高看圣经。相反，他对外在有机体带来内在三位一体的关切促使他同时强调圣经的神性和人性。这个研究的核心就是，我们发现巴文克串联了两个概念；忽视任何一个都将极大地歪曲他的立场。"在论述信心和圣经的大能时，巴文克并不适应现代神学，甚至也不适应他自身改革宗神学的术语和灵性（spirituality）。"[50]

正因如此，"双重巴文克"的假设及其对巴文克圣经的教义之争辩的影响显然极为无益。在此重述第二章的关键问题：因为巴文克处理神学的方式具有大公精神和综合性质，所以若我们了解他的进路是要发觉分裂的症状，那么这更可能是我们牵强附会地将他描述为充斥着分裂思想之人。在这种情况下，内在的定时炸弹和精神分裂症的措辞很容易被采纳。然而依据第二章中所提到的近期发展，[51] 已形成的普遍共识就是，"双重巴

---

[49] *RD* 1.380.

[50] Harinck, '"Something that must remain, if the truth is to be sweet and precious to us": The Reformed Spirituality of Herman Bavinck,' 260.

[51] Bolt, 'The Van Drunen/Kloosterman Debate on 'Natural Law' and 'Two Kingdoms' in the Theology of Herman Bavinck,' 12; Kloosterman, 'A Response to "The Kingdom of God is Twofold": Natural Law and the Two Kingdoms in the Thought of Herman Bavinck by David VanDrunen,' 175.

文克"的论述根据并不充分。我们不足以解读巴文克的圣经观仿佛"双重巴文克"假设仍旧可靠。巴文克肯定的神格的合一性和圣经的合一性之间的关联似乎证实了这种新的进路。"所有圣经都在传讲神的合一，就是自然之神和怜悯之神的合一。"[52]

尤其当我们谨记巴文克以基督为中心的方式设想圣经的神人性质时，他的圣经教义以无法挽回的方式分裂这一主张的观点就变得十分牵强。他写道，启示具有持续的性质；这个性质分为两个时期，并在基督的道成肉身里相遇。"在基督里，在历史的中心点，神创造了一个有机中心；从这个中心，在一个不断扩张的领域中，神画了圆圈，启示之光在其中照耀。"[53] 在巴文克所述的伟大故事中有一个基督中心的元叙述，借此基督就是整个启示的有机中心。道成肉身之前，启示指向基督；在道成肉身之后，启示从基督指来。在论述基督为整个启示的"有机中心"时，巴文克提出了一个有关基督中心性的有机思想的重要主张：基督的位格（完全的神和完全的人）和默示的本性之间有一个紧密、有机的联系。

由于默示永久连于基督本身（因为以有机形式表述，默示源于基督），巴文克发展了这一观念：默示不应只想象为在撰写最初文本时的一个神圣证实（divine validation）的行动。他提出，凭借文本与基督的有机联系，文本具有永久的默示特质。

> 圣经并非一个枯燥乏味的故事或古代编年史，乃长久存在、永有活力的话语，就是神从现在直到永远赐给祂子民的话语。它是神对我们永远持续的言说。神圣默示因此是圣经的不变属性。它不仅是"神所吹气的"，同时也是"神正在吹气的"。它具有神圣默示性，不仅是神在它成书之时透过作者吹气，而且是圣经在被人阅读时，神透过圣经吹气，圣经也

---

[52] Herman Bavinck, *Modernisme en orthodoxie: Rede gehouden bij de overdracht van het rectoraat aan de Vrije Universiteit op 20 oktober 1911* (Kampen, 1911), 37. Dutch original: "Heel de Schrift predikt de eenheid Gods, dat is die eenheid van de God der natuur en van den God der genade." 在评论这段内容时，哈林克写道："神是一位，因此基督教是大公性的。" Harinck, "'Something that must remain, if the truth is to be sweet and precious to us': The Reformed Spirituality of Herman Bavinck,' 259.
[53] *RD* 1.383.

吹出神【神成为祂子民的气息】。因着是出于启示,圣经靠着神圣默示永葆活力,发挥功效。[54]

在描述批判性的新教主义的出现时,巴文克讨论了各样有关默示和启示的观点,并将自己区分于这些观点。第一,他认为默示不限于保守作者免于错误。第二,他否认了默示是圣经作者内在宗教情感觉醒的概念。"然而,圣经里整个启示是一个连续性证据,即神不仅借着自然和历史、事实和事件以比喻的方式向人类说话,而且反复临在他们当中,以人的话语和语言来传递祂的心思。神圣默示总归而言是神借着先知和使徒的口对我们说话,因此他们的话语便是神的话语。"[55] 在这个意义上,对默示的动态性理解是不足够的,因为它"混淆了默示与重生,并将圣经等同于灵修文献"。[56]

九. 机械的默示论

在为有机默示辩护之前,巴文克阐述了另一种进路:机械的默示。他认为有两种相对立的世界观会采用机械的默示观。

第一,莱顿形式的机械有神论强烈倾向此种概念:默示以机械形式发生,因为作者以非超自然方式领受默示,正如因果过程引导他以写作回应自然(外在的和内在的)因素。"当一些圣经作者拒绝圣灵在圣经书卷写作过程中的所有特殊引导时,他们会使用这个词汇。"[57] 巴文克写道,此种机械式的启示最终导致了一种一贯的机械世界观,整个启示因而都被拒绝。"根据他们的观点,任何一种神迹、所有预言、神在世界和人类中所有超自然的影响,都与事物的本性相对立。因此,除了以普通的自然渠道并以历史和心理的方式间接传达(mediated)的启示,再无别的启示。圣经作者所享有的默示于是等同于其他人所经历的英雄性、诗歌性或宗教性灵感(inspiration),或者二者只是在程度上有所差异。"[58]

---

[54] *RD* 1.384-85.
[55] *RD* 1.429.
[56] *RD* 1.389.
[57] *RD* 1.430.
[58] *RD* 1.430.

第二，我们可以从对立的世界观以机械方式看待默示：神向人类作者口述圣经，因此他们的人性对圣经写作全无贡献。"这简直就是将圣经作者与他们的个性分离，并将他们从彼时的历史中解脱出来。最终，这使得他们在圣灵的手中只能如无意识、无生气的工具般发挥作用。"[59]

当注意到机械默示的问题以及"正统"和"现代"的趋势（尽管出于不同的原因）都持此种进路时，巴文克提出了有机默示作为一种更好的解决方案。他坚定地相信，缺少三一形式有机主旨所例示的"多样性中的合一性"的范型始终会导致偏向其中一个极端。相反，巴文克认为唯独有机思想可以构建一个默示的教义，并说明圣经同时是神性和人性的。诚然，他的观点赞同一种特定的有机默示观，用于坚固而非削弱圣经的教义。

十. 圣经的仆人形式

借着以下论述，巴文克已经为他对有机默示的理解奠定了基础："圣经是启示的仆人形式。诚然，启示的核心事实（道成肉身）带来了圣经。"[60] 这个主张依赖于道成肉身——这个道（Word）"不仅成了人，而且成了一位有肉身的仆人"[61]——和话语（word）在圣经里成了肉身之间密切的平行比较。这个平行比较也见于凯波尔的圣经教义。[62] "在基督和圣经里，我们与一些彼此相联的奥秘有关。就基督而言，神人因素之间有一个联合。圣经亦然；这里有主要作者和次要作者。教理学的伟大工作就是恰当地维持这两个因素之间的关系。一切事物都取决于正确的洞见，即道在基督里已经成了肉身，并在圣经里被模式化。"[63]

这个显然的原理就是，在诠释耶稣同时完全为人完全为神时，迦克墩会议已经设定了一个先例，以后的神学家可以借此解释圣经的神性作者身份和人性作者身份。在巴文克之后，不同的神学家以各种不同的方式采用

---

[59] *RD* 1.431.
[60] *RD* 1.380.
[61] *RD* 1.380.
[62] Kuyper, *Sacred Theology*, 180.
[63] Abraham Kuyper, *Locus de Sacra Scriptura, creation, creaturis,* Vol. 2 (Grand Rapids: J.B. Hulst, n.d.), 1.59, 63, 72. Cited in Gaffin, *God's Word in Servant Form: Abraham Kuyper and Herman Bavinck on the Doctrine of Scripture*, 22.

了此基本论述。巴特使用了道成肉身——默示的类比来捍卫圣经的"文字性"（writtenness）。"为了圣经的神圣而忽略它的文字性，为了圣经的神性而忽略它的人性，是毫无意义的。"[64] 对圣经成文（inscripturation）的此种态度构成了巴特释经法的基础。[65] 第二次梵蒂冈大公会议也采用了相同的类比来解释在何种意义上人类的语言可以有利于神的话语。"透过人类语言表述的神的话语披上了人类言说的样式，正如永恒圣父的道在取了人软弱的肉身时，披上了人类的样式。"[66] 恩斯特·盖思曼（Ernst Käsemann）也用此类比为圣经服于高等批判法辩护，认为其他方法都会成为幻影说。[67]

有趣的是，沃菲尔德批判这种类比。他写道："一些作者的学派习惯于谈论圣经。因着是'默示'而成的神人之书，他们便诉诸我们主的神人结合的个性（Divine-human personality）来解释他们各自的属性……在如此不同的事物之间只能有一种**相差悬殊的类比**（remote analogy）。事实上，当前例子中的类比无非说明，这两个事件都涉及了神人因素，尽管他们如此不同。"[68] 他继续论述了圣子道成肉身和圣经默示之间的显著差异。"在圣经中，神性和人性没有位格上的联合（hypostatic union）；我们不能将圣灵的'成文之工'（inscripturation）与神儿子的道成肉身进行平行比较。圣经仅是神人之力的作品。神人之力共同合作产生了一个作品；在生产的过程中，人的力在神圣主动和全面引导下运作。"[69]

然而，我们猜测巴文克会转而求助他对整个启示的类比特性的主张，因而认为谦卑理应成为教理学家工作的特征，从而在此点上为自己辩护。于是，我们会强调巴文克可能做出的双重回应。第一，之于巴文克，只有**相差悬殊**的类比。类比的本质就是相似，而非复制。第二个强调就是主张相差悬殊的**类比**。我们借着类比可以谈论不可重复和不可测透的事物。诚然，这是我们谈论这些事物的唯一方式。

---

[64] Karl Barth, *Church Dogmatics I/2* (Edinburgh: T & T Clark, 1956), 463.
[65] Barth, *Church Dogmatics I/2*, 469.
[66] *Dei Verbum* § 13.3
[67] Ernst Käsemann, 'Vom Theologischen Recht historisch-kritisch Exegese,' *Zeitschrift für Theologie und Kirche* 64/3, (1967), 259-81.
[68] Benjamin Breckenridge Warfield, *The Inspiration and Authority of the Bible* (Phillipsburg, New Jersey: P&R, 1948), 162.
[69] Warfield, *The Inspiration and Authority of the Bible*, 162.

在这一点上需要注意的是，巴文克视多样性中的合一性为机械默示和与其相关之问题的唯一解决方法。在探寻此思路时，他并非发明了崭新的思想。他对前现代改革宗传统的失望并非在于该传统缺少有机默示的神学。相反，他批判的是该传统只做了"无力的尝试去发展一种更有机的"圣经教义。[70] 我们会发现，新加尔文主义的先驱复兴运动给予了巴文克某种道成肉身—成文之工平行类比的观念；该观念使巴文克容易接受有机主旨。复兴运动的诗歌之声、范普林斯特勒的学生达寇斯塔写道："文字的话语有神人本性，正如位格性神的道一样。"[71]

　　范登贝尔特指出了复兴运动神学家在此点上对巴文克的影响。[72] 尤其是当读到达寇斯塔同时有力地捍卫圣经在圣灵默示下的可靠性和圣经作者真实的人性时，我们就清楚发现巴文克自身的传统提供了一个发展有机默示神学的基础。[73] 我们可以有力辩护道，巴文克在发展这个类比时恢复并发展了他自身传统已有的一面。

　　德克·范库勒（Dirk van Keulen）比较了巴文克和凯波尔的有机默示的神学，尤其关于他们对基督论的使用，并得出结论，认为巴文克比凯波尔更加一致有机："在此类比【道成肉身和成文之工的类比】的基础上，我们也可指出他们默示神学的差异。巴文克强调，神性和人性元素并非分离，亦非彼此代替。他追求正确的平衡关系：一切皆为神性的，一切皆为人性

---

[70] *RD* 1.415. 参 Maurice Eugene Osterhaven, *The Faith of the Church: A Reformed Perspective on Its Historical Development* (Grand Rapids: Eerdmans, 1982), 64. "我们在此处应注意路德和加尔文对圣经有机本性的强调，以及强调神将圣经赐予教会的心意。这些改教家认为，圣经作为一个有机体呈现了一致的信息，就是关于神的恩典在耶稣基督里和基督徒向祂而活的呼召中显现出来。这就是圣经的单一主题，所有源于圣经的信息必须与此主题相关。"

[71] Isaac Da Costa, 'Het Woord en de Schrift Van God,' *Opstellen van godgeleerden en geschiedkundigen inhoud*, (Amsterdam, 1862), 5.

[72] Van den Belt, *Autopistia: The Self-Convincing Authority of Scripture in Reformed Theology*, 279.

[73] Isaac Da Costa, *Opstellen van godgeleerden en geschiedkundigen inhoud* Tweede Deel (Amsterdam: H. Höveker, 1861), 8-10.

的。凯波尔在他的《神学百科》中也论述了神性和人性'因素'的角色。他的论述给人的印象是，神性和人性因素不仅彼此区分，亦彼此分离。"[74]

在试图将巴文克与凯波尔使用道成肉身——成文之工的平行类比与先前迦克墩会议的基督神人二性关系调和之时，我们需要注意在迦克墩基督论和新加尔文主义者采用的类比中，"神人两性"是真实的，但是最终并非等同。对于双方而言，神性享有优先性和主动性。在迦克墩基督论中，基督作为位格上完全联合之前的道取了肉身。巴文克和凯波尔同样视神为圣经的主要作者。迦克墩的概要允许他们赋予神性优先性，同时继续高度重视对应的人性。[75]

巴文克在这个有机关系中的关键陈述或许就是："启示的话语同样取了圣经的不完美和不充分的形式。"[76]当我们将圣经解读为"不完美和不充分"（尤其是在现代主义的处境中）时，巴文克所表达的意思必须要予以深究。误解了这一表述必然极大程度地扭曲我们对巴文克默示教义的整体了解。我们将会发现巴文克对圣经的观点是，"不完美和不充分"是圣经的道成肉身品质的特征，而非归因于圣经人性形式的因素。尤其是当巴文克的圣经观始终依据他高次、正统的基督论来解读时，我们清楚发现，虽然巴文克使用了他现代主义处境中的独特术语，但他的神学与斯霍尔滕和古宁迥异。

当巴文克开始描述上文提及的道成肉身的平行类比时，有机主旨促进了这一发展。"综合考虑，唯独有机默示的理论才能公正对待圣经。圣经的教义就是要实现并应用启示的核心事实：道成肉身。道成了肉身，话语成了圣经；这两件事实不仅携手并进，更是紧密相关。"[77]

---

[74] "Aan de hand van deze analogie kan tevens een verschil tussen hun schriftbeschouwing worden aangewezen. Bavinck benadrukt dat het goddelijke en het menselijke in de schrift niet te scheiden zijn, evenmin mogen zij elkaar verdringen. Zo zoekt hij naar de juiste balans: alles is goddelijke en alles is menselijke. Kuyper spreetk in zijn Encyclopaedie over een godelijke en een menselijke 'factor' in de schrift. Dit wekt de indruk dat het goddelijke en het menselijke niet aleen te onderscheiden, maar ook te scheiden zijn." Dirk Van Keulen, *Bijbel en dogmatiek*, (Kampen: Kok, 2003), 163-64.

[75] 有关此点，见 Gaffin, *God's Word in Servant-Form*, 22.

[76] *RD* 1.380.

[77] *RD* 1.434.

他接着如此描述有机关联。"基督成了肉身,一位仆人,无佳形美容,是众人中最被轻视的;祂降到地极深处,顺服至死,且死在十字架上。相仿,神启示的话语以所有异梦和异象、探究和反思的人类形式,甚至以人性软弱、受轻视和卑贱的形式,进入被造的世界,进入人类的生命和历史中。话语成了圣经;作为圣经,话语顺服于整本圣经的命运。"[78]

由此说明,当巴文克论述圣经为不完美和不充分时,他沿用了一种基督论的轮廓,借此基督在道成肉身时进入了卑微和有限的境地。这与他先前的论述一脉相承:圣经"是神在基督里成为肉身的产物,在某种意义上是道成肉身的延续,借此方式基督使教会成为祂的家"。[79]

这种关系是解释巴文克默示教义的核心。伽芬认识到它的重要性:"这段内容值得关注,因为它被证实在很大程度上是巴文克随后圣经教义发展的基础。"[80] 他指出,此处巴文克思想的首要主导特征就是道成肉身和成文之工之间紧密的内在关联,借此道成肉身与圣经仆人的形式也紧密相关。

各种歪曲巴文克对默示的有机理解的关键在于未能抓住这一点。我们发现罗杰斯和麦肯的著作主张巴文克从圣经有误(人类)形式的角度来使用圣经的有机默示,以此为圣经的救赎性(神圣)信息辩护。[81] 然而,此

---

[78] *RD* 1.435.
[79] *RD* 1.380-381.
[80] Gaffin, *God's Word in Servant-Form*, 56.
[81] Rogers and McKim, *Authority*, 399. Andrew McGowan, *The Divine Spiration of Scripture* 近期提出了巴文克并非一位圣经无误论者的观点。安德烈·麦高云认为:"无误论者为圣经辩解的一些内容,对于巴文克而言并非问题。他走得太远,以至说道:'圣灵的引导作为赐给教会的应许并未排除人性错误的可能。'一位无误论者绝不会提出这种主张。"(158)。 麦高云从《改革宗教理学》中更早的段落引用了这半句话。在那个段落,巴文克是在定义"教理"。根据上下文,巴文克是要区分教理和启示,并非讨论圣经。在论述教理与信经陈述的关系时,他指出"教会的认信提供给我们一个极妙的(尽管并非绝对可靠的)途径,让我们在诸般变化的错误中寻到路径,得以找到在神话语中已赐下的真理。"(*RD* 1.31)因此我们应注意巴文克在"非绝对可靠的"教会认信和圣经中"已赐下的真理"之间做出了强烈的对比。在此之后,他批判了罗马天主教透过教皇无缪论来主张教理完全性的倾向。在这个语境中,他指出新教神学就教理学发展而言有更坚实的立足点。整个句子(麦高云只引用了部分)如下:"然而,在新教假设的基础上,这更是如此,所以此处所应许赐给教会的圣灵并未排除人性错误的可能。"(*RD* 1.32)无论巴文克是否为无误论者,任何一位新教神学家都有足够的空间一边持守圣经无误的观点,一边持守教会认信有误的观点。

种分析似乎误解了有机主旨正是借着**联合**圣经的神圣作者和人类作者，以此专注于驳斥机械的默示论。他们对巴文克的论述也忽略了他自身对全盘默示（plenary inspiration）的强调："思想包括了话语，话语包含了语音。"[82]

巴文克指出，当我们以有机形式开始思考时，罗杰斯和麦肯所代表的这类观点就趋于瓦解：

> 但若以更有机的方式理解神圣默示，即以更历史和心理的方式来理解，那么这些问题的价值就烟消云散了。圣灵在写作过程中的活动终究在于这一事实：在借着各样方式（出生、养育、自然资质、研究、记忆、反思、生活经验、启示等）预备作者的意识（consciousness）后，祂如今临在，并借着写作过程本身，使那些思想和话语、语言和写作风格从这种意识中涌现；这为各种等级和阶级、来自万国与万代的人最佳解释了神的观念。[83]

十一. 默示的有机本性

回到本书所探究的这个假设——内在三位一体的神学带来外在有机体的宇宙论，我们发现巴文克将道成肉身（同有神性和人性）之可能性的基础建立在宇宙既联于、又有别于它的创造者和维系者的意义上。"神赋予了这个世界其自身的存有；尽管并非独立，但世界的存有不同于神的存有。"[84] 之于巴文克，这是我们可以相信道成肉身和成文之工的基础。"在保守并管理万物时，神维持祂所造之物独特的生命存在，使万物根据自身的本性发挥功用，保障人的自身个性、理性和自由。神从不强制任何一个人。"[85]

巴文克强调神的有机协作而非强制；每当我们想起斯霍尔滕的绝对机械式的决定论时，这便十分突出。这种与圣经相关的有机性神人协作的根

---

[82] *RD* 1.438.
[83] *RD* 1.438.
[84] *RD* 1.432.
[85] *RD* 1.432.

本思想就是，若无有机主旨（作为多样性中的合一性的促成因素），我们不能在成文之工方面构想一种神人联合。在一种机械式有神论的框架中，神会透过人性施动者（human agent）口述或宣布圣经，但这并非通过多样性中的合一性的过程。相反，这一行动借着强制的行为发生，就是神人之间机械式的互动。关键一点在于，巴文克坚信，机械默示与三位一体世界观并不一致。所以，他转而主张这种默示观只适于非三位一体宗教。之于巴文克，有机默示是基督教对默示最真切的表述。"正如每一个人的思想和行动都是神行动的产物，我们在祂里面生存并获得我们的存有；与此同时，我们的思想和行动也是人活动的产物，因此圣经全然是透过先知和使徒说话的神之灵的成果，同时又全然是圣经作者活动的成果。'一切皆具神性，一切又皆具人性'。"[86]

这便是其他著作所说的**神圣协同**（*divine concourse*）。[87] 巴文克认定神人作者紧密连接的事实似乎暗示了弗儒姆对有机默示的评估并非完全准确。弗儒姆认为："这个教义可由几种途径阐述。圣经作者的贡献在某种程度上可能是个人性的。"[88]

神如何在默示时无强制的行为？在讨论有机默示与圣灵论的关系时，巴文克预见了这个问题。"所谓的'强制写作'忽视了先知和使徒在圣灵引导下有机活动的切实证据，因为只有在少量文字中才有直接命令写作的迹象；这些文字绝非掩盖了圣经的整体内容。"[89]

这便得出一个主张：有机的、在圣灵催逼下的默示维护了圣经作者完全的人性。"我们观察到，当先知和使徒提笔著书时，他们仍旧保持不变。他们保留了自己深思熟虑的能力，以及情感的状态和意志的自由。他们使用了研究（路一1）、反思、记忆（约十四26）、材料使用以及作者在著书过程中会采用的所有普通方法。神圣默示远非弃绝或排斥这些方法，而是吸收了它们，并用来服务于神心意中的目标。"[90]

---

[86] *RD* 1.435.
[87] Rein Fernhout, *Canonical Texts: Bearers of Absolute Authority* (Amsterdam: Editions Rodopi, 1994), 193. "巴文克也根据协同的教义来看待双重作者之间的关系。他的确在此未有许多论述，但是在其他地方表现了对该教义的坚持。"
[88] Henk Vroom, *No Other Gods: Christian Belief in Dialogue with Buddhism, Hinduism and Islam* (Grand Rapids: Eerdmans, 1996), 122.
[89] *RD* 1.435.
[90] *RD* 1.433.

巴文克的立场就是，在一个三一形式、有机的宇宙中，物质层面和形而上层面可汇聚一处。这在道成肉身中已经发生了，也可见于话语的成文之工。"综合考虑，唯独有机默示的理论才能公正地对待圣经。圣经的教义就是要实现并应用启示的核心事实：道成肉身。道成了肉身，话语成了圣经。这两件事实不仅携手并进，更是紧密相关。"[91]

十二. 默示的持续性本性

巴文克有机默示之教义的第二个重要层面便是其持续性本性。巴文克坚决拒绝将圣经的默示局限于著书时刻的概念。相反，他视默示为圣灵的持续活动。"相似地，圣经是一个活泼有效的话语，能'辨明'人心中的思念和主意。它不仅**曾是**（was）默示的，如今仍是'神所吹气的'和'神正在吹气的'。" 正如默示的行动前必然有许多准备（所有圣灵在自然、历史、启示、重生中的活动），默示的行动之后也必有许多事发生。默示并非一个孤立的事件。在默示的行动之后，圣灵并非脱离了圣经，任其自生自灭，而是维系并赋予其生命力，用各种方法将它的内容带给人类，带到他们的内心和良心中。"[92]

启示的持续本性依赖于两个已然建立的根基：启示在本质上的历史性本性[93]，以及视基督为整个启示的有机中心[94]。这两点转而突出了神圣启示救赎的目标。这个救赎性启示贯穿了整个历史，横越'圣子的经世之期'并在'圣灵的经世之期'中建立增长。在后一经世之期中，圣灵继续默示圣经，为要使其完成它的救赎目标。"神圣默示因此是圣经的不变属性。它不仅是'神所吹气的'，也是'神正在吹气的'。"[95] 在这个语境下，巴文克引述了本格尔（Bengel），写道："圣经具有神圣默示性，不仅是神在它成书之时透过作者吹气，而且是圣经在被人阅读时，神透过圣经吹气，圣经也吹出神；【神成为祂子民的气息】。"[96]

---

[91] *RD* 1.434.
[92] *RD* 1.440.
[93] *RD* 1.379.
[94] *RD* 1.383.
[95] *RD* 1.385.
[96] *RD* 1.385.

巴文克在三位一体论框架中精心细致地发展出圣灵在有机默示中持续光照之角色的教义。圣父预备了环境，圣灵透过施行道（Word）而承接了救赎、光照的角色。

十三. 结论

显而易见的是，当不用"双重巴文克"假设探求分裂的预设来处理巴文克的圣经教义时，有机主旨的应用使得巴文克思想这个方面在很大程度上避免了像"双重巴文克"可能会导致的分崩离析。这并非说巴文克的思想中没有张力。如哈林克指出，巴文克在圣经方面尝试同为正统和现代，这确实意味着他既不符合现代神学家，亦与他自身的归正（gereformeerde）处境格格不入。[97] 在这个意义上，弗儒姆的评述——巴文克将来的学生无法复制他的立场——无疑有些道理。然而，为何有此结论的问题仍悬而未决。在巴文克思想体系中，所有后续的合一都发展自庄严的神格合一。当我们探究这个体系的运作方式时，复制他的教义似乎确实并非不可能。主张有机默示意味着巴文克并不归属现代或正统的阵营。在指出这点后，最有可能的情形就是，弗儒姆所说的巴文克的学生主要不是**巴文克**的学生。相反，我们怀疑他们是"正统"或"现代"的学生。他们未能离开自身的预设，因此觉得需要"选择去追随的巴文克的思想路线"。显而易见，很少人愿意接受整个教义并停止适应自身的神学或教会的背景。

若巴文克简单地尝试适应这个辩论的任一方，那么他就不会提出所问的这些难题，比如在《赫尔曼·巴文克论圣经和科学》中所提的问题。[98] 我们只有欣赏巴文克努力不在此争论中站队，而是探究圣经在何种意义上既有人性又有神性。若无有机的思维模型，他似乎未必可以在此方向上走得长远。

---

[97] Harinck, '"Something that must remain, if the truth is to be sweet and precious to us": The Reformed Spirituality of Herman Bavinck,' 260.
[98] Herman Bavinck, 'Herman Bavinck on Scripture and Science,' *Calvin Theological Journal*, 27 No. 1, (April 1992), tr. Al Wolters, 91-95.

第7章 有机主旨和教会论

一. 前言

本书最后一章聚焦于有机主旨在巴文克教会神学上的应用，要探究该主旨在新加尔文主义运动的教会论发展中的角色，借此有形教会被同时定义为体制机构和有机体。之后，我们将从教会应如何追求某种程度三一形态的角度来探究有机教会的重要结果。

我们有意从一开始就借着奥托·迪贝利乌斯（Otto Dibelius）的《教会的年代》所产生的余波来论述。[1] 教会论在 20 世纪成为争辩的热点议题，而该世纪已经趋近尾声。在 21 世纪伊始，这个讨论并无销声的迹象。[2] 正当西方社会已经陷入一系列明确的后基督教文化规范时，教会必须谨慎思考自身的本性和呼召。对于当今世俗西方世界中的教会而言，巴文克将三位一体思想创造性地应用于教会的教义，这对我们或许有很大的借鉴意义。

二. 巴文克结构神学中的三位一体性教会论

我们在第四章发现，巴文克的《改革宗教理学》细致地根据《使徒信经》三位一体的发展脉络来安排。这个发现带来一个结论：巴文克切实地认为整个神学就是神的教义。[3]

对教理学每个教义要点的处理与神格的所有成员有关；这使上述结论愈加明显。《神学绪论》解释了与圣父教义相关的创造，《基督里的罪和救赎》将罪论和救恩论置于基督论的范围内。然后，我们在第四卷《圣灵、教会和新的创造》中得出教会论。在《改革宗教理学》的结构神学中，教会的概念要按照圣灵论来解读。

尽管是在这个体系中，救赎却由圣父计划，圣子完成，圣灵施行。在此意义上，巴文克的教会论将教会与圣灵捆绑在一起。诚然，教会是圣灵独特的创造，是由圣灵呼召成立的。巴文克在圣灵论中建构教会论不只是为了结构上的方便。这在他解释与圣灵有关的教会身份与呼召的每个层面上都清晰可见。在巴文克三一形式的结构神学中，若无圣灵，教会（同时在字义上和喻义上）是无法构想的。

---

[1] Otto Dibelius, *Das Jarhundert der Kirche* (Berlin: Furche-Verlag, 1926).
[2] Gerard Mannion, *Ecclesiology and Postmodernity: Questions for the Church in our Time* (Collegeville: Minnesota, 2007).
[3] *RD* 2.29.

他强调教会（ecclesia）是圣灵塑造的新群体。正因如此，她的本质是属灵的，[4] 她的治理也是属灵的。圣灵的工作意味着教会以一种完全独特的构成方式成为一个有序、活泼的有机体。[5] 此外，教会的能力在本质上与圣灵相关。她的使命并非透过暴力、政治势力或市场营销的方式统治世界。相反，教会透过圣灵拥有一种无与伦比的属灵能力，借此传递基督的福音。[6] 凭借教会拥有恩典的途径，圣灵使用教会救赎世界。[7]

当教会思索自身继续存于后基督教西方世界中时，巴文克的三位一体教会论给予了及时的提醒：教会是三位一体神的教会。教会由圣父计划、圣子付出代价、圣灵召聚，是整个神格所珍爱的独特财产。在巴文克的思想体系中，三位一体与教会之间的明显联系是不难看见的，巴文克在这个方面广泛采用了有机主旨。

三. 荷兰教会论的争辩

然而在探讨巴文克圣经的教义时，我们必须首先描述凯波尔对构成巴文克教会论背景之议题的处理。

1828 年，吉斯特（N. C. Kist）完成了 19 世纪第一部专门讨论荷兰教会论的著作。与凯波尔相仿，吉斯特的著作成书于一次学术竞赛中，前者随后出版了一部论加尔文和拉斯基思想中的教会论的关键著作。1828 年，泰勒神学协会（Teylers Godgeleerd Genootschap）组织了是次论文竞赛，最终吉斯特胜出。他的教会论专著于 1830 年出版，并且在 1835 年再次发行了扩充版。[8]

在这两部著作出版之间，教会论思想的重要性开始涌现。1834 年，分离派的产生伴随着荷兰罗马天主教群体的解放。1848 年，荷兰宪法的大规模修改在更大程度上影响了对教会本质的争论。随着新宪法的出现，

---

[4] *RD* 4.273-352.
[5] *RD* 4.326-88.
[6] *RD* 4.389-440.
[7] *RD* 4.441-588.
[8] Vree and Zwaan, *Abraham Kuyper's Commentatio (1860), The Young Kuyper about Calvin, a Lasco, and the Church, I: Introduction, Annotations, Bibliography and Indices*, 15.

一般条例（Algemeen Reglement）也被修订；这些条例先前规定了教会与荷兰政府的关系。直到1851年，二者正式分离。这个时期出现了大量讨论教会议题的著作。

新宪法的起草者约翰·鲁道夫·托尔贝克（Johan Rudolph Thorbecke）试图创建一个新的世俗福利国家（welfare state）。这一运动遭到了改革宗教会的极大批判，后者认为关怀穷人是国民生活的核心功能之一。格罗宁根学派被卷入了这个争论。1856年，格罗宁根大学神学院组织了一次有关教会论的学术竞赛，设置的问题为："之于耶稣，教会是目的还是手段？亦或二者皆是？"[9]

1857年，格罗宁根出版的《爱中之真理》（Waarheid in liefde）增加了一个新的副标题："谨以此书专献于逐步建立未来的福音派大公教会"。[10]

1859年，格罗宁根神学院举行了另一届论文竞赛。是次主题是约翰·加尔文与詹·拉斯基的教会论。据推测，格罗宁根选了一个与加尔文有关的主题是为了对抗在莱顿公开"拥护加尔文"的斯霍尔滕的影响。[11] 霍夫斯泰德·德赫罗特（Hofstede de Groot）在这一时期论述斯霍尔滕的著作事实上更加证明了这个观点。[12] 因着詹·拉斯基与荷兰人伊拉斯谟靠近，以及他在埃姆登和伦敦的荷兰教会中的角色，狂热的民族主义者豪斯德学派当然热衷于将詹·拉斯基囊入研究之中。事实上，霍夫斯泰德·德赫罗特在拉斯基的影响下成长于埃姆登。[13] 此外，拉斯基去世的周年忌日正临近。格罗宁根学派此前已经公开拒绝了几乎整个加尔文神学，[14] 他们无疑希望

---

[9] 格罗宁根的伯基修斯（E. R. Borgesius）和莱顿的科纳佩特（J. Knappert）赢得了是次竞赛。

[10] *Waarheid in liefde, een godgeleerd tijdschrift, voor beschaafde christenen* (1845 ff.: J. Zoon, 1837-1872). 1857至1861年间的副标题为：*Nieuwe reeks, bijzonder gewijd aan de opbouwing der evangelisch-catholieke kerk der toekomst.*

[11] Vree and Zwaan, *Abraham Kuyper's Commentatio (1860), The Young Kuyper about Calvin, a Lasco, and the Church, I: Introduction, Annotations, Bibliography and Indices*, 17.

[12] Petrus Hofstede de Groot, *Beantwoording van J.H. Scholten, hoogleeraar te Leiden* (Groningen: A.L. Scholtens, 1859), 137. 彼时，霍夫斯泰德·德赫罗特在格罗宁根举办了小班教学（*privatissimum*），专门针对斯霍尔滕对改革宗传统的论述。

[13] J. B. F. Heerspink, *Dr P. Hofstede de Groot's level en werken*, (Groningen: P. Noordhoff, 1898), 3-11.

[14] Vree, 'P. Hofstede de Groot en de armenverzorging door vrouwen. Een hoofdstuk uit de geschiedenis van de Groninger inwendige zending,' 218.

对荷兰人拉斯基的专门介绍可以证明一个更佳认识教会的进路。1859年四月，此论文竞赛宣布开始。它指定比较加尔文与拉斯基的教会论，并特别要考量他们各自的个人生活处境。对某位特定神学家国民身份的强调是格罗宁根进路的特征。"格罗宁根神学家本身就会如此做，他们借此紧跟他们的老师范豪斯德的步伐，尤为强调一个人的国民身份对此人思想和行为的影响。"[15]

莱顿和格罗宁根在这一点上的较量还有另一层复杂的因素。在莱顿，斯霍尔滕和饶文霍夫具有19世纪乐观主义和进化精神的特点：人类被预先决定透过国家发展至道德的完善；在这个体系内，教会是多余的。饶文霍夫曾嘲讽道："地上神国美梦的实际内容可以在国家中，并透过国家得以实现。"[16] 这种对教会的明显贬低为19世纪中叶诸多受莱顿影响的牧者离开教会、放弃牧职的行为埋下了祸根。[17]

在盛行的乐观主义文化方面，格罗宁根的神学家也持相似的立场：基督是人类的榜样，借此带领众人大步迈向道德的完善。然而，他们强烈的民族主义意味着荷兰民族教会的概念在他们荷兰文化的模型中仍是一个关键元素。民族教会是指一种教会模式，一个精英主导的教会，借此与民众的国民身份紧密相连。[18] 因此，基督可以透过教会来领导。

正因如此，格罗宁根学派发起了是次竞赛，希望不仅证明他们的拉斯基比**斯霍尔滕**的加尔文更有价值，而且强制推广荷兰的民族教会作为优于莱顿学派教会与政府之理论的选择。

正是在这个时刻，我们发现年轻的莱顿学生亚伯拉罕·凯波尔加入了对荷兰神学中两个最重要的实时问题的争论：加尔文研究和教会论。第三

---

[15] Vree and Zwaan, *Abraham Kuyper's Commentatio (1860), The Young Kuyper about Calvin, a Lasco, and the Church, I: Introduction, Annotations, Bibliography and Indices*, 18.

[16] L.W.E. Rauwenhoff, cited in John Halsey Wood, 'Church, Sacrament and Civil Society: Abraham Kuyper's Early Baptismal Theology, 1859-1874,' in *Journal of Reformed Theology* 2 (2008), 279.

[17] 在这个背景下，我们发现康拉德·布什肯·休伊特（Conrad Busken Huet）、阿拉德·皮尔森（Allard Pierson）和哥尼流·柏图斯·提勒（C. P. Tiele）等人高调地离开了教会。

[18] Karel Blei, 'Volkskerk,' *Christelijke Encyclopedie*, ed. George Harinck, 3 volumes, Vol. 3 (Kampen: Kok, 2006), 1819.

章已经描述了凯波尔在此竞赛中的角色,以及深入研究加尔文对他自身神学的后续影响,此处无需赘述。

在如此深入探究加尔文的教会的教义时,凯波尔开始接受古典改革宗对有形教会和无形教会的区分;说明此点就足够了。巴文克也支持此种分类。二位神学家进一步将有形教会定义为有机体和体制机构。

四. 改革宗的教会有形性和无形性

与 19 世纪的荷兰一样,宗教改革时期的欧洲也上演了教会论剧变的情节。马丁路德极大地挑战了罗马天主教对自身作为体制机构性救赎中保(mediatrix of salvation)的强调。他主张唯独因信称义才能与神和好,而非透过体制机构性罗马天主教会。罗马天主教的体制机构性的自我强调因而受到了严密审查。

尽管重洗派运动混乱并强烈拒绝罗马天主教,但是它也发展了独特的以体制机构为本的教会论。凭借强调信徒洗礼,它的教会论暗示所有重新受洗的会友才是真基督徒。在明斯特(Münster),重洗派信徒宣讲他们是 1400 年以来的第一批真信徒。[19] 他们认为那些在成人洗礼后宣誓戒绝酒精、政治、战争、友谊和服饰的人才是真实基督徒。

然而,改革宗人士认为此种片面、体制机构性教会论是有问题的,并在释经上站不住脚。他们的问题在于,若我们可以基于参与有形的体制机构教会来判断信徒的真伪,那我们该如何理解包括犹大、亚拿尼亚、撒非喇和行邪术的西门等新约人物呢?这些人无疑都积极参与地上的教会。事实上,后面三位还在使徒的教会中领受了三位一体式的洗礼。然而,改革宗人士的普遍共识就是,这些人最终都不是真信徒。

墨兰顿、慈运理、加尔文发展了路德的质疑。我们发现加尔文在 1543 年明确表述了一种有形教会和无形教会的神学。[20] 这意味着教会在世界上是有形的,由信徒和非信徒组成;同时又是无形的,只由真信徒组成。基于三个原因,加尔文认为后者是"无形的"。第一,跨越时空的大公教

---

[19] Menno Simmons, *The Complete Writings of Menno Simmons*, tr. L. Verduin, ed. Harold Bender (Scottdale, PA: Herland Press, 1956), 158-59, 179-89, 212-15.
[20] Calvin, *Institutes* IV.xvi.19.

会不能完成呈现于单一的时空之中。第二，她包含了全部蒙拣选者，他们在末日前不会被显明。第三，我们在世上无法明确区分谁是"蒙拣选者"。[21] 根据改革宗神学，这种有形–无形的区分解释了犹大等人暂时存在于有形教会中，同时也保存了无形教会的纯洁。

五. 新加尔文主义的教会论

加尔文的教会论借由威斯敏斯特神学家进入英国改革宗传统。《威斯敏斯特信条》第二十五章重述了加尔文的基本立场。无形教会是大公教会，是神的选民。相反，有形教会由那些宣告基督教信仰之人及他们的儿女组成。她是"耶稣基督的国度，神的居所和家，在她之外无寻常救赎的可能"。[22] 但是，此基本立场并未在《威斯敏斯特信条》中予以详述。

在荷兰，对加尔文教会论的接受有些许不同。这不足为奇，因荷兰的认信准则《海德堡要理问答》只有极少的教会论内容；并且，这些内容与有形性和无形性的分类并无明显关联。

> 54 问：就圣而公之基督教会而言，你所信的是什么？
> 答：我相信神的儿子从全人类中、从世界开始到末日，靠着祂的灵和话语，在真信心的合一中，为祂自己聚集、保守、存留教会，就是蒙拣选直到永生。我也相信我是、并永远是教会有生命的肢体。
>
> 55 问：你如何理解圣徒相通？
> 答：首先，作为基督的肢体，所有及每一位信徒都与祂相交，享有祂所有的丰富和恩赐。其次，为了其他肢体的益处和福祉，每位信徒都责无旁贷、满心欢喜地使用他的恩赐。[23]

有形和无形的区分对荷兰教会论的影响微乎其微，这或许是因着荷兰在 19 世纪前普遍缺乏对加尔文的研究。我们同样不必对此感到惊讶，尽

---

[21] Calvin, *Institutes* IV.i.1-9.
[22] 《威斯敏斯特信条》第二十五章第 2 款。
[23] 《海德堡要理问答》，54-55 问答。

管莱顿和加尔文主义思想学派对加尔文神学的转化使用有极大的差异，但是随着斯霍尔滕、凯波尔和巴文克对加尔文的重新研究，这个分类在荷兰教会论辩论中日益突出。

除此之外，新加尔文主义运动的**教会论**本性（1892 年巴文克所在的分离教会与凯波尔的哀恸者群体的联合[24]）使对教会论的高度重视成为必要。在他们对加尔文的转化使用中，凯波尔和巴文克探索对有形教会的清晰定义。他们对此种定义的探索产生了一种特定的教会论主张：有形教会是一个有机体和体制机构。

加尔文的着重点在巴文克的教会论中偶有出现。在罗列圣经中各类对教会肢体的描述（羊、活石、儿女、弟兄姊妹等）时，巴文克强调这些人中有虚假的肢体：糠（太三 12）、麦子中的稗子（太十三 25）、捕获的坏鱼（太十三 47）、未穿礼物参加筵席的人（太二十二 11）、被召却未被选上的人（二十二 14）、不结果子的枝子（约十五 2），诸如此类。他继而说道："这些一同产生一个无可争议的结论，教会在本质上是真信徒的聚集。那些未有真信心之人或许外在地归属教会，却不构成教会的本质特性。尽管他们在教会中，他们并不是教会。"[25]

巴文克认为有形和无形的区分是教会论的一个必要因素。

> 有形教会和无形教会的区分只能被应用于争战的教会（militant church），并意味着无形教会是关于教会的属灵范畴和真信徒……教会是信心的对象。内心的信心、重生、真实的悔改、与基督隐秘的相交等是属灵的财富，无法用肉眼察觉，却赋予了教会真实的特性（forma）。无人从神领受绝对可靠的标准，借此判断他人的属灵生命。[26]

改革宗人士坚信麦子中总有稗子。巴文克完全赞同这个看法，同时迅速概述了有机主旨在教会论上如此适当的理由。"'教会'一词的使用关乎争战的教会，就是地上信徒的聚集。因此在所有基督徒中，无论是天主教徒还是新教徒，总有比喻的意义。教会并非按其中的非信徒而如此称谓，

---

[24] 有关分离主义和铎勒安茨群体的背景信息，见 30 页。
[25] RD 4.298.
[26] RD 4.303.

而是按构成其本质部分、并决定其本性的信徒而被称为教会；**要依据部分来描述整体**。教会是、并总是真信靠基督之人聚集的群体。"²⁷

古典改革宗对无形教会和有形教会的区分迁就了有形教会是混杂的这个事实。²⁸ 正因如此，古典改革宗已然将自身的轨迹置于多样性中的合一性的范型上。正如在下文会予以解释，虽然要依据部分来描述整体，但是教会的大公性、无形合一性要求教会的合一先于它的多样性。

虽然巴文克迈出了一大步，将有形教会的有机体—体制机构的定义纳入新加尔文主义神学中，但是这个概念首先由他的同事凯波尔提出。在尝试解释整体教会和个体信徒之间的张力时，凯波尔首先用有机主旨作为教会论的解决方案。²⁹ 有趣的是，当我们探究斯霍尔滕对此问题的解决方案时，该主旨并未发挥重要作用。³⁰

若如斯派克曼所认为的，改教家神学中若存在有机性—体制机构性的区分（尽管是在本质上而非名称上），那么这乃是由海德堡继承者发现的，而非威斯敏斯特的继承者。³¹

六. 有形教会是有机体

有形教会中生命要素的归属对巴文克的教会论而言十分重要。永活的圣灵所建立的教会是信心和敬拜的新群体。她属灵本质的特征就是必要的

---

²⁷ *RD* 4.303. 参 *CW*, 51. 着重点为所加。
²⁸ 巴文克细微改变了这一点，说道："于是，非信徒并非教会的本质；他们不是教会。因此，无形教会和有形教会定然不是集体性描述教会中非信徒和信徒的词汇。" *RD* 4.306.
²⁹ "比较格罗宁根学派和斯霍尔滕以及尚特皮·德拉索绪尔的教会论可知，凯波尔构思了一个对荷兰而言全新的教会模型。不仅其他人的著作全部未用'有机体'一词，而且没有人如此系统性地思考教会肢体的角色，更不用说他们其中有人在教会治理活动之前讨论教会肢体的活动。" Vree and Zwaan, *Abraham Kuyper's Commentatio (1860), The Young Kuyper about Calvin, a Lasco, and the Church, I: Introduction, Annotations, Bibliography and Indices*, 57.
³⁰ Scholten, *Dogmatices christianae*, 247.
³¹ Gordon J. Spykman, *Reformational Theology: A New Paradigm for Doing Dogmatics* (Grand Rapids: Eerdmans, 1992), 431. 斯派克曼的论点基于加尔文《基督教要义》中的一系列观念，借此第三卷讨论了每日基督徒生活就是教会的生活，而第四卷根据治理等内容解释了教会。

生命力。巴文克借鉴了圣经中高度有机性的例子来指称教会：教会是身体，是葡萄树，是禾场，诸如此类。

在要同时持守改革宗拣选的教义和教会论之际，巴文克认为圣经对教会的有机图像乃指向有形的教会，而非无形的教会。我们不应无视此点的重要性：此处采用了有机主旨来表达的概念是，透过圣灵的创造大能，世上有充满属灵生命的教会。亨德里克斯·博科夫（Hendrikus Berkhof）对巴文克教会论的描述表示，巴文克只是"附带地"提及有机的有形教会的观念。[32] 然而，这似乎轻描淡写了此主旨在巴文克教会神学中的重要性。此外，当我们想到巴文克经常将有机主旨应用于教会时，博科夫对巴文克思想中"教会为有机体"的极简描述就显得有些怪异了。[33]

将该主旨应用于教会主要是为了解释有形教会显著的多样性中的合一性。[34] 这里的重中之重是应用了《基督教世界观》提出的有机思想的第二个原则：在有机体中，合一性先于多样性。[35] "因此，蒙拣选者的聚集首先不是以个体和原子的方式来构思……教会是一个有机体，而非一个集合体；在教会这个例子中，整体先于部分。"[36] 在巴文克看来，将多样性建立在先存的合一性这一基础上是教会大公性的根基。

> 这种所有教会的合一性并非在信经、教会规章和教会会议体制确立之后才出现。教会亦非个体的联盟；这些个体首先在教会之上成为信徒，随后彼此联合。教会乃是一个有机体，其中整体先于部分而存在；它的合一性先于地方教会的多元

---

[32] Hendrikus Berkhof, *Christian Faith: An Introduction to the Study of the Faith* (Grand Rapids: Eerdmans, 1986), 399. "然而巴文克附带地提到了凯波尔阐明的'教会为有机体'的概念（对立于'教会为体制机构'的概念）。"（*GD* IV, par. 53）
[33] *RD* 3.524, 4.280-81, 4.285, 4.301, 4.303-5, 4.330-32, 4.340, 4.375, 4.448.
[34] 1875年，凯波尔的布莱顿（Brighton）之旅使这一点成为凯波尔教会论的标志。在布莱顿，凯波尔发现他要促成法国和普鲁士官员之间的相交，而他们先前还在交战。见 James Bratt, 'Raging Tumults of the Soul: The Private Life of Abraham Kuyper,' 11. 参 *CW*, 50.
[35] *CW*, 51; "...leert zij, dat het geheel aan de delen, de eenheid aan de veelheid voorafgaat."
[36] *RD* 3.524.

> 性，并依赖于基督……在逻辑上优先而非历史上优先的意义上，普世教会先于地方教会的宣告是正确的。³⁷

相同的思想也应用于超越时空之教会的**大公性**。巴文克写道，争战的教会只是无形教会的一小部分。"但必须指出的是，普世教会先于特定的或地方性的教会而存在。基督教会是一个有机体，且整体先于部分。"³⁸

相同的优先性问题是<教会为有机体和体制机构>这一段落的核心。³⁹ 之于巴文克，这显然并非只是附带的观点。这似乎是说，在概括巴文克的教会论时，博科夫未能充分认识"教会为有机体"的概念。

七. 有形教会是体制机构

> 基督是教会的有效起因（efficient cause）、典范起因（exemplary cause）以及终极起因（final cause）。借着圣灵，基督以先知、祭司和君王的身份继续活在教会中，并将祂恩典里所有的恩赐倾注于教会之中。借着圣职和圣礼的途径，祂全然赐下恩赐。因此，体制机构优先于有机体。在成为信徒会众（congregation）之前，教会是信徒的**母亲**。⁴⁰

在引用圣经对教会论丰富的形象化描述时，巴文克很快发现所讨论的有机体具有一种独特有序的存在。身体需要头，每个王国需要国王，葡萄园需要园丁，羊群必须要有牧羊人。相似地，有形教会除了有机体的状态，也是一个体制机构。巴文克从两个层面对此予以定义：第一，按照长老与执事所领导的治理而言，教会是体制机构性的；第二，借着所拥有的恩典的管道（the means of grace），教会也是体制机构性的。

因此，巴文克认为体制机构性元素是绝对必要的。

---

[37] *RD* 4.280-81.
[38] *RD* 4.301.
[39] *RD* 4.329-32.
[40] *RD* 4.285.

> 若无治理，就无法构想教会。诚然，基督本可以在没有任何人的服侍下行使祂的职分。若祂喜悦这样，本可以不借体制机构和人的帮助来施予祂属灵和属天的祝福。然而，这并非祂所喜悦的。祂所喜悦的乃是在未将祂的主权以任何方式转让给人时，使用人的服侍来施行祂的主权，并透过他们将福音传给所有被造之物。正是在这个意义上，教会从未缺少治理。教会总是按照某种形式组织，并根据体制机构来安排。[41]

他对与体制机构教会相关的历史神学进行了讨论，再次细致区分了宗教改革前后的教会。不出所料，巴文克不同意使徒职分持续性的观念。[42] 他相信使徒在特殊的时代被授予职分是为了要满足特定的需要。巴文克主张教会的持续治理在长老和执事的按立上得以彰显。

巴文克体制机构性教会之概念的迷人之处在于他对体制机构性教会的削弱程度，尤其是站在现代苏格兰长老制的角度来观察。苏格兰长老制高度发展，拥有法人身份和体制机构性教政制度（polity）的复杂系统，因而时常全面陷入官僚主义。简而言之，有形教会的体制机构性在本质上首先是因为她的领导层由按立的长老和执事组成；其次，她拥有并施行恩典的渠道。基督已经设立由长老领导的教会去传讲话语，施行执事的怜悯事工，为她的肢体施洗，并在圣餐中宣告祂的死。

巴文克对基督所设立的教会的清楚定义，使他可以恰当看待有形教会生活中不由基督设立的层面。这种清晰性使巴文克这位教会牧者可以应对教会的改变。在文化保守的乡村法兰内克担任牧职的青年巴文克开展了几次（依据所处环境）针对当地教会生活方式的大胆改变。作为一位成人，巴文克在彼时为荷兰教会的长老级治理者，处于促使宗派合一的重大举措的核心层面。[43]

---

[41] *RD* 4.329.
[42] *RD* 4.337-58.
[43] 这种独特性的确属于巴文克制定教会策略的核心。*RD* 4.374-75. 此处明显提到了有形教会是有机体和体制机构，这与不同社会处境中教会的高度组织多样性有关。

八. 有形的教会是有机体和体制机构

我们应承认巴文克付出了很大的努力去区分有形–无形和有机体–体制机构这两对概念。[44] 他并非借此指彼。相反，有机体–体制机构定义了有形教会。他认为那些视有机教会为无形教会的人忽视了一个事实，即那些尚未被召的蒙拣选者当下并非争战的教会的肢体。根据这个观点，"教会变为完全无形，仍旧是一个观念，并无对应的实在。"[45] 从罗马天主教到重洗派信徒，那些将有形教会单一地与体制机构教会紧密结合的人都面临相似的批判："对于外在的会友身份，呼召和洗礼都不能证明真实的信心。蒙召的人多，选上的人少。许多受洗之人并非真相信；以色列人也并非都是以色列人。因此，相较于前一个团体【罗马天主教】未能产生一个有形教会，后一个团体【重洗派】则忽略了无形教会。"[46]

值得附带提及的是，巴文克将有形教会的有机层面与体制机构层面紧密串连。二者中没有一个更具优越性；二者同时出现，相辅相成。[47] 我们不可能有一个活泼的教会却没有基督设立的体制机构性因素，反之亦然。于是，有机观念的应用再次依赖于此种串连：教会必须同为有形和无形，并在她的有形性中必须同为有机体和体制机构。"由此可得，教会为体制机构与教会为有机体之间的差异，与有形教会与无形教会之间的差异大相径庭，不能等同。"[48]

---

[44] *RD* 4.304. 这一点在《改革宗教理学》第四卷 33 页再次予以强调："正如前文所述，此区分与无形教会和有形教会的差异迥异。"
[45] *RD* 4.304. 在其他文章中已论证，由于《威斯敏斯特信条》缺少有形教会的定义，此批判多少可以直接针对苏格兰大部分威斯敏斯特加尔文主义：James Eglinton, 'Some benefits of going organic: Herman Bavinck's theology of the visible church,' *Theology in Scotland* (Vol. XVII, No. 1, Spring 2010), 23-36.
[46] *RD* 4.304.
[47] *RD* 4.330. 参 *RD* 4.340："因此，教会从未缺乏治理；她并非自我供给，而是从神领受。体制机构和有机体一再同时被神塑造，彼此结合。"
[48] *RD* 4.305.

九. 凯波尔对教会为有机体阐述

正如上文指出，有形教会为有机体的概念也是凯波尔教会论的一个重要特征。这是凯波尔于1870年对他在阿姆斯特丹教会第一次讲道[《生根立基》（Rooted and Grounded）]的重大焦点。[49]

之于凯波尔，有机性与体制机构性的区分表现了有形教会的形式和本质。凯波尔认为格罗宁根民族教会的模型将教会束缚于国家。在推翻此模型之时，他转而提出"自由教会"的建议。从有形教会来看，这体现于两个方面。与国家相关时，凯波尔提出有形教会在体制机构上要独立；就有机教会而言，凯波尔将教会想象为一个高度相连却自愿的团体。基于此，他认为自己有别于罗马天主教会那种过度体制机构化的属灵性，和教会已然过时（因此教会的社会角色应由政府服务取代）的莱顿现代主义的姿态。[50]

或许因着他们相异的生活环境，凯波尔比巴文克花更多的时间来阐述这种有机–体制机构区分对教会生活的重要影响。这些重要影响大致上可以概括为两个部分：第一，教会作为有机体在广大社会中的角色；第二，教会作为有机体在教会多元形式中的角色。

十. 教会作为社会中的有机体

凯波尔视民族教会模型直接与有形教会为体制机构和有机体的观念相对立。[51]他将二者置于对立的关系中[52]，继而将有机–体制机构的定义与

---

[49] Abraham Kuyper, 'Geworteld en Gegrond (1870),' *Predicatiën, in de jaren 1867 tot 1873, tijdens zijn Predikantschap in het Nederlandsch Hervormde Kerkgenootschap, gehouden in Beesd, te Utrecht en te Amsterdam* (Kampen: J.H. Kok, 1913), 328-29.

[50] 自19世纪50年代以来，受托尔贝克影响的荷兰政府已经朝此方向移动，尤其是关于面对穷人的社会公益服务：Vree and Zwaan, *Abraham Kuyper's Commentatio (1860), The Young Kuyper about Calvin, a Lasco, and the Church, I: Introduction, Annotations, Bibliography and Indices*, 16. 同见，Wood, 'Church, Sacrament and Society: Abraham Kuyper's Early Baptismal Theology, 1859-1874,' 279.

[51] Abraham Kuyper, 'Common Grace,' *Abraham Kuyper: A Centennial Reader*, 194: "于是，这便是**民族教会**的体系。直接与此相对的就是**教会为有机体**的体系……该体系主张，若体制机构教会根据圣经的要求组建，若作为教会圣礼的洗礼只在信徒及他们后裔的身上施行，若教会训诫的执行始终如一是为了净化教会，那么基督教的祝福才可以在【人类生活】更广的领域产生真实的果效。"

[52] Kuyper, 'Common Grace,' 193.

普遍恩典和特殊恩典的差异平行匹配，并借此为该定义辩护。他论证的方式就是主张存在"四个领域"。[53]

第一个领域充满普遍恩典却未被特殊恩典触及。他写道，这个领域是非基督教文化的特征，但是展现了值得称赞的精细。（此处，凯波尔以19世纪的中国为例。）第二个是体制机构性教会的领域，只有借着特殊恩典才能产生。凯波尔此处所想的"那些体制机构性教会"在使她们主体文化的成圣上毫无作为。第三个是由特殊恩典阐明的普遍恩典的领域。这个领域在很大程度上被视为19世纪晚期欧洲和北美的特征，其中所载的普遍恩典的主体文化受益于基督教，但与接受特殊恩典之文化内的大多数人无关。第四个就是被普遍恩典充实的特殊恩典的领域。"最终，你会在教会为有机体彰显之处发现此第四个领域。在该领域中，认信耶稣的个人在他们自己圈子中会使普遍恩典的生活被神圣启示的原则所主导。"[54] 在此语境下，凯波尔解释了基督教艺术、学校和学术研究是"基督教的"，这与基督教民族或国家有不同的意义。他相信用于民族的形容词只带有表面的意义。相较之下，有机教会在社会中的角色显然不同。借着有机教会，基督徒透过特殊恩典的视角了解并参与普遍恩典的活动。之于凯波尔，一个"基督教"国家绝无可能像一所基督教学校一样成为**基督教的**。

巴文克使用有机主旨主要是为了强调教会的合一性先于其多样性。与巴文克不同，凯波尔侧重用该主旨解释了教会信徒该如何、以及为何在教会机构之外立身处世。此种思想在巴文克著作中有直接的对等之处。然而，这个对应的内容不是用有机词汇，而用基督自己的语言来表述：新约中珍珠和酵的意象。我们在他倒数第二次的斯通讲座（1909）中发现，巴文克概述了教会（通过个体信徒，借着会众的合一）与其所处的主体文化之间的关系。巴文克在此论述了福音的两个方面。首先，福音是"重价的珍珠"（参 太十三 46）。

> 但是一件必然之事就是，若福音是真实的，那么它自身就具有评估所有文化的标准。耶稣在面对所有世上之物及自然关系的态度中已经清楚显明了这一点。祂并非一位苦修者……

---

[53] Kuyper, 'Common Grace,' 199.
[54] Kuyper, 'Common Grace,' 200.

> 祂亦非享乐主义者……祂没有接受肤浅的乐观主义和柔弱的悲观主义……祂接受事实中的社会和政治环境,并未要努力改革,而是为了天国之故,让自己全然专注于建立一个社会和政治应有的价值观。祂为此说道,人在世上所拥有的任何事物——饮食、衣物、婚姻家庭、职业工作、财富尊荣——都不能与这颗只有祂才能赐予的**重价珍珠**相比。[55]

在这个语境下,巴文克在普遍恩典的基础上称赞了人类文化的价值。然而,在特殊恩典的基础上,他承认人类文化并非那颗重价珍珠。借用凯波尔的措辞,借着普遍恩典而非特殊恩典,福音让基督徒在世上有一种体制机构性的团结。巴文克与普遍恩典和救赎恩典相关之神学的更广背景表示,他不会堕入敬虔主义,并将珍珠从世上抽离出来。为了与他的普遍恩典和救赎恩典之神学保持一致,[56] 他援引了另一个新约意象:天国好像一个"酵"(参 太十三 33)。"基督没有为祂的门徒绘制世上美好的未来,而是帮助他们准备迎接压制和迫害。然而天国虽为一颗重价珍珠,但也是**渗透整个面团的一个酵**。"[57]

因此,当福音(重价珍珠)为世上的基督徒提供了一个体制机构性的安全之地时,它(酵)也为基督徒参与这个世界提供了动力和基本原则。虽然巴文克依赖于新约意象,而非如凯波尔一般采用有机主旨来解释此种动态的张力,但是两位神学家所表述的思想惊人地相似。

新加尔文主义的观点是,为了带来一个基督教民族,我们需要的并非民族教会,而是有形教会。作为一个体制机构,该有形教会独立于国家(作为一颗重价珍珠,她诚然比民族主义更有价值);作为一个有机体,她是酵,并使用特殊恩典充实民族中预先存在的普遍恩典。在应用此原则之时,巴文克抨击了格罗宁根学派和莱顿学派的思想;这两个学派接受 19 世纪欧洲普遍的被动性乐观主义的精神。"神的国虽似芥菜种,似酵,

---

[55] *PR*, 257. 着重点为所加。
[56] 巴文克认为普遍恩典保留了被造物(已败坏)的良善,直至其在特殊恩典中复原。见 Bavinck, 'Common Grace,' 51.
[57] *PR*, 268. 着重点为所加。他也在《改革宗教理学》第四卷 395-396 页提到了"福音为一个酵"的观念,且表述了同样的思想。

并似一颗未借人类知识和努力就发芽生长的种子（太十三 31，33；可四27），但是她并不能借着逐渐发展或伦理进程的方式达致完全。"[58]

关于巴文克的珍珠和酵的典范，博尔特提出了两个有帮助的要点，以此证明虽然巴文克此处并未使用有机主旨，但对此原则的使用源于相同的范型。第一，博尔特将读者的注意力聚焦于关联性问题：教会必须视福音**同时**为一颗珍珠**和**一个酵。第二，他突出了优先性问题："此外，【福音】首要是一个财富或一颗珍珠，发酵的层面是**次要的**。"[59]

正如前文已经提示了，这个要点带来了凯波尔和巴文克之间的差异。海庭克可能是基于凯波尔想要反驳民族教会对教会为民族性体制机构的强调（因此凯波尔要强调有机原色），所以认为凯波尔用有机体对抗体制机构。[60]

然而，将凯波尔描述为一位低教会派神学家需要更深入地集中研究他对格罗宁根学派之回应的性质。凯波尔并非借着（by），乃是用（with）对立性（antithesis）回应他们民族教会的典范（ideal）。也就是说，他并非借着拒绝体制机构教会（或置其于次要位置）而接纳有机教会来反对他们的模型。相反，他使自己的有形教会（有机体和体制机构）模型与民族教会相对立。[61] 凯波尔从未使有形教会的两个层面彼此对立。相反，他将二者置于一种相互支持、串连的动态中。[62]

"凯波尔认为有机体和体制机构同为教会的必要层面，它们有一种互惠关系：有机体自然产生一种外在的形式或体制机构，而体制机构滋养了有机体。"[63]

先前少有著作论证巴文克和凯波尔就教会与文化相关之作用的一致看法，这可能出于各类原因。显然，一些人将凯波尔刻画成一位在有机体—

---

[58] *RD* 4.684.
[59] John Bolt, 'A Pearl and a Leaven,' *John Calvin and Evangelical Theology: Legacy and Prospect* (Milton Keynes: Paternoster, 2009), ed. Sung Wook Chung, 263.
[60] Gerben Heitink, *Practical Theology*, 72. "凯波尔视教会为一个有机体，即基督徒的群体；这些基督徒透过基督教组织，在社会中无处不在。他认为这是极其重要的：教会为一个体制机构是次要的，必须服务于有机体。"
[61] Kuyper, 'Common Grace,' 193.
[62] Kuyper, 'Geworteld en Gegrond,' 325-51.
[63] Wood, 'Church, Sacrament and Society: Abraham Kuyper's Early Baptismal Theology, 1859-1874,' 287-88.

体制机构关系之优先性方面反对巴文克的人。然而正如我们所见，此种凯波尔肖像并不恰当。另一可能的原因是，由于凯波尔的著作更多的是关于**教会为有机体**概念的应用，所以相比于将此作为巴文克式的典范（Bavinckian ideal），更多著作更愿视其为凯波尔式的典范（Kuyperian ideal）。[64] 尽管他们的教会论对相同术语的使用方式不同（凯波尔对"重价珍珠"的使用与巴文克迥异）[65]，我们应牢记典型的新加尔文主义对本质（essence）和形式（form）之间的区分。巴文克和凯波尔对形式的看法不同，但是凯波尔对有机体－体制机构的强调与巴文克珍珠－酵的概念之间在本质上是一致的；这证明了巴文克绝不应被排除在此讨论之外。

纵使巴文克更喜欢用珍珠和酵的措辞而非有机主旨来表达教会论中的这个层面，但是这些例证背后的概念在更大的新加尔文主义世界观中是令人信服的。正因如此，此种基督教具有制造文化和更新文化性质的模型便依赖于各样新加尔文主义原则的平衡，而这些原则都源于神格中的合一性和多样性。

十一. 教会的多元形式

教会应珍视非整齐划一（non-uniformity）为其典范，这是教会为有机体之原则的另一应用。这个原则在巴文克的著作中处于初始形态，而在凯波尔的著作中更加丰富饱满。[66] 尤其在与礼拜仪式实践相关时，教会论

---

[64] Herman Ridderbos, 'Het is taak van de 'kerk als organisme' om een appel te doen op de samenleving,' *De Kerk: Trefpunt van sociale en politieke akite?* ed. K. Runia (Kampen: Uitgeversmaatschappij J.H. Kok, 1987), 23-28; Jasper Vree, 'Organisme en instituut: De ontwikkeling van Kuypers spreken over kerk-zijn (1867-1901),' *Abraham Kuyper: vast en veranderlijk, De ontwikkeling van zijn denken* (Uitgeverij Meinema: Zoetermeer, 1998), eds. Cornelius Augustijn and Jasper Vree, 86-108.
[65] Abraham Kuyper, 'Calvinism: Source and Stronghold of our Constitutional Liberties,' *Abraham Kuyper: A Centennial Reader*, 303.
[66] 有趣的是，弗儒姆将凯波尔的教会多元形式描述为一方面源自唯心主义的影响，另一方面是凯波尔意识到罪的影响。Vroom, 'Understanding the Gospel Contextually,' 43-4.

的这个方面是苏格兰长老会[67]、罗马天主教[68]以及希腊东正教[69]所广泛讨论的内容。在每个例子中，争论都聚焦于一个宗派或教会是否应在每个会众和文化处境中恪守敬拜的整齐划一。

在探究内在三位一体带来外在有机体之假设的起源和各样应用后，巴文克和凯波尔支持一个珍视合一性而非整齐划一性的教会论也就不足为奇了。正因如此，他们都可被视为对当今的辩论做出了引人注目的贡献。我们回到凯波尔的讲座《整齐划一：现代生活的咒诅》就会发现，他视整齐划一不亚于是对神自身荣耀合一的有罪的荒诞模仿。

新加尔文主义者主张，那些致力于教理学是研究神并将万物服从祂完美存有之人，必须努力追求合一，因为整齐划一是不敬畏神的。[70] 整齐划一的逻辑动因是要从宇宙和教会剥离使神得荣耀的多样性，并将该多样性减至濒临之地。在教会中，一个整齐划一的范型视多样性在本质上为不可取的。虽然伊斯兰教有许多教派（逊尼派、什叶派、苏菲派、德鲁士派、阿麦迪亚派等），并且犹太教依据文化可分为米兹拉希团体、艾什科纳兹团体、赛法迪团体以及许多自由派或正统派变体，但是我们可以清楚发现，这两个宗教都没有将多样性作为一个优良品质。相反，这两个宗教中存在趋向整齐划一的动因；借着此整齐划一，不同教派都期待其他教派遵守他们自己的规范。二者的核心相同：以合一为代价的整齐划一是典范。

---

[67] James Eglinton and John S. Ross, 'Unity and Uniformity: Towards a Trinitarian Theology of Worship,' *Scottish Bulletin of Evangelical Theology* (Autumn 2009), 131-54.

[68] Peter C. Phan, 'How much uniformity can we stand? How much unity do we want? Church and Worship in the Next Millennium,' *Worship*, 72 no. 3 (May 1998), 194-210.

[69] 对礼拜仪式整齐划一的支持，见 Bishop Demetri (Khoury), *The Need for Good Choirs and Good Music*, http://www.antiochian.org/1169507979, and *contra*, Anon. *Orthodox Liturgical Renewal and Visible Unity*, at http://www.wcc-coe.org/wcc/who/vilemov-07-e.html).

[70] 教会的整齐划一（以罗马天主教为代表）和教会的多样性中合一性（以新加尔文主义为代表）各具特色的立场，在凯波尔与罗马天主教护教家本斯多普（Th. F. Bensdorp）的辩论中十分明显。见 Martin E. Brinkman, 'Kuyper's Concept of the Pluriformity of the Church,' *Kuyper Reconsidered: Aspects of his Life and Work* (Amsterdam: Vrij Universiteit Uitgeverij, 1999), 111-130; Martin E. Brinkman, 'Kuypers pluriformiteitsleer en de waarheidsvraag. Een konfrontatie met de kritiek van Th. F. Bensdorp,' *Gereformeerd Theologisch Tijdschrift* 78 (1978), 115-127.

基督教对整齐划一的转化使用主张基督的身体必须要匀称，因为基督教与其他非三位一体一神论的宗教有极大的相似性。教会主导的文化群体的规范被强加于占少数的亚文化上，旨在让每个人看上去和听上去都一样。[71]

将三一形式的多样性中合一性之默示应用于教会时，巴文克和凯波尔深信一个多样性（或多元性）中的合一性的范型比严格整齐划一的范型更具三一形式。"相较于所有整齐划一（凯波尔称其为现代生活的咒诅），多元性一词自身就表明了一种丰富、蒙福的多样性，因为整齐划一不给真实的变化和有意义的差异留有余地。于是，多元形式为对人类生活极有价值的多样化和差异化预留了空间；因为现实并未受制于整齐划一，它会越发丰富，而非更加贫乏！"[72]

然而，一个明显反驳此立场的观点是，在三位一体的内部，多样性内并无分歧。例如，纵然神格的三个位格在救赎的经世中各有独特的角色，但是并非不和谐；他们的角色完全是互补的。此外，保罗将多样性中的合一性原则应用于教会，视其为一个身体却有许多不同的肢体（罗十二 4-8），这证明了相同的多样性中和谐一致的原则。我们可以合理地将多样性中的合一性的范型应用于由分歧产生的多样性的处境中吗？神的三一性的事实能朝着治愈教会分裂的方向发展吗？

巴文克对此深信不疑。

> 基督教会的众多分裂无疑由罪引起；将来在天上，永远不再有这些。但这远非整个故事的始末。神在合一中喜爱多样性。在所有被造物中都有多样性，甚至当罪不再存在时亦如此。罪所带来的结果就是多样性被扭曲败坏，但是多样性本身对教会而言是好的，是重要的。不同性别和年龄、不同性格和性情、不同心思和意念、不同恩赐和美物、不同时间和空间，都对源于基督的真理是有益的。祂使所有这些差异为自己效力，并用它们装饰教会。诚然，**纵使罪导致人类被分裂为不**

---

[71] 潘彼得（Peter Phan）是一位在罗马天主教中提倡多样性中合一性的越南人。他暗示了一个极具吸引力的要点：在一个跨文化宗派中，整齐划一从未是一种文化中立的同质性。相反，它乃是靠着将属于宗派内主导性文化的规范强加于少数群体来发挥作用。Phan, 'How much uniformity can we stand? How much unity do we want? Church and Worship in the Next Millennium,' 198.

[72] Gerrit Berkouwer, *The Church* (Grand Rapids: Eerdmans, 1976), 52.

> 同民族以及有语言的差异，但这种分裂中仍有美好的地方；
> 这些美事被引入教会中，得以保存到永恒。基督从万族、众
> 多语言、万民和万国中，在世上召聚了祂的教会。[73]

  他清晰地将此多样性区分于多重形式教会的混乱，分歧在其中被相对化。[74] 在巴文克论点的背后，我们听见了加尔文的声音："并非所有教义的内容有同等地位。"[75] 改革宗传统在历史上已认识到，虽然所有真理都很重要，但是他们并非同等重要。[76] 加尔文、巴文克和凯波尔的立场是，教会必须允许多样性与真理的层次结构中的教义地位相称。借着相差悬殊的类比而非近似类比，神的三一性为教会中有原则的多元形式提供了基础。正因如此，巴文克用三一形式教会论为模型，将在非基要问题上观点不一之人联合在一起。博库伟对巴文克教会论的分析观察到，上述引文后面紧跟着一个坚定的看法：宗教改革回归圣经的关键方面在于撇弃了罗马天主教对教会整齐划一的坚定主张。"自【16 世纪】宗教改革以来，教会已进入多元形式的时代。这个事实促使我们寻求在属灵上信心结合的合一，而非外在教会治理形式的合一。"[77]

  在对教会多元形式的看法上，冯赫夫将巴文克描述为多少有些反对凯波尔。[78] 然而，当一个人认为巴文克以不加批判的精神详述后宗教改革教会的多元性时，博库伟的反驳（巴文克与凯波尔一样的大度和对不合一的厌恶，而非厌恶多样性）似乎更加合理。[79]

  在重新使教会论靠向三位一体时，巴文克和凯波尔共有的信念就是，教会为救赎伊甸园时期堕落前理想的多样性而效力。诚然，他们认为这是一种方式，教会借此大步踏向它的**终末**（telos），就是无罪的、属天的多样性中的合一性；在那里，基督为教会合一所做的大祭司的祷告（约十七 21）得到了积极的、永恒性的回应。

---

[73] *RD* 4.318. 着重点为所加。
[74] *RD* 4.319.
[75] Calvin, *Institutes*, IV.i.12.
[76] 有关改革宗传统中此种真理的层次结构的深思熟虑且有益的讨论，见 Donald Macleod, *Priorities for the Church* (Fearn: Christian Focus Publications, 2003), 100-16.
[77] *RD* 4.319.
[78] Cornelis Veenhof, *Volk van God: Enkele aspecten van Bavincks kerkbeschouwing* (Amsterdam: Buijten & Schipperheijn, 1969), 168.
[79] Berkouwer, *The Church*, 55.

结论

本书以描述巴文克神学发展的背景为开始，尝试通过讨论神圣的多样性中的合一性的范型来探索巴文克广泛使用的有机主旨。在这之后，借着概述并发展巴文克学术研究中新兴的普遍共识，本书证明了用该主旨来重新解读巴文克思想的正当性。这个共识就是："双重巴文克"假设并不成立，我们必须重构先前在该假设诠释法引导下的巴文克研究。前文已指出，冯赫夫的《启示和默示》透过如今不足为信的"双重巴文克"视角来解读巴文克。自20世纪60年代以后，冯赫夫的著作已经影响了几代巴文克的读者，从而他们视有机主旨单单为"现代主义"巴文克跟随者的特征。然而，"双重巴文克"模型的崩塌表示需要一种有机主旨的新解读。

　　此种新解读倒置了冯赫夫的方法论。它并非以亚里士多德开始，后进展至巴文克，乃是从巴文克自己对该主旨的定义开始，然后逆向发展。选择此新方法论是基于一个确信：最佳定义巴文克对一个词汇用法的人总是巴文克自己；他在《基督教世界观》中已然如此行。本书认为，尽管巴文克对词汇的使用具有他所在时代的特征，但是他并未用"彼时的普遍意义"来使用该词。相反，有机主旨对巴文克如此有益是因为它反映了多样性中的合一性的范型。多样性中的合一性是神格荣耀的记号，并且凭借神圣自我启示，成为整个自然和历史的记号。因此，巴文克赋予该词以三位一体的意义。如此行之际，他将自己扎根于改革宗传统，而非德国唯心主义传统之中。在预设内在一致的赫尔曼·巴文克之时，本书提出，有机主旨借着三一形式的特性成为巴文克世界观的显著动因。（这当然极大地区别于冯赫夫的观点，即有机主旨是巴文克神学中不一致性的另一标志。）

　　正因如此，我们提出了这个假设：之于巴文克，内在三位一体的神学带来了外在有机体的宇宙论。

　　我们首先探究了巴文克著作中神的教义，借此得出了这个假设。本书指出巴文克神的教义的轮廓着重强调神格在何种意义上具有极大的多样性（位格、名字、属性、经世的角色等）和深奥的本质，以及意志和行动之合一性的特征。巴文克渴望"紧随神之后思想神的心思，并追溯它们合一的线条"，这构成了本书研究的基础。此外，在<神学绪论>之后，《改革宗教理学》仿照了《使徒信经》三位一体论的模型。这种结构性的神学具体化了巴文克的观点：神是教理学独有的主题。之于巴文克，教理学的每个教义要点都包括在三位一体的教义中。创造要在与神的教义的关系中来理解，罪和救赎要在与神儿子的教义的关系中来理解，教会论和终末圆满需要透过圣灵的教义来理解。

巴文克想要从中世纪自然神学的过度使用中挽回奥古斯丁式三位一体遗迹的概念。这促使他稍微不同于后宗教改革在此方面对奥古斯丁神学词汇借用的缄默。然而，他背离了此种改革宗传统的潮流，同时拒绝了中世纪对寻求三元形式为三位一体遗迹的强调；这两个行动互相契合。确切而言，巴文克认为三位一体主要借着多样性中的合一性的非数值性特定概念得以启示。这阐释了他将整个时空连续体（受造为三位一体的普遍启示）概括为"有机体"，并充满三位一体的荣耀。在这过程中，巴文克借着将读者重新吸引至神的三一性和其对整个实在的重要性来丰富了改革宗传统。

接着，论述普遍启示和特殊启示的章节研究了神的教义的邻近性和神施行自我揭示的方式。我们尤为关注巴文克采用有机语言处理普遍启示神学的模式：虽然他解释了在未借着特殊启示视角下的普遍启示的有限作用，但是它仍启示了与三位一体神相关的却极为有限的信息。在阐述此点时，对该主旨的使用十分稀少。然而，一旦巴文克证实我们应使用特殊启示来正确恰当地转化使用普遍启示时，有机主旨立即再次在他的思想中占据了显要的位置。

这个主旨也被证明在巴文克处理神在圣经中特殊自我启示的过程中极其重要。在指出"双重巴文克"假设对解读巴文克圣经观所造成的极其恶劣影响后，本章证实了巴文克表述有机默示之概念的处境在很大程度上解释了此处对该主旨的使用。巴文克回应了自身教会传统中以敬虔主义来理解圣经的方式，他在莱顿所接受教育中对圣经的神圣作者身份的低看，以及格罗宁根学派中对人类作者身份的低看。在这过程中，他主张一种串联关系：圣经文本是完全神性的，亦完全人性的。为了解释这点，他援用了迦克墩基督论的公式。在此观念中，有机主旨被用于解释人类和神性作者身份的合一。他也发现此主旨有助于解释圣经整体的凝聚性：借着不同的语言、文体、人类作者、救赎历史中的不同阶段等因素，圣经构成了一个"有机体"。内在协调的巴文克的新解读以一种"双重巴文克"模型所缺的方式厘清了他的圣经的教义：这证明巴文克期待将各式各样的主题结合在一起。

最后，本书的脉络发展到关注巴文克对与教会相关的有机主旨的使用。在教会的有形层面，她被称为有机体和体制机构。改革宗传统中此种创造性发展是巴文克从亚伯拉罕·凯波尔处继承而来的，这说明了他们对教会与文化关系之意象有共同的特征。虽然巴文克和凯波尔喜爱不同的词汇（巴文克更喜欢"珍珠和酵"的意象，而凯波尔使用"有机体和体制机构"的意象），但是这已显明他们对教会在现代世界中之功用有一致的愿景。

至此为止，我们透过基于对巴文克个性极为独特之解释的诠释法来解读他的神学。这定然使背离先前规范的任一研究变得高度复杂化。本书显然拒绝以下概念：巴文克只是一位内在不一致的人，从而产生了相似的分裂性神学。然而在创立一种对巴文克的新解读时，我们必须也要改变在何种意义上将神学家巴文克与巴文克的教理学相联。毋庸讳言，巴文克的人格和他的作品之间的关系极为复杂，无疑值得对其本身进行彻底的研究。本书的首要目标是去研究巴文克对有机主旨的使用。为了达此目的，我们必须初步尝试研究作为教理学家的巴文克。然而，这种尝试在本书明显为次要特征。虽然有机主旨似乎要解决先前在巴文克著作中所察觉的诸多张力，同时这一研究对"重新联合"他人格方面的初步涉猎似乎也极有前景，但是我们在此刻十分乐意将此研究留待今后的著作。本书已论述了巴文克的有机神学；我们希望本书能促进对巴文克个人生平和思想发展过程更深入的研究。

然而，我们尝试评述巴文克这位神学家和巴文克的神学之间的距离作为本书结尾。本书绝非认为巴文克视自己在现代文化中的角色是一位有正统信仰的参与者这一说法是显而易见的；这个观点无法成立。（在这个背景下，哈林克最近已提出，巴文克在现代世界中成为一位有正统神学之参与者的研究方案彻底失败了。）[1] 然而，我们认为"双重巴文克"的假设是过度简化了，缺乏学术研究的基础，并阻碍而非促进巴文克研究的发展。

正如本书整体已说明，巴文克的思想充满了张力。神是三和一；神是存有，宇宙是成有（神的形象同为存有和成有）；启示是普遍的和特殊的；基督徒是称义的罪人；圣经的作者身份同为人性和神性；教会是有形的和无形的；在教会的有形层面，她同为有机体和体制机构；福音拥有珍珠和

---

[1] George Harinck, 'The Religious Character of Modernism and the Modern Character of Religion: A Case Study of Herman Bavinck's Engagement with Modern Culture,' in *Scottish Bulletin of Evangelical Theology* 29.1 (Spring 2011), 60-77.

酵，这意味着它与其主体文化的关系同时有两个向度（借着承认普遍恩典产生的文化价值，以及它次于特殊恩典产生的文化）。诚如博库伟所言，"各样确凿的主题在巴文克著作中已十分显目"。[2] 过去半个世纪巴文克研究的极大悲剧或许就是，这些无可辩驳的（onweersprekelijke）张力一致被（错误地）解读为是无法调和的，而非是确凿的。

在概括这一系列无法辩驳的主旨时，我们观察到它们展现了两个因素。第一，它们在巴文克的思想中可以追溯至神的多样性中的合一性：圣父、圣子和圣灵。神的存有赋予了实在（reality）的轮廓。因此，神圣存有的合一就意味着巴文克并未预期这些张力必然是恶劣的或不可取的。相反，实在是非整齐划一的，因为它反映了它的创造者。第二个共同的因素就是，纵观巴文克的著作，他是在论述这些"存在张力的确凿主题"的过程中选择了有机主旨。该主旨为他提供了概念性工具来传递某种意义上三一神在被造领域的荣耀。

诚然，承认这些张力在本质上并非总是错的并不意味着它们因此必然就是合宜的或无问题的。将彼此相异的事物聚拢合成整体的确并非易事。神圣自我启示呼召人注目永生神便是此例：它呼召人定睛于有三个位格的神，依据保罗而言，就是"住在人不能靠近的光里"的神（提前六 6）。这正是要思考有不可言喻之尊崇的神。然而，此处所显明的多样性中的合一性是原型的神圣完美。注目我们的神并不能轻易达成。神格中神圣确凿的张力完美地平衡，并无冲突，并合为整体。把世上被罪极度破坏、存在张力的次要事物结合在一起是多么不易啊！因此，构建一个三一形式的世界观并不容易。在尝试将万物结合成整体时，巴文克有意着手处理这个最困难的任务。这在巴文克写给挚友赫洛涅的信件中十分明显。"我深知自己向往的理想是无法获取的，但是对于我而言，远胜一切的就是成为最完整意义上的人，成为在万物中的人，以及成为神儿女的人。这就是我的目标。"[3]

---

[2] "Het gevaar van een beschriijving en beoordeling van Bavincks levenswerk is, dat men hem annexeert voor eigen inzichten. Het is niet onmogelijk boven dat annexatie-gevaar uit te komen, doordaat in het werk van Bavinck allerlei onweersprekelijke motieven zichtbaar worden." Berkouwer, *Zoeken en Vinden*, 55.

[3] 被引用在 Harinck, '"Something that must remain, if the truth is to be sweet and precious to us": The Reformed Spirituality of Herman Bavinck,' 258.

在结束本书之际，我们承认本书只是初步研究了在何种意义上巴文克视神圣合一性为其余实在（reality）提供了内在连贯性。然而，我们猜测，因着他谦逊的特性，巴文克也会同样描述自己的著作。在探究巴文克思想彼此协调的观点对这一特定领域的影响（就是有机思想的影响）时，我们只是在巴文克研究的更大运动中迈出了第一步。若只能论述一位单一的赫尔曼·巴文克，那么我们必须不仅要重新转化使用有机主旨。确切而言，"双重巴文克"模型的崩塌不亚于巴文克研究的范型转移。

那些认识到内在协调之巴文克的读者，必然已经准备好在追求成为当代正统信仰基督徒时提出的最难的问题。

> 我们当然更易于任凭这个时代自行其道，并在安静的抽离中寻求力量。然而，我们决不允许有此种惬意。由于每个受造物都是好的，若以感恩的心领受，就没有什么是可被拒绝的。既然万物都被神的道和祷告圣化了，那么拒绝任何被造物都是忘记了神的恩典，是误断或贬低了祂的良善和恩赐。我们唯独与罪争战。无论这种关系（认信基督之人借此活在这个时代）有多复杂，无论社会、政治、特别是科学上的问题有多严峻、艰难和几乎无法攻克，即便我们假藉基督徒的动机高傲地逃离此种挣扎，或视这个时代的文化为邪恶的而予以拒绝，这都是我们的不忠信和软弱。[4]

---

[4] Bavinck, *Our Reasonable Faith*, 10.

参考书目

一次文献

Bavinck, Herman. *De Ethiek van Ulrich Zwingli* (Kampen: G. Ph. Zalsman, 1880).

———. *De Katholiciteit van Christendom en Kerk* (Kampen: Zalsman, 1888).

———. 'Confessie en Dogmatiek,' *Theologische Studiën* 9 (1891), 258-75.

———. 'Godgeleerdheid en godsdienstwetenschap,' *De vrije kerk* 18 (1892):197-225.

———. *De Algemeene Genade: Rede gehouden bij de overdracht van het Rectoraat aan de Theologische School te Kampen op 6 Dec. 1894* (Kampen: G. Ph. Zalsman, 1894).

———. *Education and Theology* (*Opleiding en theologie*) (Kampen: J.H. Kok, 1986).

———. *The Office of "Doctor"* [*in the Church*] (*Het doctorenambt*) (Kampen: G. Ph. Zalsman, 1899).

———. *Erudition and Scholarship* (*Geleerdheid en wetenschap*) (1899).

———. *The Authority of the Church and the Freedom of Science* (*Het recht der kerken en de vrijheid der wetenschap*) (Kampen: G. Ph. Zalsman, 1899).

———. *The Theological School and the Free University* (*Theologische School en Vrije Universiteit*, 1899).

———. *Godsdienst en godgeleerdheid* (Wageningen: Vada, 1902).

———. *Christelijke Wereldbeschouwing* (Kampen: Kok, 1904).

———. *Principles of Education* (*Paedagogische Beginselen*) (Kampen: J.H. Kok, 1904).

———. *The Christian Family* (*Het Christelijke huisgezin*) (Kampen: J.H. Kok, 1908).

———. *Philosophy of Revelation* (London: Longmans, Green and Co., 1909).

———. *Johannes Calvijn* (Kampen: Kok, 1909).

———. 'The Reformed Churches of the Netherlands,' *Princeton Theological Review* 8 (1910):433-460.

———. *Modernisme en orthodoxie: Rede gehouden bij de overdracht van het rectoraat aan de Vrije Universiteit op 20 oktober 1911* (Kampen: J.H. Kok, 1911).

———. *Education of the Teacher* (*De opleiding van den onderwijzer*) (Amsterdam: De Standaard, 1914).

———. *Education of Adolescents* (*De opvoeding der rijpere jeugd*) (Kampen: J.H. Kok, 1916).

———. *New Education* (*De nieuwe opvoeding*) (Kampen: J.H. Kok, 1917).

———.*The Role of Woman in Modern Society* (*De vrouw in de hedendaagsche maatschappij*) (Kampen: J.H. Kok, 1918).

———.*The Imitation of Christ in Modern Life* (*De navolging van Christus in het moderne leven*, 1918).

———. *Kennis en Leven* (Kampen: J.H. Kok, 1922).

———. Herman Bavinck, *Our Reasonable Faith* (Grand Rapids: Baker Book House, 1956), tr. Zylstra, Henry.

———. *The Doctrine of God* (Edinburgh: Banner of Truth, 1977), tr. Hendriksen, William.

———. 'Common Grace,' *Calvin Theological Journal* 24 No. 1, April 1989, tr. Van Leeuwen, Raymond:35-65.

———. *The Certainty of Faith* (Grand Rapids: Paideia Press, 1980).

———. *The Catholicity of Christianity and the Church* in Calvin Theological Journal 27 (1992), tr. Bolt, John:220-51.

———. 'Herman Bavinck on Scripture and Science,' *Calvin Theological Journal*, 27 No. 1, (April 1992), tr. Wolters, Al:91-95.

———. *Reformed Dogmatics, Volume One: Prolegomena* (Grand Rapids: Baker Academic, 2003), ed. Bolt, John; tr. Vriend, John.

———. *Reformed Dogmatics, Volume Two: God and Creation* (Grand Rapids: Baker Academic, 2004), ed. Bolt, John; tr. Vriend, John.

———. *Reformed Dogmatics, Volume Three: Sin and Salvation in Christ* (Grand Rapids: Baker Academic, 2006), ed. Bolt, John; tr. Vriend, John.

———. *Reformed Dogmatics, Volume Four: Holy Spirit, Church and New Creation* (Grand Rapids: Baker Academic, 2008), ed. Bolt, John; tr. Vriend, John.

———. 'Theology and Religious Studies,' in *Essays on Religion, Science and Society* (Grand Rapids: Baker Publishing Group, 2008), ed. Bolt, John; trs. Boonstra, Harry and Sheeres, Gerrit:49-60.

———. 'Theology and Religious Studies: Appendix B,' in *Essays on Religion, Science and Society* (Grand Rapids: Baker Publishing Group, 2008), ed. Bolt, John; trs. Boonstra, Harry and Sheeres, Gerrit:281-288.

———. 'The Essence of Christianity,' in *Essays on Religion, Science and Society* (Grand Rapids: Baker, 2008), ed. Bolt, John; trs. Boonstra, Harry and Sheeres, Gerrit:33-48.

———. 'Christianity and Natural Science, in *Essays on Religion, Science and Society* (Grand Rapids: Baker, 2008), ed. Bolt, John; trs. Boonstra, Harry and Sheeres, Gerrit:81-104.

———. *Gereformeerde Katholiciteit (1888-1918)* (Barnveld: Nederlands Dagblad, 2008), ed. van Bekkum, Koert.

巴文克传记

Bristley, Eric. *Guide to the Writings of Herman Bavinck* (Grand Rapids: Reformation Heritage Books, 2008).

Bremmer, R.H. *Herman Bavinck en zijn Tijdgenoten* (Kampen: Kok, 1966).

Hepp, Valentijn *Dr. Herman Bavinck* (Amsterdam: W. Ten Have 1921).

Gleason, Ron. *Herman Bavinck: Pastor, Churchman, Statesman, Theologian* (Philippsburg: Presbyterian and Reformed Publications, 2010).

Landwehr, J. *Prof. Dr. Herman Bavinck* (Kok: Kampen, 1921).

二次文献

Augustijn, Cornelius. 'Kerk en Godsdienst 1870-1890,' *De Doleantie van 1886 en haar Geschiedenis*, ed. Bakker, Wim (Kampen: Kok, 1984):58-62.

Aquinas, Thomas. *Summa Contra Gentiles* IV (University of Notre Dame Press, 1991), tr. Vernon J. Bourke.

Amyraut, Moyse. *De mysterio trinitatis, deque vocibus ac Phrasibus quibus tam Scriptura quam apud Patres explicatur, Dissertatio, septem partibus absoluta* (Saumur : Isaac Desbordes, 1661).

Andrich, Gustav. *Das antike Mysteriewesen in Seinim Einfluss auf das Christenthum* (Göttingen: Vanderhoeck und Ruprecht, 1894).

Augustine. *On the Trinity* (Cambridge: Cambridge University Press, 2002), ed. Gareth B. Matthews.

Bancroft, George. *History of the United States of America* (New York: Appleton, 1890).

Barr, James. *The Semantics of Biblical Language* (London: Oxford University Press, 1961).

Bascom, John. *Aesthetics, or, the Science of Beauty* (Boston: Crosy and Nichols, 1862).

Barth, Karl. *Church Dogmatics,* Vol. I, Part 1 (Edinburgh: T & T Clark, 1975), trs. Bromily, G.W. et al.

———. *Church Dogmatics*, Vol. I, Part 2 (Edinburgh: T & T Clark, 1956), trs. Bromily G.W. et al.

Bavinck, Johan Herman. *An Introduction to the Reformed Science of Missions*, tr. David Hugh Freeman (Grand Rapids: Baker, 1960).

Beek, M. 'Abraham Kuenen,' *Vox Theologica*, 7 (1935-36):150.

Beiser, Frederick. *Hegel* (Routledge: New York, 2005).

van den Belt, Henk. *Autopistia: The Self-Convincing Authority of Scripture in Reformed Theology*, (Leiden: University Press, 2006).

Berkhof, Hendrikus. *Christian Faith: An Introduction to the Study of the Faith* (Grand Rapids: Eerdmans, 1986).

———. *Two Hundred Years of Theology* (Grand Rapids: Eerdmans, 1989).

Berkouwer, Gerrit. *General Revelation* (Grand Rapids: Eerdmans, 1955).

———. *Holy Scripture* (Grand Rapids: Eerdmans, 1975), tr. Rogers, Jack.

———. *The Church* (Grand Rapids: Eerdmans, 1976).

———. *Zoeken en Vinden: Herinneringm en Ervanngm* (Kampen: Kok, 1989).

Bertram, J.F. *Historia critica Johannis à Lasco* (Aurich: H. Tapper, 1733).

Blei, Karel. 'Volkskerk,' *Christelijke Encyclopedie*, ed. Harinck, George; 3 volumes, Vol. 3 (Kampen: Kok, 2006):1819.

Bloesch, Donald. *Holy Scripture: Revelation, Inspiration and Interpretation* (Downers Grove: InterVarsity, 1994).

Bohatec, Josef. 'De Organische Idee in de Gedachtenwereld van Calvijn,' *Antirevolutionaire Staatkunde: Orgaan van de Dr. Abraham Kuyperstichting ter bevordering van de studie der Antirevolutionaire Beginselen* 2e Jaargang (Kok: Kampen, 1926), 32-45, 153-64, 362-77.

———. *Calvin und das Recht* (Feudingen: Buchdruck und Verlags-Anstalt, 1934).

———. *Budé und Calvin: Studien zur Gedankenwelt des französischen Frühhumanismus* (Graz: Böhlau, 1950).

———. *Calvins Lehre von Staat und Kirche* (Breslau: Marcus, 1937).

Bolt, John. *The Imitation of Christ Theme in the Cultural-Ethical Ideal of Herman Bavinck* (PhD dissertation, Toronto, University of St Michael's College, 1982).

———. *Christian and Reformed Today* (Vineland, ON: Paideia Press, 1984).

———. 'The Trinity as a Unifying Theme in Reformed Thought: A Response to Dr George Vandervelde,' *Calvin Theological Journal* 22 No. 1 (April 1987):91-104.

———. 'Trinitarian beauty and the Order of Common Grace,' *A Free Church, A Holy Nation: Abraham Kuyper's American Public Theology* (Grand Rapids: Eerdmans, 2001), 212-23.

———. 'Editor's Introduction' in Bavinck, Herman *Reformed Dogmatics: Prolegomena*, 11-19.

———. 'Grand Rapids between Kampen and Amsterdam,' *Calvin Theological Journal* 38 No. 2 N. 2003:263-280.

———. 'A Pearl and a Leaven,' *John Calvin and Evangelical Theology: Legacy and Prospect* (Milton Keynes: Paternoster, 2009), ed. Chung, Sung Wook:242-266.

———. 'Bavinck Society Discussion # 1: The VanDrunen-Kloosterman Debate on 'Natural Law' and 'Two Kingdoms' in the Theology of Herman Bavinck' (published online via the Bavinck Institute: http://bavinck.calvinseminary.edu/wp-content/uploads/2010/06/Discussion_1_VanDrunen-Kloosterman_debate.pdf),

Bouma, Hendrik. *Secession, Doleantie and Union: 1834-1892*, tr. Plantinga, Theodore (Neerlandia, Alberta: Inheritance Publications, 1995).

Brakel, W. *Redelijke Godsdienst* I.iv.35 (D. Donner, 1881).

Bratt, James D. 'Raging Tumults of the Soul: The Private Life of Abraham Kuyper,' *Reformed Journal* No. 1 (November 1987):9-13.

Brinkman, Martin E. 'Kuypers pluriformiteitsleer en de waarheidsvraag. Een konfrontatie met de kritiek van Th. F. Bensdorp,' *Gereformeerd Theologisch Tijdschrift* 78 (1978):115-127

———. 'Kuyper's Concept of the Pluriformity of the Church,' *Kuyper Reconsidered: Aspects of his Life and Work* (Amsterdam: Vrij Universiteit Uitgeverij, 1999):111-130.

Bristley, Eric. *Guide to the Writings of Herman Bavinck* (Grand Rapids: Reformation Heritage Books, 2008).

Brouwer, A.M. *De modern richting* (Nijmegen, 1904).

de Bruijn, Jan and Harinck, George eds., *Leidse vriendschap,* (Baarn: Ten Have, 1999).

Buel, Samuel. *A Treatise on Dogmatic Theology* Vol. 1 (New York: Thomas Whittaker, 1890).

Butin, Philip. *Revelation, Redemption, and Response: Calvin's Trinitarian Understanding of the Divine-Human Relationship* (New York: Oxford University Press, 1995).

Calvin, John. *Institutes of the Christian Religion* (SCM Press, 1960), trs. Battles, Ford Lewis and McNeill, John T.

———. *Commentary on Genesis* (Edinburgh: Banner of Truth Trust, 1965), tr. King, John.

———. *Defensis Sanae et Orthodoxae Doctrinae de Servitute et Liberatione Humanii Arbitrii Adversus Calumnias Alberti Pighii Compensis, Johannis Calvini Opera Quae Supersunt Omnia,* Voi. VI, *Corpus Reformatorum,* Voi. XXXIV (Brunsvigae: C. A. Schwatschke et Filium, 1867).

———. *Contre la Secte Phantastique et Furieuse des Libertines qui se Nomment Spirituelz, Joan-nis Calvini Opera Quae Supersunt Omnia,* Vol. VII; *Corpus Reformatorum* Vol. XXXV (Brunswick: CA. Schwetschke et Filium, 1868).

Da Costa, Isaac. 'Het Woord en de Schrift Van God,' *Opstellen van godgeleerden en geschiedkundigen inhoud*, (Amsterdam, 1862).

Cremer, H. *Biblico-Theological Lexicon of New Testament Greek* (Edinburgh: T & T Clark, 1872) trs. Simon, D.W. and Urwick, William.

Dabney, Robert. *Systematic Theology* (St. Louis: Presbyterian Publishing Company, 1871).

Dibelius, Otto. *Das Jarhundert der Kirche* (Berlin: Furche-Verlag, 1926).

Bishop Demetri (Khoury). *The Need for Good Choirs and Good Music*, (http://www.antiochian.org/1169507979).

Dooyeweerd, Herman. 'Kuyper's Wetenschapsleer,' *Philosophia Reformata* 4 (1939):193-232.

———. *Roots of Western Culture: Pagan, Secular, and Christian Options*, (Toronto: Wedge Publishing Foundation, 1979).

Dosker, Henry Elias. 'Herman Bavinck' in Herman Bavinck, *Essays on Religion, Science and Society* (Grand Rapids: Baker Academic, 2008):13-24.

Dourley, John P. 'The Relationship between Knowledge of God and Knowledge of the Trinity in Bonaventure's *De mysterio trinitatis*,' *San Bonaventura Maestro*, ed. Pompei, A., vol. II:4-45.

Dowey, E. A. *The Knowledge of God in Calvin's Theology* (Grand Rapids: Eerdmans, 1994).

Dulles, Avery. *Modes of Revelation* (New York: Orbis Books, 2002).

Dupré, Louis. *The Enlightenment and the Intellectual Foundations of Modern Culture* (Yale University Press: London, 2004).

van Eck, Caroline. *Organicism in nineteenth-century architecture: An inquiry into its theoretical and philosophical background* (Architectura and Natura Press: Amsterdam, 1994).

Edwards, Jonathan. "An Essay on the Trinity," *Treatise on Grace and Other Posthumously Published Writings*, ed. Helm, Paul (Cambridge and London: James Clarke, 1971)

van Eeden, Frederik. *The Bride of Dreams* (Teddington: The Echo Library: 2009), tr. Mellie von Auw.

Eglinton, James. 'Bavinck's Organic Motif: Questions Seeking Answers,' *Calvin Theological Journal* (April 2010), Vol. 45, No. 1:51-71.

———. 'Some benefits of going organic: Herman Bavinck's theology of the visible church,' *Theology in Scotland* (Summer 2010).

———. 'How Many Herman Bavincks? *De Gemeene Genade* and the 'Two Bavincks' Hypothesis,' *Kuyper Center Review Vol. 2: Revelation and Common Grace* (Grand Rapids: Eerdmans, 2011), ed. Bowlin, John:279-301.

———. 'To Be or to Become – That is the Question: Locating the Actualistic in Bavinck's Ontology,' *Kuyper Center Review Vol. 2: Revelation and Common Grace* (Grand Rapids: Eerdmans, 2011), ed. Bowlin, John:105-125.

Escher, D. G. *Disquisitio de Calvino, librorum N.T. historicorum interprete* (Utrecht: R. Nathan, 1840).

Fergusson, David. 'John Baillie: Orthodox Liberal,' *Christ, Church and Society: Essays on David Baillie and John Baillie* (London: T & T Clark, 1993), ed. David Fergusson:123-154.

Fernhout, Rein. *Canonical Texts: Bearers of Absolute Authority* (Amsterdam: Editions Rodopi, 1994).

Gaffin, Richard. *God's Word in Servant-Form* (Greenville: Reformed Academic Press, 2008).

Gérold, Charles Théodore. *La Faculté de théologie et le Séminaire protestant de Strasbourg (1803-1872). Une page de l'Histoire de l'Alsace* (Strasbourg: Librairie Istra, 1923).

Gleason, Ron. 'The Importance of the "Unio Mystica" in Dr. Herman Bavinck's Theology,' (http://www.hermanbavinck.com/OrganicThinking.doc).

———. 'Herman Bavinck's Doctrine of the Sacraments of the Church: The Sacraments as Means of Grace,' (unpublished paper).

Gootjes, N. H. 'General Revelation in its Relation to Special Revelation,' *Westminster Theological Journal* 51 (1989):337-350.

Gousmett, Chris. 'Bavinck and Kuyper on Creation and Miracle,' *Anakainosis*, Vol. 7, No. 1-2 (September/December 1984):1-19.

Grosart, Alexander B. ed., *The Complete Works of John Davies of Hereford* (Edinburgh, 1878).

Gunning, Johannes Hermanus. *De wijsbegeerte van den godsdienst uit het beginsel van het heloof der gemeente* (Utrecht: Briejer, 1889), and *Het geloof der gemeente als theologische maatstaf des oordeels in de wijsbegeerte van den godsdienst*, parts I-II (Utrecht: Breijer, 1890).

Haeckel, Ernst. *Riddle of the Universe* (Buffalo: Promotheus Books, 1992).

Harinck, George 'Herman Bavinck's indrukken van Amerika anno 1892,' *Documentieblad voor de Nederlandsche Kerkgeschiedenis na 1800*, 47 (December 1997).

———. '"Something that must remain, if the truth is to be sweet and precious to us": The Reformed Spirituality of Herman Bavinck,' *Calvin Theological Journal* 38 (2003):248-262.

———. 'Herman Bavinck and Geerhardus Vos,' *Calvin Theological Journal* 45 (2010):18-31.

———. 'The Religious Character of Modernism and the Modern Character of Religion: A Case Study of Herman Bavinck's Engagement with Modern

Culture,' *Scottish Bulletin of Evangelical Theology* 29, no. 1 (2011): 60–77.

Harris, Harriet A. 'A Diamond in the Dark: Kuyper's Doctrine of Scripture,' *Religion, Pluralism and Public Life: Abraham Kuyper's Legacy for the Twenty-First Century* (Grand Rapids: Eerdmans, 2000), ed. Lugo, Luis E.

Hatch, E. 'The Influence of Greek Ideas and Usages upon the Christian Church,' *The Hibbert Lectures, 1888*, tr. Fairbairn, A.M. 7th ed. (London: Williams and Norgate, 1898).

Hattiangadi, Jagdish. 'Philosophy of biology in the nineteenth century,' in *Routledge History of Philosophy Volume VII: The Nineteenth Century* (Routledge: London, 1994), ed. Ten, C.L.:272-296.

Heerspink, J.B.F. *Dr P. Hofstede de Groot's level en werken*, (Groningen: P. Noordhoff, 1898).

Hegel, G.W.F. 'The Spirit of Christianity and its Fate,' *Early Theological Writings* (Chicago: Chicago University Press, 1948), tr. T.M. Knox:182-301.

———. *The Science of Logic* (Amherst: Prometheus, 1989).

———. ed. Houlgate, Stephen *The Hegel Reader* (Oxford: Blackwell Publishing, 1998).

Heideman, Eugene. *Relation of Revelation and Reason* (Sheboygan Falls, Wisconsin: Van Gorcum & Comp. N.V. – Dr. H.J. Prakke & H.M.G. Prakke, 1959).

Heitink, Gerben. *Practical Theology: History, Theory, Action Domains* (Kok: Kampen, 1993).

Hielema, Syd. *Herman Bavinck's Eschatological Understanding of Redemption* (ThD dissertation, Toronto: Wycliffe School of Theology, 1998).

Hodge, Charles. *Systematic Theology* (Edinburgh: Thomas Nelson and Sons, 1880).

Hofstede de Groot, Petrus. *Beantwoording van J.H. Scholten, hoogleeraar te Leiden* (Groningen: A.L. Scholtens, 1859).

Huet, Conrad Busken. *Vragen en antwoorden; brieven over den bijbel* (Haarlem, 1858).

Huet, D.T. *Wenken opzigtelijk de Moderne theologie* ('s-Gravenhage: J. M. van 't Haaff, 1858).

Huet, J.L. 'Iets over Calvyn,' *Nieuw christelijk maandschrift, voor den beschaafden stand* 5 (1831).

Jaarsma, Cornelius. *The Educational Philosophy of Herman Bavinck* (Grand Rapids: Eerdmans, 1935).

van Jutphaas, Barthold Jacob Lintelo baron de Geer. *De wet op het hooger onderwijs* (Utrecht: Bijleveld, 1877).

Käsemann, Ernst. 'Vom Theologischen Recht historisch-kritisch Exegese,' *Zeitschrift für Theologie und Kirche* (1967):259-81.

Van Keulen, Dirk. *Bijbel en dogmatiek*, (Kampen: Kok, 2003).

Klinck, Dennis R. '*Vestigia Trinitatis* in Man and his Works in the English Renaissance,' *Journal of the History of Ideas*, Vol. 42, No. 1 (January – March 1981):13-27.

Klinefelter, Donald. 'The Theology of John Baillie: A Biographical Introduction,' *Scottish Journal of Theology* 22 (1969):419-36.

Kloosterman, Nelson D. 'A Response to "The Kingdom of God is Twofold": Natural Law and the Two Kingdoms in the Thought of Herman Bavinck by David VanDrunen,' *Calvin Theological Journal* (April 2010), Vol. 45, No. 1:174-75.

Kuenen, Abraham. *Verslagen en mededeelingen der Koninklijke Akademie van Wetenschappen, Afdeeling Letterkunde* (1883).

Kuyper, Abraham. *Disquisitio historico-theologica, exhibens Johannis Calvini et Johannis à Lasco de Ecclesia Sententiarum inter se compositionem* (Den Haag en Amsterdam, 1862).

———. 'Geworteld en Gegrond (1870),' *Predicatiën, in de jaren 1867 tot 1873, tijdens zijn Predikantschap in het Nederlandsch Hervormde Kerkgenootschap, gehouden in Beesd, te Utrecht en te Amsterdam* (Kampen: J.H. Kok, 1913):328-29.

———. *Onnauwkeurig?* (Amsterdam: J.A. Wormser, 1889).
———. *Lectures on Calvinism* (Grand Rapids: Eerdmans, 1931).
———. *The Work of the Holy Spirit* (Grand Rapids: Eerdmans, 1941), tr. De Vries, H.
———. 'Uniformity: The Curse of Modern Life,' *Abraham Kuyper: A Centennial Reader* ed. Bratt, James D. (Eerdmans: Grand Rapids: 1998), 19-44.
———. 'Our Instinctive Life,' *Abraham Kuyper: A Centennial Reader*, ed. Bratt, James D. (Eerdmans: Grand Rapids, 1998):255-278.
———. 'Common Grace,' *Abraham Kuyper: A Centennial Reader*, ed. Bratt, James D. (Eerdmans: Grand Rapids, 1998):165-204.
———. 'Calvinism: Source and Stronghold of our Constitutional Liberties,' *Abraham Kuyper: A Centennial Reader*, ed. Bratt, James D. (Eerdmans: Grand Rapids, 1998):279-322.
———. *Sacred Theology* (Lafayette: Sovereign Grace Publishers, 2001).
———. *Locus de Sacra Scriptura, creation, creaturis,* Vol. 2 (Grand Rapids: J.B. Hulst, n.d.)
Lane, Anthony. *A Reader's Guide to Calvin's Institutes* (Grand Rapids: Baker, 2009).
Langley, McKendree R. *The Practice of Political Spirituality: Episodes from the Public Career of Abraham Kuyper, 1879-1918* (Jordan Station, ON: Paideia Press, 1984).
Lecerf, Auguste. *Introduction à La Dogmatique Réformée* (Paris : Editions « Je Sers », 1931).
Leigh, Edward. *A Treatise on Divinity* (London, 1646).
Leo XIII. *Aeterni Patris* (Inst. Surdo-mutorum, 1879).
Lossky, N. O. *The World as an Organic Whole* (Oxford: University Press, 1928), tr. Duddington, Natalie.
Lucas, Sean Michael. 'Southern-Fried Kuyper? Robert Louis Dabney, Abraham Kuyper and the Limitations of Public Theology,' *Westminster Theological Journal* 66, (2004):179-201.

McCormack, Bruce. 'The Sum of the Gospel: The Doctrine of Election in the Theologies of Alexander Schweizer and Karl Barth,' *Toward the Future of Reformed Theology: Tasks, Topics, Traditions* (Grand Rapids: Eerdmans, 1999), eds. Willis-Watkins, David and Welker, Michael:470-493.

———. 'Grace and being: the role of God's gracious election in Karl Barth's theological ontology,' *The Cambridge Companion to Karl Barth* (Cambridge: University Press, 2000), ed. Webster, John.

McGaughey, Don. 'Thomas Aquinas and the Problem of Faith and Reason,' *Restoration Quarterly*, 6 no 2 (1962):67-76.

McGowan, Andrew T.B. *The Divine Spiration of Scripture: Challenging Evangelical Perspectives* (Inter-Varsity: Downers Grove, 2007).

McKim, Donald and Rogers, Jack. *The Authority and Interpretation of the Bible* (San Francisco: Harper and Row, 1979).

Macleod, Donald. *Priorities for the Church* (Fearn: Christian Focus Publications, 2003).

———. 'Bavinck's Prolegomena: Fresh Light on Amsterdam, Old Princeton and Cornelius Van Til,' *Westminster Theological Journal* 68, no. 2 (2006):261-282.

MacQuarrie, John. *Jesus Christ in Modern Thought* (London: SCM, 1990).

Mannion, Gerard. *Ecclesiology and Postmodernity: Questions for the Church in our Time* (Collegeville: Minnesota, 2007).

Mattson, Brian G. 'Van Til on Bavinck: An Assessment,' *Westminster Theological Journal* 70 (2008):111-127.

———. *Restored to our Destiny* (PhD dissertation, University of Aberdeen, 2008).

Maurer, W. 'Das Prinzip des Organischen in der evangelischen Kirchengeschichtsschreibung des 19. Jahrhunderts,' *Kerygma und Dogma* (1962):256-292.

Mead, George. *Movements of Thought in the Nineteenth Century* (University of Chicago Press: Chicago, 1972).

von Meyenfeldt, F.H. 'Prof. Dr. Herman Bavinck: 1854-1954 'Christus en de Cultuur,'' *Polemios,* IX (October 15, 1954).

Miller, Benjamin. *Calvin's Doctrine of the Church* (Leiden: E.J. Brill, 1970).

Mulder, M.J. 'Abraham Kuenen and his successors,' *Leiden Oriental Connections 1850-1940* (Brill: Leiden, 1989), ed. Otterspeer, Willem.

———. 'Abraham Kuenen,' *Abraham Kuenen (1828-1891)* (Leiden: Brill, 1993), eds. Dirksen, P.B. and van der Kooij, A.:1-7.

Muller, Richard. *Post-Reformation Reformed Dogmatics: The Rise and Development of Reformed Orthodoxy, ca. 1520 to ca. 1725, Vol. 4: The Triunity of God* (Grand Rapids: Baker Academic, 2003).

Nat, J. *De studie van de Oosterche talen in Nederland in de 18^e en 19^e eeuw* (Purmerend, 1929).

Oort, H. 'Kuenen als godgeleerde,' *De Gids* (1893).

Osterhaven, Maurice Eugene. *The faith of the Church: a Reformed perspective on its historical development* (Grand Rapids: Eerdmans, 1982).

Packer, J.I. 'Foreword', xi, in *A Theological Guide to Calvin's Institutes*, eds. Hall, David and Lillback, Peter (Phillipsburg: Presbyterian and Reformed Publishing, 2008).

Parker, T.H.L. *Calvin's Doctrine of the Knowledge of God* (Edinburgh: Oliver & Boyd, 1969).

———. *Calvin: An Introduction to his Thought* (London: Continuum, 1995).

Partee, Charles. *The Theology of John Calvin* (Louisville: Westminster John Knox, 2008).

Pierson, Allard. *Brief aan mijn laatste gemeente* (Arnhem, 1865).

Potter, George R. and Simpson, Evelyn M. eds., *The Sermons of John Donne*, 10 Volumes (Berkley and Los Angeles, 1953-59).

Phan, Peter C. 'How much uniformity can we stand? How much unity do we want? Church and Worship in the Next Millennium,' *Worship*, 72 no. 3 (May 1998):194-210.

Praamsma, Louis. *Abraham Kuyper als Kerkhistoricus* (Kampen: Kok, 1945).

———. 'Review of *Revelatie en inspiratie: De Openbarings en Schriftbeschouwing van Herman Bavinck in vergelijking met die der ethische theologie,*' Westminster Theological Journal (32 no 1 N 1969):100.

Puchinger, George. *Abraham Kuyper: De Jonge Kuyper (1837-1867)* (Franeker: Weaver, 1987).

Ridderbos, Herman. 'Het is taak van de 'kerk als organisme' om een appel te doen op de samenleving,' *De Kerk: Trefpunt van sociale en politieke akite?* ed. Runia, K. (Kampen: Uitgeversmaatschappij J.H. Kok, 1987):23-28.

Ritschl, Albrecht. 'Über die beiden Principien des Protestantismus; Antwort auf eine 25 Jahre alte Frage,' *Gesammelte Aufsätze* (Freiburg: J.C.B Mohrl, 1893), 234-47.

Ross, John S. and Eglinton, James. 'Unity and Uniformity: Towards a Trinitarian Theology of Worship,' *Scottish Bulletin of Evangelical Theology* (Autumn 2009):131-54.

Rutgers, Frederik Lodewijk *Calvijns invloed* (Den Haag, 1901).

Schelling, F.W.J. *Werke*, II/.3 (Stuttgart/Augsburg, J.G. Cotta'scher Verlag, 1856-61).

Scholten, Johannes. *Disquisitio de Dei erga hominem amore* (Trajecti ad Rhenum, 1836).

———. *Oratio de vitando in Jesu Christi historia interpretanda docetismo, nobili, ad rem Christianam promovendam hodiernae theologiae munere* (in *Annales Academi, 1839-40*, Hagae-Comitis, 1842).

———. *De leer der Hervormde Kerk* (Leiden: P. Engels, 1848-50).

———. *Kritische inleiding tot de Schriften des Nieuwen Testaments* (Leiden 1855).

———. *Dogmaticus Christianae*, 2nd ed., (Lyons: P. Engels, 1858).

———. *De vrije* wil, (Leiden: P. Engels, 1859).

———. *Geschiedenis der godsdienst en wijsbegeerte* (Leiden: Akademische Boekhandel van P. Engels, 1863).

———. *Het level van Jezus door Ernest Renant. Toespraak bij de opening der akademische lessen* (Leiden, 1863).

———. *Herdenking mijner vijfentwintigjarige ambtsbediening,* (Leiden, 1865).

———. *Afscheidsrede bij het neerleggen van het hoogleeraarsambt aan de Universiteit te Leiden* (Leiden, 1881).

———. *Vrijheid in verband met zelfbewustheid, zedelijkheid, en zonde* (Amsterdam, 1858).

Schreiner, Susan E. *The Theater of His Glory: Nature and the Natural Order in the Thought of John Calvin* (Durham, North Carolina: The Labyrinth Press: 1991).

Schweizer, Alexander. *Die Glaubenslehre der evangelisch-reformierten Kirche, Dargestellt und aus den Quellen belegt*, 2 vols. (Zürich: Orell, Füssli und Com, 1844-47).

Simmons, Menno. *The Complete Writings of Menno Simmons*, tr. Verduin, L., ed. Bender, Harold (Scottdale, PA: Herland Press, 1956).

Silva, Moisés. *Biblical Words and Their Meaning: An Introduction to Lexical Semantics* (Grand Rapids: Academie/Zondervan, 1983).

Slis, P.L. *L. W. E. Rauwenhoff (1828-1889): apologeet van het modernisme -- Predikant, kerkhistoricus en godsdienstfilosoof* (Kampen: Kok, 2003).

Spykman, Gordon J. 'Sphere Sovereignty in Calvin and the Calvinist Tradition,' *Exploring the Heritage of John Calvin*, ed. Holwerda, David E. (Grand Rapids: Baker, 1976).

———. *Reformational Theology: A New Paradigm for Doing Dogmatics* (Grand Rapids: Eerdmans, 1992).

Stromberg, Roland. *European Intellectual History Since 1789* (Prentice-Hall: New Jersey, 1986).

O'Sullivan, Bernard and Linehan, Denis. 'Regionalism in the Netherlands,' in *Regionalism in the European Union*, ed. Wagstaff, Peter (Bristol: Intellect Books, 1999), 99-114.

Tangelder, J.D. 'Dr. Herman Bavinck 1854-1921: Theologian of the Word,' *Christian Renewal* 19 (2001):14-51.

Turretin, Francis. *Institutio theologiae elencticae* 3 vols. (Geneva, 1679-85; new edition, Edinburgh 1847).

Twesten, August. *Vorlesungen über die Dogmatik der evangelisch-lutherischen Kirche* (Hamburg: Perthes, 1826).

Vander Stelt, John. 'Kuyper's Semi-Mystical Conception' in *Philosophia Reformata: Orgaan van de Vereniging voor Calvinistische Wijsbegeerte* 38ᵉ Jaargang 1973:178-190.

Vandervelde, George. "A Trinitarian Framework and Reformed Distinctiveness: A Critical Assessment of *Christian and Reformed Today*," *Calvin Theological Journal* 21 (1986):95-109.

VanDrunen, David. 'The Kingship of Christ is Twofold: Natural Law and the Two Kingdoms in the Thought of Herman Bavinck,' *Calvin Theological Journal* (April 2010), No. 45, Vol. 1:147-164.

Veenhof, Cornelius. *Volk van God: Enkele aspecten van Bavincks kerkbeschouwing* (Amsterdam: Buijten & Schipperheijn, 1969).

Veenhof, Jan. *Revelatie en Inspiratie: De Openbarings en Schriftbeschouwing van Herman Bavinck in vergelijking met die der ethische theologie* (Amsterdam: Buijten & Schipperheijn, 1968).

Verhey, Allen. 'Introduction' in John Calvin, 'Treatise Against the Libertines,' *Calvin Theological Journal* 15 no 2 N 1980, trs. Robert G Wilkie and Allen Verhey :190-219.

Viret, Pierre. *Exposition familière de l'oraison de nostre Seigneur Jésus Christ* (Geneva, 1548).

van der Vlugt, W. *Levensbericht van Abraham Kuenen* (Leiden, 1893).

Vree, Jasper. *De Groninger godgeleerden. De oorsprongen en de eerste periode van hun optreden (1820-1843)* (Kampen: J.H. Kok, 1984).

———. 'Organisme en instituut: De ontwikkeling van Kuypers spreken over kerk-zijn (1867-1901),' *Abraham Kuyper: vast en veranderlijk, De ontwikkeling van zijn denken* (Uitgeverij Meinema: Zoetermeer, 1998), eds. Cornelius Augustijn and Jasper Vree:86-108.

———. ' Hofstede de Groot en de armenverzorging door vrouwen. Een hoofdstuk uit de geschiedenis van de Groninger inwendige zending,' G. Van Halsema Thzn et al., eds., *Geloven in Groningen. Capita selecta uit de geloofsgeschiedenis van een stad* (Kampen: J.H. Kok, 1990):215-231.

———— with Johan Zwaan, *Abraham Kuyper's Commentatio (1860): The Young Kuyper about Calvin, a Lasco and the Church, I. Introduction, Annotations, Bibliography and Indices* (Leiden: Brill, 2005).

De Vries, Simon. 'The Hexateuchal Criticism of Abraham Kuenen,' in *Journal of Biblical Literature*, Vol. 82, No. 1, (March 1963):31-57.

Vroom, Henk. 'Scripture Read and Interpreted: The Development of the Doctrine of Scripture and Hermeneutics in Gereformeerde Theology in the Netherlands,' *Calvin Theological Journal* 28 No. 2 (1993):352-371.

————. *No Other Gods: Christian belief in dialogue with Buddhism, Hinduism and Islam* (Grand Rapids: Eerdmans, 1996).

————. 'Understanding the Gospel Contextually,' *Contextuality in Reformed Europe: The Mission of the Church in the Transformation of European Culture* (Amsterdam: Editions Rodopi, 2004), eds. Lienemann-Perrin, Christine, Vroom, Hendrik and Weinrich, Michael:35-56.

Vos, Geerhardus. 'The Idea of Biblical Theology,' *Redemptive History and Biblical Interpretation* (Philipsburg: Presbyterian & Reformed Publishing, 2001).

Wallace, Ronald. *Calvin's Doctrine of the Christian Life* (Edinburgh & London: Oliver and Boyd, 1959); Lucien Richard, *The Spirituality of John Calvin* (Atlanta: John Knox, 1974).

Walton, Francis. 'Athens, Elesius, and the Homeric Hymn to Demeter' in *Harvard Theological Review*, 45 no. 2, (1952):105-14.

Warfield, Benjamin Breckenridge. *The Inspiration and Authority of the Bible* (Phillipsburg, New Jersey: P&R, 1948).

Wasson, R. Gordon, Ruck, Carl A.P. and Hofmann, Albert. *The Road to Eleusis: Unveiling the Secret of the Mysteries* (New York: Harcourt Brace Jovanovic, 1978).

Wellhausen, Julius. *Die christliche Religion: Mit Einschluss der israelitisch-judischen Religion*, I, IV, 1, 15, in *Die Kultur der Gegenwart* (Berlin and Leipzig: B.G. Teubner, 1905-23), ed. Hinnenberg, Paul 24 vols.

Wells, David. *No Place For Truth: Or Whatever Happened to Evangelical Theology* (Leicester: Inter-Varsity Press, 1993).

Wicksteed, Philip. 'Abraham Kuenen,' *The Jewish Quarterly Review*, Vol. 4, No. 4 (July 1982):571-605.

Witsius, H. *Exercitationes* (Whitefish, Montana: Kessinger Pub Co, 2009).

Wobbermin, G. *Religionsgeschichtliche Studien zur Frage nach der Beeinflussung des Urchristenthum durch das antike Mysterienwesen* (Berlin: E. Ebering, 1896).

Wolters, Albert M. *Creation Regained: Biblical Basics for a Reformational Worldview* (Grand Rapids: Eerdmans, 2005).

Wood, John Halsey 'Church, Sacrament, and Society: Abraham Kuyper's Early Baptismal Theology, 1859-1874,' *Journal of Reformed Theology* 2 (2008):275-296.

Wright, David F. 'Calvin's "Accommodation" Revisited,' *Calvin as Exegete: papers and responses presented at the Ninth Colloquium on Calvin and Calvin Studies* (Grand Rapids: Calvin Studies Society, 1995):171-190.

Wurth, Gerrit Brillenburg. *J.H. Scholten als systematisch theoloog* ('s-Gravenhage: Van Haeringen, 1927).

Yarnell, Malcolm B. *The Formation of Christian Doctrine* (B & H Publishing Group: Nashville, 2007).

Zijnen, F.J. Sibmacher. *Specimen historico-dogmaticum, quo Anselmi et Calvini placita de hominum per Christum a peccato redemtione inter se conferuntur* (Schoonhoven: S.E. van Nooten, 1852).

Zophy, Jonathan. *A Short History of Renaissance and Reformation Europe: Dances Over Fire and Water* (New York: Prentice Hall, 2003).

Zylstra, Henry. 'Preface,' in Herman Bavinck, *Our Reasonable Faith* (Grand Rapids: Baker Book House, 1956), tr. Zylstra, Henry.

Zwaanstra, Henry. 'Abraham Kuyper's Conception of the Church,' *Calvin Theological Journal* 9 (1974): 153-154

荷兰历史

Herderscheê, Jacobus. *De Modern-godsdienstige richting in Nederland* (Amsterdam: Van Holkema & Warendorf, 1904).

Israel, Jonathan. *The Dutch Republic: Its Rise, Greatness and Fall, 1477-1806* (Oxford: University Press, 1998).

Mackay, James Hutton. *Religious Thought in Holland during the Nineteenth Century* (London: Hodder and Stoughton, 1911

Pierson, Allard. *Oudere Tijdgenooten* (Amsterdam, 1904).

Réville, Albert. *Revue des deux Mondes* (Paris, 1859).

Roessingh, K.H. *De moderne theologie in Nederland; hare voorbereiding en eerste period* (Dissertation, Groningen, 1914).

de la Saussaye, Chantepie. *La crise religieuse en Hollande – Souvenirs et impressions* (Leyde: De Breuk & Smits, 1860).

———. *Geestlijke Stroomingen* (Haarlem: Erven Bohn, 1907).

Sepp, Christiaan. *Proeve eener Pragmatische Geschiedenis der Theologie in Nederland (1787-1858)* (Amsterdam: J.P. Sepp en Zoon, 1860).

Vanderlaan, Eldred. *Protestant Modernism in Holland* (H. Milford: Oxford University Press, 1924).

其他文献

Alberti, Leon Battista. *On the Art of Building in Ten Books* (Cambridge: MIT Press, 1991), translation of *De re aedificatoria* (Florence, 1452), trs. Rykwert, Joseph; Leach, Neil and Tavernor, Robert.

Coleridge, Samuel. *Coleridge's Criticism of Shakespeare: A Selection* (London: Athlone Press, 1989), ed. Foakes, R.A.

Gereformeerde Kerken in Nederland, Generale Syonde. *God met ons: over de aard van het Schriftgezag* (1979).

———. *God with Us: On the Nature of the Authority of Scripture*, trans. Secretariat of the Reformed Ecumenical Synod (Grand Rapids: Reformed Ecumenical Synod, 1982).

Hirt, Alois. *Die Baukunst nach den Grundgesätzen der Alten* (n.p., 1809).
Picasso to Brassaï. *Conversations avec Picasso* (Paris: Gallimard, 1964).
Plato. *Timaeus* (Rockville: Serenity Publishers, 2008), tr. Benjamin Jowett.
Vatican Council I, session III, 'De fide.'
Waarheid in liefde, een godgeleerd tijdschrift, voor beschaafde christenen (1845 ff.: J. Zoon, 1837-1872).

索 引

人名索引

艾德华·冯哈特曼（Edouard von Hartmann），126
爱任纽（Irenaeus），131, 133, 165
奥古斯丁，2, 3, 9, 105, 106, 107, 108, 109, 110, 111, 116, 129, 131, 132, 137, 141, 165, 193, 213
比尔德戴克（Willem Bilderdijk），26, 27
慈运理（Ulrich Zwingli），19, 217
大马士革的约翰（John of Damascus），118, 165
但以理·尚特皮·德拉索绪尔（Daniel Chantepie de la Sayssaye），32, 38
菲利普·维勒姆·范豪斯德（Phillip Willem van Heusde），20
哥尼流·范泰尔（Cornelius Van Til），16, 229
豪劳姆·贺儒·范普林斯特勒（Guillaume Groen van Prinsterer），26
赫洛涅（Christiaan Snouck Hurgronje），64, 65, 84, 160, 191, 215
赫瑞特·博库伟（Gerrit Berkouwer），47, 164, 186, 231
霍夫斯泰德·德赫罗特（Hofstede de Groot），20, 21, 25, 35, 215, 226, 227, 234
霍志恒（Geerhardus Vos），2, 3, 16, 34, 81, 86, 226
加尔文，1, 2, 3, 5, 6, 7, 8, 9, 15, 16, 17, 18, 19, 21, 22, 24, 26, 27, 28, 29, 31, 33, 34, 35, 36, 38, 39, 40, 52, 55, 62, 74, 79, 82, 86, 90, 92, 93, 94, 95, 96, 97, 98, 99, 100, 104, 108, 109, 111, 112, 113, 114, 115, 116, 117, 119, 129, 135, 136, 144, 145, 147, 152, 153, 154, 168, 169, 170, 171, 172, 173, 174, 175, 177,

178, 179, 194, 203, 204, 213, 214, 215, 216, 217, 218, 219, 220, 224, 227, 229, 230, 232

科内利斯·奥普佐梅尔（Cornelis Willem Opzoomer），16, 82

利奥十三世（Leo XIII），56, 118, 229

立敕尔（Albrecht Ritschl），29, 149

路易斯·伯克富（Louis Berkhof），16

罗德维克·饶文霍夫（Lodewijk Rauwenhoff），18

洛夫·布雷默（R. H. Bremmer），16, 63

马丁路德, 1, 24, 31, 113, 217

施莱尔马赫（Schleiermacher），20, 22, 24, 29, 30, 40, 126, 149, 188

哥尼流·柏图斯·提勒（Cornelius Petrus Tiele），160, 216

特土良（Tertullian），116, 120, 123, 165

托马斯·阿奎那（Thomas Aquinas），120, 121, 131, 136, 229

沃菲尔德（B. B. Warfield），3, 46, 188, 202

亚伯拉罕·古宁（Abraham Kuenen），18, 20, 32, 85, 134, 189, 190, 191, 220, 230, 233, 234, 235

亚伯拉罕·凯波尔（Abraham Kuyper），1, 3, 15, 17, 18, 27, 33, 34, 36, 37, 54, 55, 62, 71, 93, 95, 117, 147,152, 160, 179, 188, 196, 201, 214, 215, 216, 220, 221, 225, 228, 229, 221, 222, 226, 228, 229, 231, 234, 235, 236

亚历山大·史怀哲（Alexander Schweizer），29, 30, 126, 229

约翰·荷马努斯·胡宁（Johannes Hermanus Gunning），38, 160

约翰·鲁道夫·托尔贝克（Johan Rudolph Thorbecke），158, 215

约翰·斯霍尔滕（Johannes Scholten），16, 17, 18, 27, 28, 82, 83, 165, 190

以撒·达寇斯塔（Isaac Da Costa），26,203

詹·拉斯基（Jan Łaski），22, 34, 215

一般索引

哀恸者（Doleantie），15, 38, 60, 219, 220, 222

奥秘（mystery），56, 118, 120, 121, 122, 123, 127, 151, 201

成文之工（inscripturation），202, 203, 204, 205, 206, 207, 208

索 引

成有（becoming）, 90, 138, 139, 140, 141, 142, 143, 145, 146, 147, 148, 149, 151, 154, 197, 214
重洗派, 59, 195, 217, 224
纯一性（simplicity）, 137
存有（being）, 25, 31, 57, 61, 79, 83, 85, 90, 91, 103, 110, 111, 124, 128, 130, 131, 132, 133, 136, 137, 138, 139, 140, 141, 142, 143, 144, 145, 146, 147, 148, 149, 151, 178, 179, 187, 193, 206, 207, 230, 214, 215,229
大公性（catholicity）, 52, 53, 54, 55, 104, 114, 115, 131, 148, 152, 154, 199, 220, 221, 222
道成肉身的类比（incarnational analogy）, 150
第二次梵蒂冈大公会议, 202
对立（antithesis）, 19, 21, 26, 27, 47, 48, 49, 52, 53, 54, 57, 58, 80, 87, 90, 92, 93, 104, 107, 118, 127, 140, 170, 179, 184, 185, 194, 196, 200, 201, 221, 225, 228
多样性中的合一性（unity-in-diversity）, 7, 9, 67, 71, 74, 89, 91, 93, 94, 100, 107, 108, 110, 125, 127, 129, 134, 136, 137, 138, 152, 154, 157, 176, 178, 179, 183, 184, 196, 201, 203, 207, 220, 221, 231, 232, 212, 213, 215
恩典复原自然, 49, 54, 57, 104, 119, 120, 135, 143
法国大革命, 1, 93, 94
泛神论（pantheism）, 80, 81, 91, 125, 126, 133, 135, 140, 167, 170, 196, 197
俯就（accommodation）, 6, 129, 130, 198
复兴运动（Réveil）,17, 26, 27, 30, 38, 39, 40, 62, 203
改革宗经院主义（Reformed Scholasticism）, 81
改革宗正统（Reformed orthodox）, 79, 81, 82, 95, 103, 108, 126, 170
《高等教育法案》（The Higher Education）, 32, 33, 60, 159, 160, 161, 162, 190
《海德堡要理问答》, 19, 24, 26, 218
荷兰地区归正教会（Gereformeerde Kerken in Nederland）, 38, 185, 237
荷兰改革宗教会, 24, 33, 34, 37, 38, 66, 159
合一性中的多样性, 110, 136
护理, 98, 119, 126, 127, 143, 148, 167, 168, 169, 171, 172, 173, 174, 175, 177, 178, 183, 197

基督教归正教会（Christelijke Gereformeerde Kerken），18, 19, 38, 63
机械世界观（mechanical worldview），30, 75, 83, 87, 143, 197, 200
迦克墩, 118, 148, 149, 150, 201, 204, 213
敬虔主义, 19, 26, 60, 66, 154, 191, 195, 227, 213
经世（economy），74, 88, 130, 140, 143, 146, 151, 208, 231, 212
抗革命党（Anti-Revolutionary Party），18, 19, 27, 62, 94, 97
两个国度（two kingdoms），47, 48, 49
民族教会（*volkskerk*），22, 38, 216, 225, 227, 228
普遍启示, 9, 88, 92, 134, 137, 138, 154, 155, 161, 164, 166, 167, 168, 169, 170, 173, 174, 175, 176, 177, 178, 179, 183, 184, 193, 194, 213
普林斯顿, 3, 6, 15, 47, 162, 188, 196
《三十七条纲要》, 63
三位一体遗迹（vestigia trinitatis），9, 103, 104, 105, 106, 108, 109, 110, 111, 118, 124, 125, 134, 137, 152, 157, 183, 213
神的心思（God's thoughts），57, 72, 124, 212
神的形像, 24, 58, 94, 97, 105, 106, 109, 111, 139, 145, 147, 148, 149, 150, 151, 172
神人同形论（anthropomorphism），129, 130, 133, 136, 183
神学身份, 8, 21, 36, 43, 49, 63, 73, 103, 185
神学绪论（prolegomena），33, 40, 53, 112, 114, 117, 118, 119, 121, 157, 161, 213, 212
双重巴文克, 7, 8, 9, 43, 44, 45, 46, 47, 48, 49, 50, 51, 52, 53, 54, 55, 56, 57, 58, 59, 61, 66, 67, 71, 72, 73, 91, 99, 103, 157, 169, 183, 184, 185, 188, 198, 209, 212, 213, 214, 216
《使徒信经》, 92, 112, 113, 114, 213, 212
特殊启示, 83, 124, 137, 154, 164, 165, 167, 175, 176, 177, 178, 179, 183, 184, 185, 188, 193, 194, 198, 213
万有在神论（panentheism），87, 90, 91
唯心主义, 29, 30, 47, 50, 58, 73, 74, 77, 78, 80, 81, 85, 86, 87, 89, 90, 91, 95, 96, 97, 100, 103, 131, 132, 229, 212

现代主义（modernism），15, 16, 18, 34, 39, 40, 43, 44, 47, 49, 50, 54, 56, 58, 60, 63, 71, 84, 85, 154, 160, 191, 198, 204, 225, 212, 232

新托马斯主义，56, 58, 59, 118, 119, 120

一元论，30, 31, 82, 84, 87, 88, 89, 92, 100, 125, 196

预定，19, 29, 30, 31, 35, 83, 126, 152, 170, 171, 172, 173, 174, 177, 197

原型合一性（archetypal unity），9, 67, 74

争战的教会（militant church），219, 222, 224

整齐划一（uniformity），77, 93, 94, 95, 100, 128, 137, 145, 176, 215, 229, 230, 231, 232

中介神学（Vermittlungstheologie），20, 39

终末（telos），87, 89, 90, 91, 112, 116, 117, 119, 128, 142, 143, 152, 173, 213 232

自然神论，85, 126, 133, 145, 146, 165

自由大学，19, 33, 38, 44, 55, 60, 61, 62, 66, 162

综合（synthesis），43, 44, 50, 52, 53, 54, 57, 93, 104, 107, 108, 133, 137, 196, 198, 204, 208

www.ingramcontent.com/pod-product-compliance
Lightning Source LLC
Chambersburg PA
CBHW071225080526
44587CB00013BA/1503